【历史新阅读丛书】

唐朝那些事儿 柒

【大结局】

冬雪心境 著

中国工人出版社

唐朝疆域图

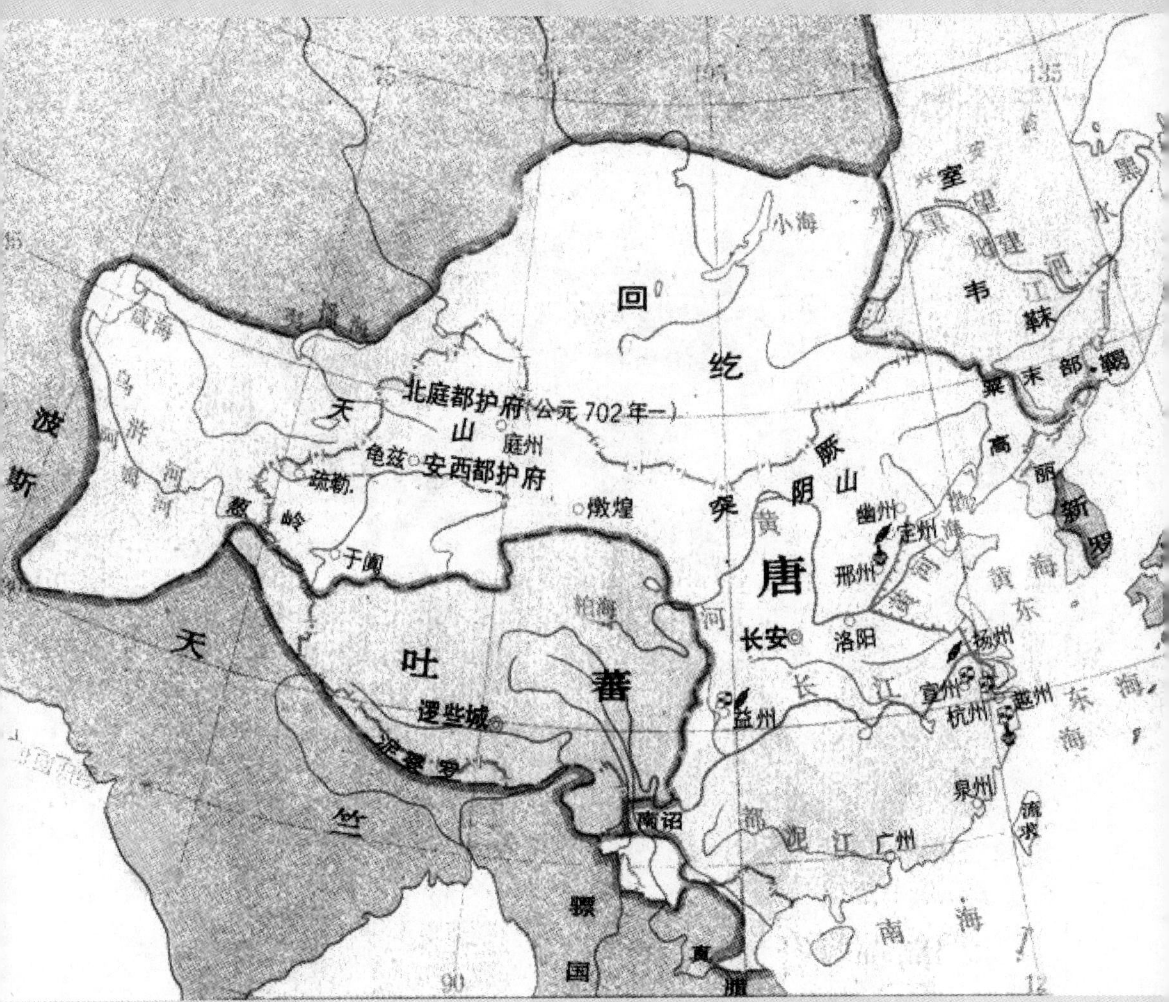

回
纥
北庭都护府(公元702年—)
天
山
庭州
龟兹
安西都护府
疏勒
于阗
敦煌
葱
岭
咸海
波
斯
天
竺
吐
蕃
逻些城
泥婆罗
柏海
南诏
骠
国
真
腊
突
厥
阴
山
黄
河
唐
长安
洛阳
幽州
定州
邢州
益州
扬州
宣州
杭州
越州
泉州
广州
长
江
小海
室
韦
黑
水
靺
鞨
高
丽
新
罗
黄
海
东
海
南
海
流
求

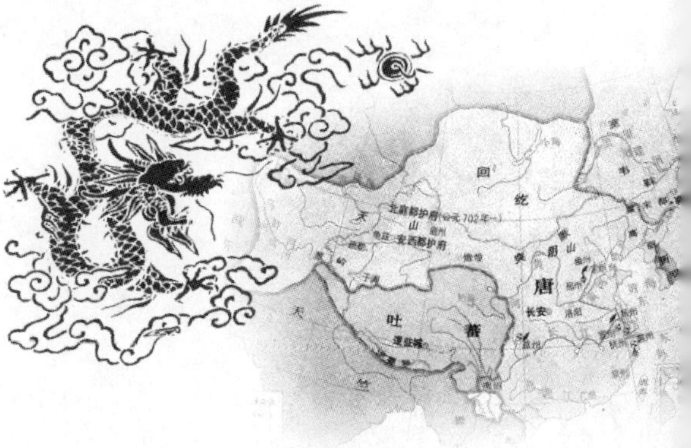

目录

引　子

经过宦官王宗实的一番运作，二十七岁的李漼在数日之间戏剧性地当上了皇帝。对于这意外到手的皇位，李漼倍感欣喜，所以在即位之初就加封王宗实为骠骑大将军以示恩宠。从表面现象来看，李漼像是王宗实在伪造即位诏书上所说的那样，是一个“孝敬温文，凛天地之仁厚”的圣主，但从其即位后的一系列表现来看，李漼堪称昏庸之君，完全没有其父宣宗李忱的风范。

由此，大唐帝国走上了一条名副其实的衰亡之路。

第一章
腐败君臣

任性而为

或许李漼当上皇帝实在太过容易，或许是他曾经得不到父皇的宠爱，所以当上皇帝伊始，他便有一种小鸟挣脱牢笼的感觉。有了这种感觉后，国家的一切对于李漼而言便不再重要，由于失去制约，李漼的注意力逐渐转向嬉戏游乐，进而开始懈怠政事。

据史料记载，李漼当时主要沉溺音乐和宴游，每个月要在宫内设宴十几次，席间山珍海味应有尽有，并通宵达旦地观看优伶演出而不知疲倦。殿前供奉乐工常有五百人，李漼每次看完演出兴之所至，便随手赏赐乐人优伶动辄上千贯钱。

长安附近风景名胜中的行宫，是李漼经常光顾的地方。例如，长安附近的曲江池，自从玄宗李隆基时期以来，上百年间是李唐皇族首选的游乐之地。曲江池更是李漼的最爱，而且一旦想去曲江池，李漼说走就走，相关部门只好随时在行宫内做好音乐、饮食和住宿的一系列准备，进而恭候李漼的随时出现，搞得其他皇族成员也在府邸随时准备好鞍马以便陪同出行。据《资治通鉴》记载，李漼每次出行，皇族成员、相关部门人员以及神策军等十多万人陪同（“内外诸司扈从者十余万人”），钱财耗费无数（“所费不可胜数”）。

对于一个帝王而言，喜欢宴游娱乐倒是无可厚非，即使是李世民、李隆基、李纯等开明之君也没有丢掉宴游娱乐活动的传统，但他们对于帝国的政事还是没有荒废。反观李漼对于政务已经到了不闻不问的程度，例如，从咸通四年（863 年）处理张议潮建议收复凉州的事宜中，就可以看出李漼一朝是多么昏庸。

早在安史之乱爆发后，唐朝就抽调驻守河西、陇右的精锐边军到中原地区平定叛乱，吐蕃趁唐朝边防空虚之际，出兵攻占了河西走廊地区。直到沙州人张议潮在大中二年（848 年）率领当地人起义，赶走吐蕃人，成功收复了沙州和瓜州（今甘肃安西）。在随后的两年时间里，张议潮又先后收复伊州（今新疆哈密）、河州（今甘肃临夏）、甘州（今甘肃张掖）、廓州（今青海贵德）、兰州（今甘肃兰州）、岷州（今甘肃岷县）等八州大片土地。为此，李忱任命张议潮为归义军节度使，统辖河西地区。李漼即位后，张议潮为了确保河西走廊的绝对安全，决定继续收复失地，准备向凉州进军。

张议潮将自己准备收复凉州的计划上报朝廷，希望朝廷能够出兵协助自己，但李漼对于此事似乎并不放在心上，依然过着宴游无度的荒淫生活。为此，左拾遗刘蜕上疏劝谏，认为吐蕃已侵占凉州很长时间，如今张议潮主动提出收复凉州，皇帝陛下不应该不闻不问，这样会严重挫伤这些手握重兵的边将的积极性，希望皇帝陛下能够立即下诏肯定张议潮为国尽忠的壮举，并立刻发兵增援张议潮。

应该说，张议潮在收复八州之地后，对于收复凉州可谓志在必得，但由于常年驻守边境，也使他对于朝廷局势的变化知晓甚少。宣宗李忱曾经对他的全力支持，使他本能地认为新皇帝李漼一定会继承先皇的做法。可是收复凉州的计划递上去之后久久没有回音，张议潮敏锐地意识到，新皇帝李漼和先皇李忱是完全不同的人。

就在张议潮计划收复凉州的奏疏上报朝廷十天后，李漼突然做了一件唐朝历代皇帝都没有做过的事情，那就是参拜历代先皇的陵墓，美其名曰“历拜十六陵”。

事实上，唐朝历代皇帝的陵墓都不在一个地方，全都参拜至少需要十天半个月的时间。谁都知道李漼是借着拜陵的名义，再一次大搞旅游项目，但人家名义是祭拜历代先皇，所以朝臣们也都不好说什么，于是只得勉强随行。

当张议潮得知皇帝李漼全然不理自己的建议时，他无奈地长叹一口气，由衷地发出了"国势日衰"的哀叹。不过张议潮始终没有忘记先皇李忱对自己的恩德，所以他怀着报答朝廷的心理，依然决定兴兵收复凉州。咸通四年（863 年）三月，张议潮带领蕃汉联军七千人，经过一番血战，成功收复凉州，而后又在咸通七年（866 年）六月成功收复西州（今新疆吐鲁番）。所以河西地区的人不断歌颂张议潮的功绩，今天在流传下来的敦煌文书《张议潮变文》中，有着称赞张议潮的诗句：

> 河西沦落百余年，路阻萧关雁信稀。
> 赖得将军开旧路，一振雄名天下知。

不过，当时张议潮虽然为朝廷收复众多失地，但由于皇帝李漼对国事的日渐懈怠，对于张议潮的功绩，朝廷内竟然没有人为他申理，幸好张议潮治下的沙州之地在当时算是个独立王国，张议潮并不在乎朝廷如何对待自己。可是，从这件事情中我们已经看出，李漼在位时期对于政事已经到了日渐荒废的地步。

置国家主权不顾是李漼荒废朝政的一个典型标志，事实上在朝廷内部，由于李漼的懈怠，导致宣宗李忱吏治清明的局面遭到颠覆性的破坏，其标志就是滥施官赏。

例如，在对待令狐绹之子令狐滈的入仕与升迁问题上，李漼就表现得十分随意。

大中十三年（859 年）十二月李漼即位之后，就将令狐绹罢相改任河中节度使。令狐绹辅任宣宗李忱十年，既无突出政绩，又没有拥立李漼之功，所以被罢相是在情理之中。不过，他被罢相的导火索还是源于其子令狐滈，由于令狐绹教子无方，导致令狐滈一方面仰仗父亲的权势作威作福；另方面仰仗与驸马郑颢是姻亲，长期"骄纵不法，货贿盈门"，使朝臣对其颇为不满，但因为令狐绹权势炙手可热，所以谁都不敢摸令狐滈的老虎屁股。

当时令狐滈不仅贪污腐化，而且利用父亲的身份地位，随意插手科举考试的录取、官员任免诸多事宜，以至于众人称他为“布衣行公相之权”，谓曰“白衣宰相”。

等到李漼即位后，很多官员看到弹劾令狐绹的机会已经到来，纷纷上疏揭发令狐滈招权纳贿之事，最终导致令狐绹被罢相。但是令狐绹溺爱儿子的本性依旧不改，到任河中后立即上疏以儿子令狐滈“避贤罢举”为理由，要求让儿子参加当年的科举考试，进而正式取得入仕资格。

按照唐朝的科举考试规定，参加科举考试者首先必须要经过州县或国子学的推荐，而且相关部门上报应试者名单的截止时间是在当年十月，称为“解碟尽十月”。而令狐绹被罢相的时间是在十二月，因此令狐滈没有经过相关部门的解碟，是不能参加科举考试的。但是李漼认为已经罢免了令狐绹的宰相之位，如果再拒绝其子参加科举考试的请求，显得不近人情，于是“屈朝廷取士法为滈家事”，特意下了一道敕文加以批准同意令狐绹的请求，从而为其开启了科举入仕的门户。

李漼在敕文中宣称令狐滈虽然参加了科举考试，但考试过程一定要严肃公平。然而，在转年的科举考试中，主持考试的是曾经受令狐绹推荐担任中书舍人、知制诰的裴坦。裴坦对于令狐绹当然怀有感激之情，因此毫不犹豫地录取了令狐滈，同时还包括前户部尚书郑瀚的孙子、前宰相裴休的儿子、前宰相魏扶的儿子等人。

当时谏议大夫崔瑄上疏弹劾裴坦，认为这是典型的徇私舞弊行为，希望皇帝陛下要求御史台严肃查处此事。但李漼并不为所动，这件“皆取名臣之子”的科举考试就这样悄无声息地过去了。

咸通四年（863 年）十月，李漼诏令擢升令狐滈为左拾遗。左拾遗这个官职虽然品阶不高，只有八品，但因为在皇帝身边负有谏诤的重任，所以是个职责重大的官职。但是，纵观令狐滈的所作所为，根本无法胜任这个职位。左拾遗刘蜕、起居郎张云分别上疏表示反对，认为令狐滈是“无解及第”，所以不应该担任这个职务，但是两个人似乎忘了令狐滈参加科举考试是皇帝李漼亲笔点名批准的，说令狐滈是“无解及第”，在皇帝李漼看来，这等于是在变相讽刺自己。所以刘蜕、张云的结局可想而知，李漼一道诏书将他们贬出京城。

通过李漼毫无章法地任命和升迁官员，可以看出，宣宗李忱的“大中暂治”的局面正在一点点地被李漼无情地毁坏，而且从个性角度来看，李漼当上皇帝后对自己的行为已经到了放纵至极的地步，靡财好色甚至是滥杀无辜。

骄奢残暴

李漼宴游无度所带来的一大弊害就是浪费国家的大量钱财，在自己女儿同昌公主的出嫁、丧葬问题上，因为李漼过度地靡费钱物，遭到了朝臣的反对，最终导致李漼大开杀戒，为他的皇帝生涯再次书写了不光彩的一笔。

同昌公主是李漼的宠妃郭氏所生，备受李漼的宠爱。同昌公主到了出嫁的年龄后，李漼挑选了出身进士世家的韦保衡作为女婿，并让他们在咸通十年（869 年）正月完婚。同昌公主出嫁之日，皇帝李漼倾尽宫中珍宝作为陪嫁，并在广化门赐宅一座，窗户都用各种珍宝加以装饰，用水晶、玳瑁等材料造床，饰以金龟银鹿。用五色玉雕琢成器皿什物，并赐给金麦银粟数斗。卧房内用珍珠连缀而成的连珠帐，紫色花纹玳瑁花斑的却寒帘，有以七种宝物装饰成鹧鸪花纹的鹧鸪枕，翠羽装饰的翡翠匣，还有上面绣着三千鸳鸯以及奇花异叶的神丝绣被。

除此之外，在李漼赐给同昌公主所有的陪嫁之中，最为珍贵的当数瑟瑟幕和纹布巾。

瑟瑟幕是指颜色如瑟瑟，宽三尺，长一百尺，轻巧虚薄防雨布。将瑟瑟幕向着天空全部打开，上面纹路舒朗，很像碧丝从中连接，即使天降暴雨也不会沾湿。纹布巾洁白如雪，光软绝伦，即使用上几十年也不会沾上尘土。这两件珍品都是波斯商人进贡朝廷的，李漼将两件珍品赐给同昌公主作为嫁妆，可见对这个爱女的宠爱之情。

不幸的是，次年同昌公主暴病而亡。李漼为此哀痛不已，突然间失去爱女的打击让他顿时失去应有的理智，将罪过迁怒于翰林医官韩宗召和康仲殷二人，不仅杖杀韩、康二人，而且将其两家宗族百余人尽皆下狱，进而招致朝官们的非议。时任宰相刘瞻鉴于此事闹得满城风雨，于是指使谏官上疏劝谏。但谏官们全都害怕被治罪，结果无人响应，刘瞻无奈之下只得亲自上疏劝谏，说同昌公主死得过于突然，医官们来不及反应，所以不是医治不及时所致。而且他为韩、康二人辩护，说他们因为医术高明备受人们称赞，两个人也想在为同昌公主治病的时候，施展自己的医术进而证明自己，无奈实在是无力回天。他在奏疏的最后说皇帝李漼崇信佛教，应该以慈悲为怀，立即释放韩、康二人的族人。

刘瞻将奏疏递上去，回馈给他的却是一封罢相外贬的诏书。

值得一提的是，翰林学士承旨郑文在起草罢免刘瞻的诏令时，有表述刘瞻“安数亩之居，仍非已有”的不置私产、为政清廉的句子。当时另一名宰相路岩纳赂受贿，看后觉得郑文是在指桑骂槐，心中颇为不快，当即向皇帝李漼进言，说郑文是故意褒奖刘瞻。李漼得知后果然大怒，责骂郑文是“过为美词”，最终将郑文贬到距离长安五千五百里的梧州（今广西梧州）担任刺史。

因刘瞻罢相事件被牵连的还有京兆尹温璋。温璋是一个比较精明强干的官员，在担任京兆尹之前曾任武宁节度使。当时徐州军中有号称“银刀军”的骄悍士卒横行不法，温璋到任后为政严明，所以被那些骄悍的士兵所不容。他们竞相排挤温璋，而且皇帝李漼对藩镇历来姑息，为了息事宁人，便将温璋调任。担任京兆尹后，温璋依旧严于执法，这样一个难得的尽职尽责的官员却因为在劝谏李漼的奏疏中同样因为过分为刘瞻辩护，而被贬为振州（今广东崖县）司马。贬书下达的当天晚上，温璋发出了“生不逢时，死何足异惜”的无奈叹息，于当夜在自己的府邸中自杀身亡。

温璋之死在朝野内引起了强烈的反响，很多人为帝国失去如此精明强干的官员而惋惜，也有很多人因为温璋之死而颇为怀念宣宗李忱在位时的清明政治。但是温璋的杀身成仁并没有唤起李漼的悔悟，相反余怒未息的李漼继续扩大打击力度，又以“与刘瞻亲善”的罪名，将御史大夫孙瑝、右谏议大夫杨知至和高湘、礼部郎中魏筜、朝议大夫张颜、崔颜融等人悉数贬到岭南地区。

咸通十年（869 年）九月，驸马韦保衡又联合宰相路岩诬陷刘瞻与医官同谋，误投毒药以致同昌公主死亡，后世的元朝史学家吴三省在读到《资治通鉴》对此事的记述时，批注说：既然是同谋，就不可能是误投。但就是如此蹩脚的诬陷手法，李漼竟然深信不疑，下诏贬黜刘瞻为康州（今广东德庆）刺史。

咸通十二年（871年）正月，李漼下令安葬同昌公主，场面甚是浩大。据《旧唐书·懿宗传》记载：

（李漼）诏百僚为挽歌词，仍令韦保衡自撰神道碑。

《太平广记·同昌公主传》记载：

百官内司皆用金玉饰车舆服玩，以焚于韦氏庭，韦家争取灰以择金宝。

出殡之日，李漼和同昌公主生母郭淑妃亲临长安外郭城西的延兴门哭送。葬礼耗费了巨大的人力、物力，依旧是《太平广记·同昌公主传》记载：

（李漼）出内库金骆驼、凤凰、麒麟，各高数尺，以为仪从。其衣服、玩具与人无异。每一物皆至一百二十舆。刻木为数殿，龙凤、花木、人畜之众者不可胜计。……敕紫尼及女道士为侍从引翼，焚开霄百灵之香，而击归天紫金之磬。繁华辉焕，殆将二十余里。

安葬同昌公主是李漼在位时期浪费钱财的标志性事件，同样同昌公主之死，导致李漼大开杀戒，宰相刘瞻也因为此事被贬，也使这件事成为一起政治事件。

而事实上李漼即位之初，曾在《即位大赦文》中摆出一副虚心纳谏的样子，表示今后无论任何人都可以进谏直言，即使是没有官职的平民百姓也可以通过投匭的方式进谏，自己一定会认真阅读。但纵观李漼在位时期的所作所为，他始终是拒谏饰非，而且经常对进谏者滥施刑罚。

如前所说，李漼即位伊始，就将令狐绹罢相，取而代之的是宰相白敏中。但是白敏中刚刚接任，就因为入朝时不小心从台阶上栽倒摔伤了腰，连续四个月无法理政，并三次上表请求辞官。可是由于李漼对政事懈怠，看到白敏中挂名宰相而不能理政也不着急，但不予批准，因此遭到右补阙王谱的强烈反对。

王谱上疏劝谏李漼，认为皇帝如果失去宰相，犹如身体失去臂膀。况且李漼是新君即位，担任宰相的人必须时刻听从皇帝的召唤，甚至不离皇帝左右。而白敏中的身体状况显然已经不能胜任宰相之职，如果硬留其在位，是极度不负责任的表现。

王谱的建议十分正确，但李漼不仅不加以采纳，反而将王谱贬为偏远地区的县令。

咸通四年（863 年）八月，李漼下敕以宦官阁门使吴德应为馆驿使。馆驿使掌管传驿事务，历来由御史兼任，因此有谏官上疏认为李漼不应该破坏官员任免的规矩，不应由内臣出任馆驿使职务。但李漼却以敕令已经下达，不可随意更改为由，拒不采纳谏官们的建议，自此之后李漼拒谏滥罚的行为越来越严重。

因此可以说，由同昌公主死亡事件引发的李漼大开杀戒、刘瞻无辜被贬、谏官上疏获罪等一系列事件并不是偶然发生的，它是李漼很长时间以来拒谏饰非、任性而为的必然结果。

由于唐末史料的缺乏，对于李漼贬杀进谏者、株连无辜者的残暴行为，史料没有过多详载。但通过史料记载的个别案例，我们还是可以看出李漼在位时期，他残虐进谏者的恶习是随着时间的推移而变本加厉。

咸通十三年（872 年）是李漼在位的倒数第二年，随着他年龄的增长，以及身体状况的恶化，脾气秉性变得越发古怪和暴虐。这一年五月，国子司业韦殷裕到大明宫阁门告状，揭发同昌公主生母郭淑妃之弟郭敬述贪污腐化的不法行为。

按说李漼可以将这起事件交由有司查明，谁是谁非自然大白于天下，但韦殷裕显然没有意识到，他状告的人是李漼最为宠幸的妃子。李漼看完奏状后勃然大怒，不仅杖杀韦殷裕，抄其全家，还将其岳父太府少卿崔元应、妻兄中书舍人崔邧、叔父韦君卿全部贬往岭南。给事中杜裔因与韦殷裕友善也被株连，被贬为端州（今广东肇庆）司户，而掌管阁门的阁门使也因接受韦殷裕的告状书而被免职。

李漼残虐进谏者的行为，使很多谏官恐惧到不敢再进谏，这也使他逐渐失去了修正自己行为的一面镜子。而在我看来，导致李漼一朝政局混乱的其中一个很重要的原因，是李漼对于宰相职位的随意任命。

辅政无状

李漼本人怠于政事，过着骄奢淫逸、游宴无度的生活，而他所任用的宰相，除了刘瞻兢兢业业之外，大多都是和李漼一样的昏庸残暴或碌碌无为之辈。李漼在位十四年的时间里，处于中枢地位掌管政务的宰相，先后有杜悰、毕诚、夏侯孜、杜审权、裴休、徐商、曹确、杨收、路岩、韦保衡等十几人，其中多半是昏官庸宦，《新唐书·路岩传》记载，李漼在位时期是“王政毗僻，宰相得用事”。

也就是说由于李漼本人不关心政事，宰相就有了一定的决策权力，那么这些宰相如何辅政，也就成为影响时局的重要因素，纵观李漼在位时期的这些宰相，绝大多数可以用“辅政无状”形容。

接下来我们列举几位宰相的“英雄事迹”，来看一看他们是如何将朝廷搞得乌烟瘴气的。

第一位：杜悰。

杜悰是中唐名相杜佑之孙。当年宪宗李纯颇重文学之士，诏令宰相在公卿之家挑选文雅俊士做自己的驸马，可是由于公主大多骄横任性，很多文学后进托病不愿意应选，但杜悰却十分愿意，因此成为宪宗李纯的乘龙快婿。杜悰在宪、文、武、宣四朝出将入相官居显职，但主要原因并非因为他本人有什么真才实干，而只是因为他是皇亲国戚的缘故。

会昌三年（843 年）杜悰出任淮南节度使。当时正值大旱，道路上逃荒的饥民成群结队，只能从漕渠中捞取漕船散落的米充饥，可是面对饥民如此凄惨的生活景象，杜悰不仅没有着手开展赈灾，反而向朝廷献“祥瑞”。《新唐书·杜佑传附杜悰传》记载，当时淮南在杜悰的管辖下，已经到了“狱囚积数百千人，而荒湎宴适不能事”的局面，足见他是个不恤民生的昏庸之官。

咸通二年（861 年），李漼因杜悰是皇亲国戚的缘故任命其担任宰相。

杜悰身在相位三年，于咸通四年（863 年）被罢相，出任方镇节度使。总结他担任宰相的业绩，《新唐书·杜佑传附杜悰传》说“悰无他才，常延接寒素，甘食窃位而已”。

从很多史料记载来看，杜悰担任宰相期间对于人才的选用和提拔，存在严重的失误和不足。他误用蔡京致使安南地区发生叛乱，所以《新唐书·杜佑传附杜悰传》又说他是“虽出将入相，而厚自奉养，未尝荐进幽隐，（杜）佑之素风衰焉”。

杜悰因为萌荫关系而身居显职，却又无所作为，所以时人送称号为“秃角犀”。

第二位：杨收。

和杜悰不同的是，杨收曾经也是个励志青年，少年便有“神童”的美誉。其兄曾以“笔”为题让杨收作诗，他出口成章：

虽非囊中物，何坚不可钻。
一朝操政事，定使冠三端。

从诗句的字里行间来看，杨收俨然很有政治抱负。可是从咸通四年（863 年）五月起至咸通八年（867 年）十月为止，杨收在担任宰相的四年半时间里，却是大肆纳赂受贿，因而富有家财，生活极端奢侈，连家中的婢女头上都戴着珍珠。

当时杨收以同宗的名义结交神策军左军中尉宦官杨玄价，所以官阶累进直至宰相。因此，杨收平日不得不受杨玄价左右，但正所谓成也杨玄价，败也杨玄价，杨收最终也是栽在杨玄价的手中。

杨玄价、杨玄翼兄弟一个掌管禁军、一个掌管枢密，可以说是权势冲天，兄弟二人暗中接受地方藩镇的贿赂和请托，然后让杨收按照其意图办事。在具体的办事过程中，由于其他宰相的牵制，杨收不能完全满足他们的要求。杨玄价就认为杨收存在异心，因此在咸通八年（867 年）十月，鼓动皇帝李漼将杨收贬出了朝廷。

转年，韦保衡又揭发杨收任用亲信严撰为江西节度使时，接受过百万钱财贿赂，以及其他相关纳贿之事，致使杨收被贬为端州司马。咸通十二年（871 年）皇帝李漼又将杨收流放至驩州，没等他走到目的地，李漼便派宦官在半路上赐其自尽。

值得一提的是，杨收在临死之前承认自己是“辅政无状，固直死”。这虽然有符合事实的一面，但如果不是李漼懈怠政事，杨收也不可能如此肆无忌惮地受贿，从这个角度来说，杨收充当了皇帝李漼的替罪羊。

在杨收担任宰相期间，长安城中流传着一首民谣：“确确无论事，钱财总被收，商人都不管，货赂几时休。”

这四句民谣是讥讽曹确、杨收、徐商和路岩四个宰相的。曹确和徐商当时是以不理政事，整天混日子，无所建树而受到讥讽，而杨收和路岩则是因为大肆受贿而被人们争相讥讽，其中杨收更是被人们冠以“钱财总被收”的封号。

杜悰、杨收虽然都是昏庸之官，但各具特色，而人们送给他们的绰号，也颇能反映出他们在任时期的突出特征。而接下来的官员，人们送予的称号是“牛头阿旁”，不过这个绰号不是指一个人，而是指路岩与韦保衡这对儿官场上的双子星座。

路岩和杨收一样，自幼也是“聪慧过人”，咸通五年（864 年）十一月被任命为宰相，当时只有三十六岁，可谓是春风得意，正值有为之年。可是路岩却利用皇帝李漼懈怠政事之际把持朝政，大肆收受贿赂，大干不法勾当。不久，皇帝李漼又提拔韦保衡担任宰相，《新唐书·路岩传》记载：“二人势动天下，时目其党为‘牛头阿旁’，言如鬼阴可畏也。”

路岩当上宰相的最初阶段，就将许多事务交由亲信边咸处理，正所谓上梁不正下梁歪，边咸效仿主子的行径，也是大肆受贿，中饱私囊。咸通十年（869 年）十月，至德县（今安徽东至县）县令陈蟠叟上疏皇帝李漼，说要进京面见李漼，献上解决财政危机的办法。当时由于朝廷镇压庞勋起义耗费大量钱财，不免苦于财政拮据，李漼听说陈蟠叟可以献上妙计，所以一接到陈蟠叟的上疏，就诏令让他入京觐见。

事实上，李漼对陈蟠叟是有印象的，陈蟠叟虽然其貌不扬，但颇有文采。咸通三年（862 年）时，有一次李漼在宫廷内让佛、道二教代表展开辩论，几番唇枪剑战下来，道士们屡屡败下阵来，惹得李漼十分不高兴。虽然李漼崇信佛教，但唐朝毕竟是强调道教老子为其祖，所以看到道士们理屈词穷后，便传令让道教选派后辈新人进宫参加辩论，而且可以毛遂自荐。

陈蟠叟就是因为这个机会得以进宫，他接连辩倒数位高僧，使皇帝李漼圣颜大悦，被授予至德县令一职。所以这次陈蟠叟上疏请求觐见，李漼毫不犹豫地予以批准。

不过，李漼对于陈蟠叟的期望值显然过高。陈蟠叟为李漼献上的计策是：抄收边咸一家，足以赡军两年。当时李漼不知道边咸乃何许人也，当他知道边咸是路岩的亲信时顿时大怒，自己抱着热火罐盼了这么长时间，陈蟠叟就用这句话将自己打发。当时李漼认为陈蟠叟不仅是在戏耍自己，而且有意诬陷宰相，于是将他削职为民，并流放到数千里外的爱州（今越南清化）。

陈蟠叟的计策虽然有些无厘头，但从另一个侧面我们也可以看出，当时路岩及其亲信贪污腐败现象已经到了令人发指的地步。不过，路岩虽然与韦保衡并称李漼时代的双子星座，但路岩最终还是因为和韦保衡争权，于咸通十二年（871 年）四月被韦保衡排挤出朝廷，出任西川节度使。据说路岩失势后，在前往西川的路上被愤怒的行人投掷瓦砾，其相狼狈不堪。

到达西川后，路岩仍然器重边咸和一个叫郭筹的官吏，自己则整日游宴娱乐，同时对军士滥赏以收买人心。后来路岩、边咸、郭筹终因流言而被贬杀，实是咎由自取。

说完路岩再说韦保衡。

这个与同昌公主完婚才一年的驸马爷，于咸通十一年（870 年）四月升任宰相。即使在同昌公主死后，皇帝李漼依旧对他是宠信不衰，所以从咸通十一年（870 年）四月开始，到李漼去世为止的三四年时间里，韦保衡可以说是权势冲天。

可是韦保衡为人十分肤浅，一旦恃恩掌权，便赏罚任其随心所欲，只要让他开心便立即提拔，稍有不从便立即排挤（“所悦即擢，不悦挤之”）。与杨收和路岩稍有区别的是，韦保衡权力欲更加强烈，在排斥打击异己方面丝毫不手软。

例如，唐朝及第进士称主考官为座主，一般人对座主都是感恩戴德、毕恭毕敬的。韦保衡举进士时的座主是担任礼部尚书、同平章事的王铎，也是宰相班子成员之一。有时韦保衡在排斥异己的时候，碍于王铎在位不能尽情放肆，他知道王铎内心是瞧不起自己的，因此便暗中加以排挤，终于在咸通十四年（873年）六月将王铎排挤出朝廷。

又如萧遘与韦保衡同年进士及第，彼此称为同年。但韦保衡是凭借驸马身份进士及第的，自身并无才华，因此“同年”们也都在心里鄙视他。而萧遘“形神秀伟、志操不群，自比李德裕，同年皆戏呼‘太尉’”，因此韦保衡对萧遘可谓羡慕嫉妒恨，找个机会上疏皇帝李漼，将他贬为播州（今贵州遵义）司马。

咸通十年（869年）六月，韦保衡试图任用党羽裴条为尚书省的郎官。按照唐制，凡郎官任免不当，尚书左、右丞可以纠劾，不让其赴任就职。当时尚书李璋是个耿直之人，对郎官的任免核查得十分仔细。韦保衡担心李璋会有不同意见而阻止对裴条的任用，所以提前派人和李璋打了招呼。但李璋回馈给韦保衡的只有八个字：朝廷迁除，不应见问。

韦保衡听出了李璋的潜台词：如果任用遵循制度、合乎程序，何必还要事先打招呼。韦保衡在李璋那里碰了个软钉子，但又不好发作，于是怀恨在心，一个月后就上疏皇帝李漼，将李璋外放去当观察使。

韦保衡不遗余力打击异己，路岩懈怠政务，杨收大肆受贿，李漼一朝的宰相成员就是由这样一群昏官庸官组成。当年李林甫虽然也打击异己，但至少不敢懈怠政事，协助李隆基做了不少事情。但李漼一朝宰相已经不再精心处理政务，而是以满足私利为首要任务，所以上演了一幕幕丑剧，因此被人们授予各具特色的外号。

皇帝懈怠政事，宰相不谋其政，当大唐的历史行进到李漼这里时，先前宣宗李忱勤政稍稍恢复的政治清明局面，已经烟消云散，取而代之的是一片末世之态。

末世之态

以皇帝李漼为首的朝廷统治者不仅荒淫腐朽，而且穷奢极欲，朝廷上下已经弥漫着一种竞相寻欢作乐的末世之风。当时身历其境的诗人韦庄在他的诗句中有着深刻的揭露，如诗作《观猎》就是典型的代表作：

苑墙东畔欲斜晖，傍苑穿花兔正肥。
公子喜逢朝罢日，将军夸换战时衣。
鹘翻锦翅云中落，犬带金铃草上飞。
直待四郊高鸟尽，掉鞍齐向国门归。

这首诗是韦庄在看到朝廷那些达官贵人，置内忧外患于不顾而肆意狩猎的场面后，颇感无奈而发出的慨叹。又如《贵公子》一诗写道：

大道青楼御苑东，玉栏仙杏压枝红。
金铃犬吠梧桐月，朱鬣马嘶杨柳风。
流水带花穿巷陌，夕阳和树入帘栊。
瑶池宴罢归来日，笑说君王在月宫。

唐代进士及第是很受当时人看重的一条入仕途径，从进士及第后庆祝的活动场面来看，对当时的社会风俗造成不少影响。其中进士科放榜之后，及第进士都要到曲江之畔举行游宴活动，这项活动到了李漼在位的咸通年间，变得更加奢靡。

生活在咸通年间的王定保在所撰的《唐摭言》第三卷中对此有着详细的记述。他说当时由于进士在曲江的游宴成为惯例而且场面越来越盛大，以致长安城中专门出现为举办这项游宴服务的一批人，称为“进士团”。而“进士团”自大中、咸通以来人数逐渐扩张，其中为首者有个叫何士参的人，尤其擅长筹办筵席。这个人善于未雨绸缪，例如，今年宴会刚过，他就开始筹办来年的筵席物品，所以时人称之为“四海之内，水陆之珍，靡不毕备”，称为“长安三绝”之一，而何士参也因此成为进士及第庆祝活动的知名噱头。

在进士们进行游宴庆祝活动中，都要准备一个大袋子，里边放着酒器、钱绢等，逢花即饮，所以诗人张籍有“无人不借花园宿，到处偕携酒器行”之句。为了方便观看游宴活动，公卿之家都想从中挑选东床佳婿，以致曲江池畔车马堵塞。

王定保又记述说，新进士们尤其看重樱桃宴，这项筵席历来都是进士们共同出资筹办。例如，乾符四年（877 年），淮南节度使刘邺的次子刘覃进士及第，本来刘邺已经每天给予儿子一锭银子作为游宴的费用，但刘覃为了出资筹办樱桃宴，所耗费的钱财是其父给予的数倍银两。

时值春天，长安樱桃初出，价格昂贵，许多富贵人家还未敢尝鲜，刘覃便暗中叫人大批预购，独自办了一场樱桃宴来招待公卿，以此大大出了一番风头。

我们都知道，新进士及第是朝廷未来的骨干力量，历来有很多新进士后来成为知名大臣。但李漼在位时期的新进士，不以做个为民请命的好官为志向，反而大行奢靡之风，从一个侧面可以看出李漼治下的大唐帝国已经呈现末世之态。

不仅当时的新进官员呈现骄奢之态，皇亲国戚的奢靡之风更加严重，诗人韦庄在《咸通》一诗中就揭露得十分直接：

咸通时代物情奢，欢杀金张许史家。
破产竟留天上乐，铸山争买洞中花。
诸郎宴罢银灯合，仙子游回壁月斜。
人意似知今日事，急催管弦送年华。

诗中的“金张许史”指的是汉代的外戚金日磾、张安世、许伯、史高。诗人韦庄引用这四个人，借以讽刺李漼一朝皇亲国戚的奢靡荒淫。

皇亲醉生梦死，官员不务正业，皇帝李漼已经完全不是王宗实起草的即位诏书所说的“孝敬温文、弘博慎敏”。事实证明，无论多少溢美之词，终究掩盖不了李漼的昏庸顽劣。而史学家将他即位伊始就划归大唐帝国的衰亡期，不是没有道理，因为从他当上皇帝伊始，整个国家就陷入一片战乱之中，这其中既有内部的农民起义，也有边境的战火烽烟。

第二章
战乱迭起

裘甫起义

唐宣宗李忱颇有“小太宗”风范，不仅“明察沈断，用法无私”，而且“从谏如流，惠民爱物”。其中颇多溢美之词，我们不能否认宣宗李忱治下的大中之政，固然取得了不错的政绩，但在他的治下，帝国的农民生存状况依旧十分堪忧，各地农民起义如星星之火到处可见。很多史学家认为，唐末“诸盗（农民起义）”都生于大中年间，虽然这种定论有些武断，但是从中可以看出农民不堪忍受压迫而进行武装反抗由来已久。正因为如此，李漼即位之后仅仅四个月，长期以来积压的农民与官僚集团之间的矛盾冲突终于大规模爆发，而首当其冲的就是浙东地区。

大中十三年（859 年）十二月，浙东地区爆发了由“起自田亩”的裘甫领导的农民起义。由裘甫率领的农民起义军最初不过百余人，却很快攻下象山县（今浙江象山），并屡次打败官军进逼剡县（今浙江嵊县），使明州（今浙江宁波）大白天也是城门紧闭。

当时驻扎在越州（今浙江绍兴）的浙东观察使郑祇德立即派遣部将刘琼和范居直领兵三百，会同台州（今浙江临海）军共同镇压裘甫起义。咸通元年（860 年）正月四日，农民军在唐兴县（今浙江天台）天台山的桐柏观前打败唐军，结果范居直战死，刘琼只身逃回。

正月十四日，裘甫率领农民军攻占剡县，并招募将士，使势力迅速扩大，部众达到数千人。郑祇德见首次镇压无果后，再次派出部将沈君纵、张公署、李圭率领新招募的五百名士兵进行镇压，企图夺回剡县。唐军于二月十日抵达剡县西南的三溪河畔，裘甫在河南岸设下埋伏，并派人堵塞上游河水，使下游河水变浅可涉，然后在北岸布阵，迎接唐军的挑战。

双方交战后不久，在裘甫的指挥下，农民军佯装败退，逐渐引诱唐军涉河追击。当唐军半渡时，裘甫下令释放上游河水，导致河水暴涨，唐军猝不及防，郑祇德的三员大将全部战死，五百名唐军全军覆没。

剡县大捷极大鼓舞了农民军的斗志，在裘甫的号召下，先前散布在浙东山中海上的小股农民军，以及其他地方的流亡农民云集在裘甫麾下，义军迅速扩展到三万人。裘甫自称天下都知兵马使，改元罗平，铸造“天平之印”，同时广聚钱粮，一时间声震中原。

随后在裘甫的指挥下，义军兵分四路，先后进逼衢州（今浙江衢县）、婺州（今浙江金华）、明州，并攻破唐兴、上虞（今浙江上虞）、余姚（今浙江余姚）、慈溪（今浙江慈溪）、奉化（今浙江奉化）、宁海（今浙江宁海）等地，兵锋所到之处，官军全都望风而逃。

对于朝廷而言，浙东地区军事力量历来薄弱，正所谓“人不习战，甲兵朽钝”，而一直龟缩在越州的郑祇德在接连吃了败仗后，一再上表朝廷告急，并向邻道求援。

在郑祇德周边首先采取救援行动的是浙西观察使郑处诲，他派出一名牙将带领四百援兵援救郑祇德。不久后，宣歙观察使温璋也派兵进行援救。可是当时已经被农民军吓破胆的郑祇德在援军到来后，将援军统统调进越州城内以自卫。按照唐朝后期的财政管理规定，当藩镇兵被调出本镇跨辖界作战时，士兵的伙食要由作战辖区供应，称为“食出界粮”，这往往助长了骄兵悍将的贪欲。

虽然当时郑祇德极力讨好援兵，伙食供给比朝廷规定的标准多出十几倍，耗费大量钱财，但援军仍不满意，不仅索取无度，而且都不愿意主动与农民军交战，并托词要求郑祇德派人充当向导，带路出征。而郑祇德的部将慑于农民军的威风，全都称病不愿意前往，郑祇德就是在这样一种杂乱不堪的局面下坚守城池，等待转机的到来。

可以说，在农民军的强大压力下，浙东地区的唐军已经丧失了斗志，不少军将更是与农民军暗中互通声气为自己寻找后路。

前边我们说过，浙东地区是唐朝兵力部署较为薄弱的地区，但这块地区却是唐朝后期中央财政收入的一块重要调取之地。《册府元龟》中《帝王部·纳贡献》中记载说："天下贡赋既出江淮，时江淮人甚困二聚敛不息。"事实上，这也是导致裘甫起义的根本原因。而随着农民军实力逐渐增强，裘甫的起义军无疑成为刺入唐朝财政命脉的一把尖刀，进而危及大唐帝国对浙东地区的统治。

浙东局势的不断恶化以及郑祇德平叛不力，使朝廷不得不对浙东地区的形势进行重新估量。皇帝李漼让宰相们商议从朝廷挑选一名得力的武将取代郑祇德，宰相们建议起用曾经担任安南都护的王式。王式是历仕宪、穆、敬、文四朝元老大臣王播的侄子，虽然是一个长期依附宦官的官员，但却深谙兵法。

咸通元年（860 年）三月，李漼召见浙东观察使王式，询问平定浙东农民起义方略。王式认为，只要朝廷能够调集重兵，裘甫的农民军并不难剿灭。当时习惯干预朝政的宦官表示异议，认为调集重兵耗费资财太多，对此王式提出不同意见。王式认为尽快剿灭农民军，朝廷才能做到真正节省资财，如果长时间拖延下去，朝廷迟早会被拖垮。

李漼十分明白浙东地区对于朝廷的重要性，所以他同意按照王式的要求发兵，下诏调集忠武、义成、淮南三道方镇之兵归王式统一节制。

当时获悉王式大军将至，裘甫军中最有谋略的副帅刘暀为裘甫提出了战略规划，他认为应该立即引兵攻占越州，依靠其城郭和府库财物为依托，然后派兵五千驻守西陵（今浙江萧山），沿着浙江修筑营垒，以阻止王式大军。同时铸造大批舟船，看准时机长驱直入浙西地区，以夺取当地财富，充实军队实力，然后回向加固石头城(今江苏南京)驻守。一旦成功后，宣歙、江西一带必然有响应者，然后派一员上将走海路直取福建，如此则朝廷财赋供给重地将全被农民军占有。

当时裘甫义军处于流动作战状态，始终没有自己的根据地。而刘暀的战略规划应该说是切实可行的，如果成行的话，至少可以让农民军形成与朝廷分庭抗礼之势，算是比较有远见的战略规划。

可是当时裘甫军中的另一名谋士王辂却认为刘晔的战略规划只有三国时代的孙权才能做到。原因在于当时朝廷还可以维持大一统的局面，远远没到分崩离析的程度，他主张应该据险自守，并且陆耕海渔，一旦形势危急可以逃入海岛以自保。

事实上，王辂对当时天下形势的估计完全错误，而且他的规划是一种消极防御战术。当时面对刘晔和王辂两种针锋相对的主张，裘甫始终犹豫不决，正是他的举棋不定，使自己错过了与朝廷分庭抗礼的绝好机会。

四月，王式率领大军进驻越州，开始着手布置围剿农民军。他严厉整顿当地军队纪律，使军将中那些临阵要钱要官的人全都缩手缄口，并严厉处置与农民军暗通声气的人，下令诸县开仓赈济百姓。王式的一系列做法可以说是对浙东农民起义采取釜底抽薪之法，缓和了当地的军民矛盾。

对于如何剿灭裘甫义军的问题，王式依据当地形势，采取依据户籍从以往配居于江、淮的吐蕃人与回鹘人中选取三百名健壮者，配以骏马组建起一支机动灵活的骑兵，同时从当地军队挑选出四千人，让他们分路充当向导。随后王式开始调兵遣将，将浙东本军和北来援军进行混编，分成东、南两支，从越州出发两向夹击农民军。

整个五月期间，农民军与王式率领的官军进行了大大小小十九次战斗。由于农民军缺少骑兵支援，进而连战连败，导致宁海失守，裘甫被困天台山一带的狭长地带，无回旋之地。刘晔愤怒之下将王辂处死，然后建议裘甫急速突围奔向宁海西南六十余里的南陈馆进行布防。

裘甫当时采纳了刘晔的建议，但王式却提前判断出了裘甫义军的动向，他立即带领大军在南陈馆布下埋伏，专等裘甫的到来。五月二十九日，裘甫带领农民军来到南陈馆，结果在立足未稳之际，便遭到王式的迎头痛击，裘甫不得已突围至剡县，王式又急速追击，在剡县附近与裘甫展开多次激战。

由于农民军缺少骑兵，而且装备十分落后，因此抵抗官军时伤亡巨大。六月二十一日，在经过长时间的拼死抵抗后，裘甫和刘晔等人被层层包围的官军打垮，终于兵败被擒。八月六日，裘甫被押往长安斩首示众，浙东农民起义历时半年多，最终以失败而告终。不过，此时以李漼为首的朝廷上下，一定不会想到裘甫起义仅仅是个开始，一波又一波的农民起义将会风暴一般席卷整个帝国。

李漼刚刚即位就遭到了浙东农民起义的严峻考验，幸好朝廷用人得当，很快剿灭了裘甫，使李漼侥幸渡过了即位后出现的第一次政治危机。在裘甫被斩首后，李漼加封王式为检校右散骑常侍，以示对其恩宠有加。

公元860年十一月，李漼大赦天下改年号为“咸通”，据说这个年号是取自宣宗李忱写的《泰边陲乐曲词》中的诗句“海岳晏咸通”。但几乎就在裘甫起义的同时，大唐帝国的边境并不平静，西南地区遭到南诏的严重侵扰，出现了险象环生的局面。

南诏反目

李德裕当年在西南地区加强边防，使南诏不敢进犯，但到了宣宗李忱在位时期，南诏与唐朝的关系又开始处于一种“入贡不时，颇扰边境”的状态。

大中十三年（859年）八月，宣宗李忱去世后，唐朝派使者向南诏告哀。按照当时的臣属关系，南诏应该派人前往长安吊唁。当时刚好南诏王丰祐也去世，其子酋龙即位。酋龙高傲自大，既不对大唐使者加以礼遇，也不向唐廷表示哀悼。

使者回到长安复命，陈述遇到的冷遇后，皇帝李漼大怒，于是拒绝对酋龙进行册封，实际上也就是不承认酋龙的地位。于是，酋龙自称皇帝，国号“大理”，并派兵攻陷了播州（今贵州遵义），唐朝与南诏由此开始了一场旷日持久的战争。

咸通元年（860年）十月，安南都护李鄠出兵收复播州。虽然收复播州是件好事，但事实上播州并不归李鄠的巡界，李鄠收复播州属于越境行为，他之所以要这样做是因为贪功求赏。但当时安南土著居民与唐朝边将的矛盾已经相当尖锐，如大中年间安南经略使李琢私自下令以斗盐换取安南土著民的一头牛，使土著民大为不满。李鄠到了播州后，又擅杀当地土著首领杜守澄，从而进一步激化与土著民的矛盾。南诏人终于忍无可忍，于咸通元年（860 年）十二月十三日，聚兵一万三千多人，突袭占领安南都护府所在地交趾（今越南河内）。李雩遭到重创后无所归依，只得被迫屯守武州（今中越边境）。

南诏的侵扰十分出乎皇帝李漼的预料，在了解边关军情紧急之后，李漼在咸通二年（861 年）正月，下诏征调邕州（今广西南宁）节度使之军援救安南。六月，李雩重新整编军队成功收复交趾，李漼为了安抚在安南势力庞大的杜守澄氏族，将李雩撤换，改任王宽为安南都护，并以失职之罪将李雩贬官为儋州（今广东儋县）司户。

不过，李漼贬黜李雩的做法，并没有得到南诏的理解，此后南诏继续加大对唐朝边境的侵扰，并在七月攻陷邕州。

对于唐廷而言，邕州失守是个巨大的打击，这等于是让南诏打通了北进的道路。事实上，邕州当时有重兵把守，本不应该如此轻易被攻破，之所以会被南诏轻而易举攻占，完全是因为唐朝边将腐败所致。

本来朝廷从广州、桂州和容州三地共征发三千人马驻守邕州，规定每三年轮换一次。大中十年（856 年），岭南经略使段文楚请准以供应这三千人的费用，在当地招募军队代替这些人驻守邕州，但实际上段文楚只招募到了五百人，所以还得借助三州兵力共同守卫邕州。

大中十二年（858 年）段文楚进京任职，李蒙接任岭南经略使职位。李蒙为了把空缺的戍兵名额粮饷归为己有，便找个理由将三州之兵全都退了回去，只以招募到的那五百多人驻守邕州，也就是说比先前的兵力减少了十之七八，因此这给了南诏乘虚而入的机会。

南诏攻占邕州时，岭南经略使李蒙已经去世，新任经略使李弘源上任才十日。面对无兵可用的现状，李弘源被迫逃往峦州（今广西横县），南诏大军将邕州城洗劫一空后离去。皇帝李漼得知消息后，大怒之下将李弘源贬官，重新任命段文楚为岭南经略使去收拾邕州残局。

南诏洗劫邕州后，又攻破巂州（今四川西昌）、进逼邛崃关（今四川荥经县），一时间大唐西南边境烽烟四起。

咸通三年（862 年）二月，南诏又大举进攻安南，经略使王宽频频向朝廷告急求援。皇帝李漼派遣湖南观察使蔡袭率领禁军三千赶赴救援，同时从许州、滑州、汴州、荆州、襄州、潭州、鄂州等地调集三万人马划归蔡袭指挥。南诏得知唐朝派出大批援军后，考虑到力量对比过于悬殊，于是暂时撤退以避唐军锋芒。五月十日，蔡袭率领大军到达安南，开始着手布防。

事实上，如果蔡袭按部就班地布防，或许完全可以守住安南。但此时朝廷内对于经略安南产生了意见分歧，其根源来自于时任宰相杜悰的推荐。

当时皇帝李漼听从杜悰的推荐，派左庶子蔡京节制岭南事宜。蔡京为人贪婪残暴，行事诡诈，可是杜悰却认为蔡京很有才干，所以委以要职。蔡京在当年三月进京，向皇帝李漼述职，也得到李漼的认可，于是被任命为荆襄以南宣慰安抚使。

以往岭南分为广州、桂州、邕州、容州和安南五个辖区，全都隶属于岭南节度使管辖。蔡京奏请将岭南分割为东、西两道，李漼批准后加封蔡京为岭南西道节度使，并在授任的制文中称赞他是“识略甚远，智能超群”。此时蔡袭正在安南着手布防，以防止南诏卷土重来，但是蔡京唯恐蔡袭立功超越自己，便向皇帝李漼诬奏蔡袭是“武夫邀功，妄占戍兵，虚费馈远”，请求将戍兵各还本道。

当时因为杜悰极力推荐蔡京，虽然朝廷很多大臣反对罢去戍兵，但皇帝李漼还是没有经过详细核实就采纳了蔡京罢兵的建议。蔡袭多次上奏认为，南诏虽然暂时撤退，但却始终伺机侵扰唐境，朝廷不可不准备，应该至少留下五千戍兵驻守安南，可是奏疏递上去却石沉大海。

蔡京为政残暴，在辖区内设置炮烙之刑，因此引起邕州士兵极大的愤怒，结果被士兵们赶走逃入藤州（今广西藤县）。他为了掩饰自己的苛政，伪造敕书和“功打使”印，称奉诏招募乡兵攻打邕州，最终其乌合之众一触即溃，后来朝廷发现蔡京的劣迹，最终将他贬死在崖州。

蔡京虽然得到了应有的报应，但他请罢安南戍兵之举却遗祸甚大。咸通三年（862 年）十一月，南诏继续出动五万大军进攻安南，蔡袭向朝廷告急请求增援，皇帝李漼紧急征发荆南、湖南两道兵马两千人，桂管道三千人马援救邕州。十二月蔡袭在交趾再次请求增援，皇帝李漼又下诏让山南东道派遣一千名弓箭手增援，可是千里复原为时已晚，各路援军还在半路的时候，南诏已经将交趾城团团包围，蔡袭只得被迫据城坚守。

咸通四年（863 年）正月七日，皇帝李漼到城郊进行祭祀并大赦天下。可就在这一天，南诏大军最终攻陷了交趾城，蔡袭带领将士浴血奋战，终因寡不敌众，身中十余支箭矢，突围到海边想乘坐监军的船撤离交趾，可是当时船已离岸，蔡袭最终淹死海中。

李漼得到邕州陷落的消息后，只得下令诸道援军全都退守岭南西道，于是安南彻底被南诏占领。

安南的陷落，不仅是唐朝国力衰弱，对臣属之地已经鞭长莫及的现实的反映，更是朝廷任用边将混乱不堪的真实写照。最关键的是，大唐帝国的西南边境从此进入烽火连天的状态。此后的十几年时间里，唐廷不得不从内地调集大量兵力和物力来加以防御，加重了朝廷的财政困难。安南陷落于南诏，又引发了大唐帝国全局性的统治危机，后来的庞勋起义，就与唐朝西南边境严峻的形势有着直接联系。

《新唐书》中《南蛮传中·南诏下》评论道：

咸通以来，“蛮”始叛命……天下骚动，十有五年，赋输不内京师者过半，中藏空虚，士死瘴疠，燎骨传灰，人不念家，亡命为“盗”，可为痛心！

可以说，南诏与唐朝反目成仇，兵连祸结，进而引起军民反抗，是导致唐朝衰亡的一个客观因素。不过，安南的陷落仅仅是个开始，咸通四年（863 年）三月，在南诏成功占领安南后，继续挥军北上直逼邕州。

高骈出征

南诏并不仅仅满足于占领安南，在安南休整两个月后，继续挥动大军进攻左、右两江，直逼邕州城下。

当时，岭南西道观察使郑愚见南诏军声势浩大，内心产生畏惧，上疏朝廷说自己是“儒臣无将略”，请求朝廷任用得力武将对抗南诏。于是，皇帝李漼决定以义武节度使（今河北定县）康承训代任，同时征调荆、襄、洪、鄂四镇兵马一万人，跟随康承训一同赴援邕州。

康承训到了邕州后，由于南诏进攻更加频繁，皇帝李漼又继续征调许州、滑州、青州、汴州、兖州、郓州、宣州和润州八镇之兵共同增援邕州。

咸通五年（864 年）三月，南诏增兵至六万进攻邕州。由于康承训麻痹大意，平日不派前哨侦看敌情，在闻听南诏大军已经逼近边境，才仓促派出六镇之兵一万人马迎敌。由于应战仓促，在交战过程中六镇兵马有五镇兵马八千人被打垮，只有天平镇之军因晚到一天而幸免。

康承训得知唐军战败的消息后，一时间不知所措，节度副使李行素建议立即指挥士卒堑壕树栅，防止南诏大军突袭邕州城，结果刚刚修筑好城防工事，南诏大军就将邕州城围了个水泄不通。南诏大军在城下做了四天的攻城准备，康承训眼看敌军攻城器械准备就绪，攻城在即，急得犹如热锅上的蚂蚁，诸将建议康承训以攻代守，乘夜分兵偷袭敌营。康承训最初不同意，经过天平镇一名小校的力争，才勉强同意。

是夜，这名小校带领三百名勇士，摸黑出城突袭南诏军营，火烧军营后又斩首五百，南诏大军慌乱之下，次日解围而去。康承训派兵追击，不过效果一般，仅仅斩杀俘获南诏三千人，而且主要是南诏胁从的当地土著人。

但是康承训在呈报朝廷的奏疏中，却夸大战果，奏称大破南诏大军。皇帝李漼信以为真，加封康承训为检校右仆射。而且康承训上报的立功受赏者，都是自己平日的嫡系，由此军中怨声载道，当时诗人于濆在其诗作《戍卒伤春》中描写了军中的这种哀怨情绪：

连年戍边塞，过却芳菲节。
东风气力尽，不减阴山雪。
萧条柳一株，南枝叶微发。
为带故乡情，依依藉攀折。
晚风吹碛沙，夜泪啼乡月。
凌烟阁上人，未必皆忠烈。

南诏虽然在邕州城下受挫，但他们却转道不断侵扰嶲州。咸通六年（865 年）四月，南诏再次发动对嶲州的进攻，皇帝李漼下诏派右神策军五千及诸道人马赶赴救援。因嶲州刺史喻士珍平日为政残暴贪婪，掠卖当地少数民族百姓，导致嶲州土著打开城门迎接南诏大军，嶲州城陷。

当时邕州虽然能够暂时坚守，但时任岭南东道节度使的韦宙在邕州有自己的亲信，这些亲信向韦宙报告了康承训贪冒战功一事。于是韦宙暗中上奏朝廷，揭发康承训夸大战果一事。尽管当时的专权宰相杜悰对此事不置可否，但康承训却做贼心虚，多次托病请求辞官，结果皇帝李漼不仅对其未加任何追究，反而加封其为右武卫大将军，调他回京任职，另派容管经略使张茵担任岭南西道节度使。

可是当时因为交趾城失陷，张茵虽然手握镇兵两万五千人，但因为胆小怕事，一直到咸通五年（864 年）七月仍然不敢出兵收复安南。于是经过朝廷另一名宰相夏侯孜的推荐，皇帝李漼改派骁卫将军高骈出任安南都护，接管了张茵的指挥权。

高骈，字千里，幽州人，祖父高崇文在宪宗时期因统领禁军平定西川叛乱被封为南平郡王。父亲高承明任神策军虞候，所以史称高骈“家世仕禁军”。高骈自幼习武，史书记载了他曾经一箭射中二雕的逸事，人称“落雕侍御”，而且高骈从小喜欢诗文，常与文人交游，流传下来不少诗歌，如《言怀诗》便是其较有代表的一篇作品。

恨乏平戎策，惭登拜将台。
手持金钺冷，身挂铁衣寒。
主圣扶持易，恩深报效难。
三边犹未静，何敢便修官。

可以说，高骈在晚唐时期算是一个文武双全的人才，由于受到统领神策军宦官的交口称赞，高骈累官担任右神策军都虞候。宣宗李忱在位时期，西北边境的党项族发生叛乱，高骈受命率领禁军万人戍守长武城，并伺机出击平定党项叛乱。后来吐蕃侵扰边境，高骈又被调任秦州（今甘肃天水）刺史，到任后成功收降吐蕃两个部落的两万余人。从这些经历来看，高骈又是一个熟悉边境作战的战将。

高骈就这样带着曾经的这些光环赴任安南，在到达暂时的治所海门后，他开始按照自己的想法做着进军安南的准备。在高骈看来，安南的问题不是一朝一夕所能解决的，所以他不想贸然出兵。但当时的监军李维周忌妒高骈立下战功，便打算借刀杀人，一再催促高骈立即出兵。高骈不得已于咸通六年（865 年）带上五千人渡海先行，约定让李维周随后发兵增援。临行前高骈赋诗一首表达了自己此次出征必胜的信念。

万里驱兵过海门，此生今日报君恩。

回期直待烽烟静，不遣征衣有泪痕。

可是高骈虽然率兵渡海而去，李维周却拥兵于海门不发一兵一卒，即使这样，九月间，高骈在安南南定（今越南顺城陇城乡）初战告捷。此时恰逢监陈敕使韦仲宰带领七千人马到达峰州（今越南河西省山西），高骈遂与之合兵进击南诏，屡屡派人回到海门向李维周告捷，但都被李维周藏匿不报。

咸通七年（866 年）六月，皇帝李漼见高骈赴任以来杳无音讯，内心感觉十分奇怪，便下诏向李维周询问。于是李维周趁机诬奏高骈“驻军峰州，玩寇不进”。李漼当即大怒，下令以右武卫将军王晏权代高骈镇守安南，召高骈回京准备加以治罪。事实上，就在李漼下达诏令的同时，远在安南的高骈已经屡次打败南诏大军，并包围交趾城。

十月，高骈围攻交趾城十几天，眼看破城在即，却突然收到王晏权接替自己的碟文。王晏权说自己是奉皇帝诏令与李维周率领大军从海门出发前来接任，让高骈立即返回。高骈无奈之下，只得暂时将军务转交给韦仲宰，带上麾下百余人北归。

在此之前，李维周一直没有回音，韦仲宰派部下王惠赞，高骈派小校曾兖，让两个人带着捷报渡海回去报捷。二人行舟海上时，忽然发现远处盛张旌旗的大船队经过，两个人经过询问，得知是监军和新任的安南经略使，王惠赞、曾兖顿时明白是李维周和王晏权的船队，一旦让他们发现自己，一定会扣留两个人，然后夺走捷报。于是两个人决定转舵藏在岩石之间，等船队过去后，他们再直接赶回长安报捷。

皇帝李漼得到高骈的捷报后，顿时喜出望外，立即撤销治罪的诏令，下令加封高骈为检校工部尚书，继续镇守安南，高骈回到海门后，接到皇帝陛下的诏令又马不停蹄地漂洋过海，赶回安南。

在高骈赶回海门期间，李维周和王晏权来到交趾城下，继续高骈没有完成的任务。可是王晏权生性怯懦，凡事都听李维周的指使，不过因为李维周在军中缺乏威信，诸将全都不出力，因此攻城不力，以致南诏守军趁机逃走大半。等到高骈回来后，重新激励和督促将士们攻城，很快便攻克交趾城，南诏军被迫退出安南。

收复交趾城后，高骈在当地恩威并施，逐渐安定安南的土著居民，《旧唐书·懿宗纪》记载："自李琢失政，交趾湮没十年，蛮军北寇邕容界，人不聊生，至是方复故地。"高骈主政安南期间，重新修筑交趾城以加强防务，又疏浚广州到交州的漕运水路，以保障军粮的供应，可以说在帝国的西南边境筑起了一道屏障。

安南的问题在高骈的努力下，终于重新恢复平静。但南诏并没有就此消停，在看到安南地区不易攻取后，他们接下来转战大唐帝国的西川边境，开始在那里生出事端。

西川战乱

咸通七年（866年）十一月，皇帝李漼在《大赦文》中一方面要求安南、邕州、西川等诸道军队各守疆界，不要去招惹南诏；另一方面又为南诏传递信息，告诉他们如能与大唐重修和好，朝廷会和以前一样善待南诏，一切既往不咎。

应该说，这是当时朝廷上下想恢复与南诏友好关系的一种努力，从安定角度来讲是正确的决策。但是南诏方面却欲壑难填，加上唐朝边将压迫边境土著居民甚重，所以南诏从安南撤退后，并没有就此罢兵，而是转战西川一带继续侵扰唐境。

对于南诏的动向以及如何加强对西川的防御，时任凤翔少尹的李师望上奏，认为巂州是对抗南诏的要冲之地，而成都距离巂州遥远，难以节制，请求建定边军，屯重兵于巂州，并以邛州（今四川邛崃）为治所。

事实上，邛州距离成都不过一百六十里，而距巂州则有千里之遥，在那里设置定边军与在成都节制巂州并没有什么差别。李师望是为了谋求出任专制一方的统帅，才提出上述建议。但皇帝李漼对当地的地理情况根本不熟悉，在没经过调查的情况下，盲目下诏委任李师望为巂州刺史、充定边军节度，并兼任眉、蜀、邛、雅、嘉、黎等州观察使，将一大片边境地区划归其管理。

李师望大权在握，成功地达到了目的后，为了邀功请赏，开始有意挑起与南诏的冲突。

早在咸通七年（866 年）三月的时候，南诏王便派遣重臣董成等十九人为使者前往成都。按照惯例，由于南诏对唐朝称臣，其使者面见西川节度使时要行跪拜礼，因此当时西川节度使李福要求董成等人按照惯例行礼。但董成却认为，如今南诏国主已经称王，双方是平等关系，不应该再行跪拜礼。双方各执一词，传话者往来奔波，从早晨争论到中午也没有结果，李福大怒之下，下令鞭打董成等人，并将其十九人全部下到狱中。

不久，朝廷改派河东节度使刘潼为西川节度使，刘潼到任后，立即释放董成等人，皇帝李漼下诏召董成等人进京，给予丰厚赏赐，慰劳一番后遣还南诏。

咸通九年（868 年）六月，南诏王派使者杨酋庆前往成都为释放董成一事道谢，但此时已经大权在握的李师望却一心要激怒南诏而求功，便将杨酋庆杀死。当时西川很多将领怨恨李师望分割了自己巡管的邛、巂等州而另立定边军，这些人出于争权夺利的私欲，利用李师望擅杀杨酋庆一事，暗中勾结南诏，让其寻机入侵边境。

不久后，李师望因为政残暴，聚私货以百万计，最终导致西川将士怨怒，被朝廷召回，改任窦滂为西川节度使。但窦滂是个比李师望更加贪婪的人，此时南诏虽然还未大举入侵西川，但西川边境已经是山雨欲来风满楼。

咸通十年（869 年）十一月，南诏王酋龙终于做出了大举入侵唐境的决定。当月，他亲率数万大军进攻巂州，定边军将领安再荣见南诏军声势浩大，不得已退守大渡河北岸，与南诏大军隔岸相持近十天。

在这期间，南诏大军在酋龙的指挥下，分兵突至嘉州界内的沐源川，窦滂派五百人前去抵抗，结果全军覆没。南诏士兵顺势穿上唐军的衣服，装扮成唐军败兵到青衣江招呼渡船过江。南诏军队用这种方法攻下犍为县（今四川犍为县），并一路纵兵焚掠陵州（今四川仁寿）、荣州（今四川荣县）

二州之境，不久后，南诏大军在嘉州南山上的凌云道集结，与嘉州城只有一水之隔。嘉州刺史杨忞与定边军监军张允琼带兵据水抵抗，酋龙出奇兵从东边的渡口潜渡过江，夹击唐军，唐军大败，嘉州失陷。

当时在大渡河畔，窦滂亲率人马增援守军，酋龙假装派人求和，乘窦滂与使者谈话时，指挥大军乘船强渡过河，唐军急忙列阵抵抗，暂时遏制住南诏的进攻。窦滂无勇无谋，见势不妙，首先假装自杀，被部将劝解后，又趁部将准备出战时，弃军只身逃跑。幸好其手下三员部将稳住阵脚，采取以攻为守的战术，于当夜突袭南诏大营，趁乱带兵撤出大渡河。

此后，南诏大军乘胜攻陷黎州（今四川汉源）、雅州（今四川雅安），而唐军溃退之下沿途焚掠，以至于邛州的军用物资都散落于乱兵之手，百姓尽皆四散逃亡，当南诏大军到达邛州时，那里已经基本上成了一座空城。

西川百姓听到南诏入侵的消息后，争先恐后地逃往成都，不过，酋龙这次入侵西川的目的仅仅是为了劫掠财物，所以没有长驱直入。他们一路上忙于劫取财物而处处停留，很多士兵因为抢得大量金银财宝而不愿意继续行军，从而影响了南诏大军的行军速度，因此，西川百姓绝大部分可以扶老携幼地进入成都。

当时成都只有子城没有护城壕，大量的难民蜂拥而至，只能席地而坐。时任西川节度使的卢耽面对如此窘境，急招彭州刺史吴行鲁和前泸州刺史杨庆复作为助手，成立应急小组共同筹备成都防务。

除了必要的加强城防之外，针对西川军队战斗力不强的现状，卢耽张榜从军中招募一批骁勇之士，承诺给予优厚的物资供应以及相应的军职，用这种方法从中选出三千人，称为“突将”。

在卢耽筹备防务期间，南诏大军进逼定边军北部边境新津，距离成都所在的蜀州只有七十里的距离。卢耽几次派人与南诏讲和，又遣使向朝廷告急，请求朝廷也派人来讲和，以作缓兵之计。酋龙看到卢耽态度恭谦，认为是个可以招抚的人，于是命令大军稍作停留，卢耽因此赢得了加强成都防务的宝贵时间。

正月十日，南诏大军兵临成都城下，酋龙自信稳操胜券，派人挑着彩幕到城南炫耀，扬言装饰城中隋朝时建立的蜀王厅，准备入驻其中。在此之前，朝廷任命左神武将军颜庆复率诸道人马数万人进入西川救援，卢耽派人前往汉州等候和催促援军及时赶到。此时已有一万人陆续到达汉州，窦滂也整合残兵败将四千人来到汉州，这些人马仓促整合在一起与南诏大军交战，结果遭到失利，不得不拒守汉州，等待大批援军的到来。

但是，窦滂因为想减轻自己弃守定边军的罪责，巴不得西川各州相继陷落，所以每当援军到达一批，窦滂都会煽风点火地告诉他们，南诏大军多于援军数倍，援军远道而来，不宜立即与南诏大军交战。结果导致这些援军们放缓步伐，耽误了援救成都的时间。

虽然援军未至，但在卢耽等人的指挥下，成都将士依旧竭尽全力坚守城池。二月一日，南诏军队动用云梯、冲车从四面攻城，唐军在城上用钩环将云梯、冲车拉近后，泼油点火焚烧，然后又派“突将”出城袭击南诏军营，杀敌两千人，南诏大军暂时撤退十里。在此后的十几天里，南诏军队多次攻城，卢耽带领守城军队采取各种各样的方法，一次又一次挫败南诏军队的攻城行动。

直到二月十二日，朝廷才传来贬黜窦滂的诏令，同时命令颜庆复为剑南东川节度使，全权指挥援蜀诸军。当时颜庆复率军在成都北面四十五里处的新都与南诏军队交战，经过惨烈搏杀，颜庆复终于带领援军杀开一条血路，进兵至距离成都三十里处。正在包围成都的南诏军队得知唐军大批援军到来后，为了避免腹背受敌，酋龙下令解除对成都的包围，于夜间撤回南诏境内。

朝廷在任命颜庆复为剑南东川节度使的同时，命令右武卫上将军宋威屯驻绵州（今四川绵阳）、汉州以为后继。宋威乘胜首先攻至成都城下，而且想要继续带领部下追击已经撤军的南诏军队，可是颜庆复担心宋威的功劳超过自己，于是命令宋威撤回汉州待命。

事实证明，当南诏大军走到新津（今四川新津县）时，因为河水暴涨，一时间造桥不及，整个大军滞留新津达到三日之久，如果唐军能够追击，一定会大有所获。据《资治通鉴》记载，当时蜀地的百姓知道整个消息后，十分怨恨颜庆复（“蜀人恨之”）。

不过公正地讲，颜庆复虽然嫉贤妒能，但对成都的防务还是丝毫不敢懈怠，他让当地守军增强防备力量，在城门之外修筑垣墙作为遮护城门的一道屏障，并深挖三丈的护城壕，在城外斩木为排杈鹿角，同时修建驻军营房，在城上建立警戒室。后来，南诏得知成都守备森严，不敢再轻易进犯，从这个角度来看，应该说颜庆复还是有一定功绩的。

为了收复安南和防守西南边境，朝廷付出了巨大代价，最明显的就是财政危机继续加重。本来晚唐的中央财政已经处于入不敷出的困境，宣宗李忱在位末年，天下的税费收入每年是九百二十二万缗，但用于正常开支的“常费”就达到三百余万，战争费用不包括在其中，有司只能抽取下一年度的税费来接济本年度的开支。

可以说，当时的财政已处于卯吃寅粮的境地。更为严重的是，南诏的入侵加剧了晚唐的社会动荡，战争不仅造成了大量的人员伤亡，而且对于心理的伤害极为严重，就连皇帝李漼也不得不承认与南诏交战是“劳我士卒，兴我甲兵，骚动黎元，凋残转甚……”

因此，在南诏不断侵扰西南边境的同时，由戍边士卒哗变发展而成的两淮农民起义就不是偶然事件。

第三章 两淮起义

积重难返

两淮起义的原因十分复杂，戍边士卒哗变是一个导火索。如果将这次起义放在晚唐历史的大背景下去探讨，其深层原因在于，当时对百姓的赋税已经到了苛重无度的境地。皇帝李漼在位时期，两税法已经在帝国境内实行了五十多年，不仅弊病丛生，而且积重难返，而首当其冲的就是赋税实际负担畸重畸轻。

大唐帝国在唐德宗建中元年（780 年）实行两税法时，从计税依据来看是有很大进步的。前边我们介绍过，两税法规定计税不再像租庸调制那样以成年男子为依据，而是以资产多少作为依据，称为“人无丁中，以贫富为差”，因此所征收的税属于资产税性质。

从理论角度来讲，占有田地多、家产多的税户要多交税，贫穷农民则可以少交或不交税。但是帝国在实施两税法时采取的是定额配税形式。朝廷确定的各州应征税额的依据，并不是依据当地百姓的财力情况，而是从当地在实行两税法前的唐代宗大历年间，取征税额最高的那一年作为定额。

然后各州再将定额分配到所属各县，各县再依据户等高下分配给各个税户纳税额，这就造成全国没有统一的税率，各地两税负担轻重不一的状况。同时税户的贫富状况也是不断变化的，其户等高低也应该随之变动，进而纳税额也应作相应的调整才对，而且朝廷在法令上也规定户等须三年一定。但是手中握有配税权的地方官和乡里胥吏却长期不定户等，使农民的纳税额基本上固定，这也就造成税户负担严重不均，富有者纳税绰绰有余，而贫穷者即使终年耕作也无力完税，最终不得不破产完税。

当时的礼部侍郎刘允章为朝廷献上《直谏书》，指出天下百姓时有“八苦”：

官吏苛刻，一苦也。私债争夺，二苦也。赋税繁多，三苦也。所由乞敛，四苦也。替逃人差科，五苦也。冤不得理，屈不得伸，六苦也。冻无衣，饥无食，七苦也。病不得医，死不得葬，八苦也。

刘允章指出百姓的“八苦”时，将“官吏苛刻”放在首位，从一个侧面也可以看出当时百姓赋税沉重的程度，诗人于濆更是在他的诗作《田翁叹》中对农民破产完税的现象给予了具体描绘。

手植千树桑，文杏作中梁。
频年徭役重，尽属富家郎。
富家田业广，用此买金章。
昨日门前过，轩车满垂杨。
归来说向家，儿孙竟咨嗟。
不见千树桑，一浦芙蓉花。

当时除了赋税畸重畸轻之外，“摊逃”现象也是肆行不止。由于各县各乡应缴的两税数额是固定的，当有些农民逃亡之后，地方官为了完成征税定额，强行将逃户的欠税额分摊到其邻里税户身上，这就是刘允章说的第五苦“替逃人差科”。

摊逃的弊端使现居农民承担成倍的赋税，这自然让农民无法忍受，进而也被迫加入逃亡大军，形成逃亡—— 摊逃—— 逃亡的恶性循环，逃户不断增多，一方面减少了纳税对象；另一方面也为农民起义起了反作用力。

由于农民大量逃亡，纳税户被迫减少，而朝廷想要完成征税额除了实行摊逃制度之外，只能是税外加税，也就是刘允章所说的第三苦“赋税繁多”。

本来按照两税法的规定，以往的各种农业税名目统统归并为“两税”。但事实上地方官的加敛是屡见不鲜、屡禁不止的，刘允章说的“所由乞敛”就是指上述现象，而“所由”是指经手的官吏，他们的加征成为赋税繁多的一个关键因素。

总体来看，当大唐帝国行进到皇帝李漼在位时，官与民的矛盾更加尖锐，不时发生地方官因不恤农民疾苦而被农民驱逐的事件。例如，咸通八年（867 年）七月，怀州（今河南沁阳）农民想向官府诉说旱情，刺史刘仁规竟然张榜加以禁止。按照唐朝法令规定，当发生自然灾害造成歉收时，可以依据受灾程度减免一定数量的税额，同时地方官负有替农民向上级部门报灾并申请赋税减免的责任。

可是，刘仁规不仅没有为民请命，反而钳制农民之口，所以引起了农民们的极大愤慨。农民们争相驱逐刘仁规，刘仁规被迫藏匿于村舍之中。农民们一窝蜂地闯进其府邸，抢夺其家财无数，并登楼击鼓，很长时间方才散去。

又如，咸通十年（869 年）十月，陕州（今河南陕县）农民想向刺史崔荛诉说旱情，但崔荛却指着庭中之树说“此尚有叶，何旱之有”，并杖责前来诉说旱情的农民。农民们愤怒之下群起而攻之，狼狈不堪的崔荛逃入民舍，口渴难耐之下向民宅主人讨要水喝，而主人给予他的却是屎尿。

针对官民矛盾突出的问题，左补阙杨堪上疏皇帝李漼，一方面不得不承认农民们有过激行为是因为刺史处置问题不当，以致百姓负冤所致；另一方面他也认为即使有冤屈也应该诉之朝廷，朝廷会置诸典刑，岂能擅自驱逐朝廷命官，以乱了上下之分，朝廷对于这种现象绝不能姑息，必须严惩肇事者。

然而，当时真实的情况却是刘允章所说的“百姓有冤，诉于州县，州县不理；诉于宰相，宰相不理；诉于陛下，陛下不理”，所以留给农民的只有奋起反抗一条路。因此，正因为咸通年间官与民的矛盾急剧尖锐，无论是逃亡的农民还是土著农民对朝廷以及地方官产生极深的怨恨之情，因此，一有风吹草动，必定会形成燎原之火，进而席卷全国。

导火索

前边我们分析了造成两淮起义的根本原因，事实上任何事件的发生都有其自身发展的前因后果。而造成两淮农民起义的导火索则是戍卒哗变引发的桂林兵变事件，在弄清这起事件来龙去脉之前，我们先来说一说关于这起事件的历史渊源。

礼部侍郎刘允章在《直谏书》中除了指出民有八苦之外，还惊呼国有九破：

终年聚兵，一破也。蛮夷炽兴，二破也。权豪奢僭，三破也。大将不朝，四破也。广造佛寺，五破也。贿赂公行，六破也。长吏残暴，七破也。赋役不等，八破也。食禄人多，输税人少，九破也。

其中刘允章所说的“大将不朝”，指的是自安史之乱以来藩镇拥兵割据的局面进一步加重。而藩镇之所以敢于蔑视朝廷中央政权的威严，在很大程度上是因为他们控制着一支以骄兵悍卒为核心的地方军队。所以如何处理这些骄兵悍卒，经常成为朝廷与藩镇斗争的焦点之一。

李漼即位后，对飞扬跋扈的藩镇加以姑息，唯一看起来似乎是镇压成功的例子，是咸通三年（862 年）任用王式为武宁节度使，平定徐州的骄兵叛乱。

武宁节度使管辖徐、泗、濠、宿四州，地处河南，是中原地区的一个重镇，中晚唐以来一直是悍将骄兵兴风作浪、动乱不已之地。而造成这种局面的根源则是王智兴在德、宪、穆三朝镇守徐州二十多年，成立了一支完全为自己所有的军事力量。到了李漼在位的咸通初年，节度使田牟多方讨好这伙骄兵，竟然和他们面对面地饮酒，而且勾肩搭背称兄道弟，或者为这些人唱歌表演，犒劳他们的费用日以万计，可谓是极尽委曲求全之事。但这些骄兵依旧不时闹事，搞得田牟经常不得安宁。

咸通三年（862 年）六月，田牟去世，皇帝李漼以温璋接替田牟担任武宁节度使。骄兵们听说温璋治军严厉，全都心怀疑惧。温璋到任后也想采取怀柔政策，但骄兵们对温璋总是心怀猜忌，全都不吃他赏赐的食物。不出一个月，温璋就被这些骄兵赶出了徐州。

温璋回到京城后，向皇帝李漼痛陈徐州骄兵的所作所为，结果李漼任用刚刚成功镇压裘甫起义的王式为武宁节度使，想借他的威风弹压徐州骄兵，并让他带着跟随他成功镇压裘甫起义的忠武、义成两镇之军前往徐州。

八月，王式领兵抵达徐州，三天后他以犒劳忠武、义成二军为名，让他们全副武装起来，趁徐州军那些骄兵不备而加以包围。当日尽诛徐州军骄兵三千人，只有极少数人逃往山中避难，这样一来徐州的骄兵势力基本被铲除。

皇帝李漼得到消息后，诏令撤除徐州的节度使建制，改为本州团练使，所辖兵力除当地州县军队之外，只保留三千人，同时泗、濠、宿三州划分到周边节度使管辖。

本来这件事情可以到此为止，但皇帝李漼对徐州军始终心怀疑忌，于是在咸通五年（864 年）五月的时候，他利用南诏大军攻陷安南并不断侵扰桂林地区的机会，下令征调一批徐州军队进驻桂林防戍。

在向朝臣阐述自己的想法以及调防的具体做法上，李漼认为徐州军能征善战，但近些年有些骄傲自大，以致不断发生骚乱。最近取消了徐州的节度使建制，又有不少军士出逃，虽然朝廷下令既往不咎，但恐怕这些人也会心怀疑惧不肯回来。现在最担心的就是怕他们啸聚山林，再生祸乱，现在边境急需人才，所以诏令徐、泗团练使招募勇士三千人赴桂林地区防戍，等到边境安定了让其他军队替换而归。

从李漼的想法中，我们可以看到，他并不讳言此举是一箭双雕，当然，徐州军能征善战，是朝廷借重的军事力量所在，也的确是事实。早在咸通三年（862 年）二月，朝廷大征诸道兵马援救安南时，就已经从许州征调了两千人，其中七百人驻守桂林，不过此次李漼强征徐州军三千人远戍桂林，却包含着分散徐州原有兵力，防范他们再在徐州闹事的目的。

即使李漼有分散徐州兵力的意图，但其做法并不为过。可是李漼在征调诏令的最后加上了这样一句话："令召满五百人，即差军将押送赴役。"

事实上，尽管自藩镇们拥兵自重以来，手下很多都是骄兵悍卒，但这些士兵从本质上都是安分守己的破产农民。他们之所以被迫投军，往往是因为不堪苛重的赋役以及地方豪强的压迫，在当地无法生存所致。可是皇帝李漼不分青红皂白，先是将徐州士兵一概视为闹事者，而且"差军押送赴役"，明显带有惩罚戍边的味道，这就为后来桂林发生兵变埋下了导火索。

而且李漼承诺边境安定后，让其他军队替换他们归还的承诺也没有做到，使桂林戍卒哗变要求返回徐州，进而得到当地许多士兵支持，与朝廷对徐州士兵处理的扩大化有着直接关系。

咸通五年（864 年）七月，徐州军在许多军士的监视下，急匆匆地前往桂林防戍。在启程的那一刻，很多人幻想着自己还会回来，但他们一定想不到，此次前往桂林，他们居然在那里足足待了六年时间。

桂林兵变

桂林地属岭南地区，那个时候岭南是瘴疠肆虐之地，加上当地少数民族对中央朝廷的叛服不定，北方人都畏惧去那里。如果有官吏去那里也是被贬前往，而朝廷也将岭南当作惩罚贬官的最佳流放地。

当年无论是杨炎、韦执谊还是李德裕，到了岭南基本上结局都很悲凉，而杨炎更是对岭南地区发出了"崖州何处是，生渡鬼门关"的感慨，最终都没走到目的地便被缢杀。古谚语云："鬼门关，十人去，九不还，"同样自桂林地区而南都是瘴疠之地，到那里的人堪称到鬼门关前走了一遭。

岭南的朝廷贬官毕竟还有生活保障，尚且还有九死一生之叹，而从北方来的戍卒生活状况就更为悲惨，其生活条件和作战环境的恶劣，导致很多士兵水土不服而死。为此咸通六年（865 年）四月，时任宣歙观察使的杨收上疏朝廷，认为蛮夷很多年没有平定，但岭南的恶劣条件却让戍卒死亡率达十分之六七，实在是让人痛心疾首。

可见自咸通三年（862 年）从徐州调兵防戍桂林开始，不过三年的时间，戍卒的死亡率高得可怕。本来按照唐朝规定，南戍之军三年一轮换，这个规定明显考虑了水土不服等原因，三年也是北方军队所能忍受岭南恶劣条件的极限，实在不宜延长。而且由于岭南为万里之外的荒蛮之地，正所谓山高皇帝远，当地统兵的将帅经常胡作非为、无人监管，极大地增加了士兵们的痛苦，前边提到的岭南西道节度使蔡京苛政就是典型的例子。

但在岭南地区苛政，蔡京不是第一人，也不是最后一人。咸通九年（868 年）六月，徐州军的三千戍卒已经驻防桂林六年有余，在此期间他们多次要求朝廷另派军队代替。而当时朝廷以徐州军骄傲自大不服管教为由，派行事极为苛刻、铁腕治军的徐泗观察使崔彦曾加以管制，崔彦曾又任用牙将尹堪、教练使杜璋等人负责具体的管教事宜。

尹、杜二人到任后，对待士兵经常无端打骂，而且克扣士兵粮饷，士兵们对其恨之入骨。尹堪在得知士兵们请求替换的要求后，向崔彦曾建议，以军费不足为借口，让徐州军再多防戍一年，崔彦曾采纳了尹堪的建议。

当徐州军得到还要多防戍一年的消息后，顿时一石激起千层浪，这种不顾戍卒死活的做法，引起了徐州军的强烈愤慨。愤怒的徐州军失去理智，他们在许佶、赵可立等几名军将的率领下正式发动兵变，这些人杀死崔彦曾的部将王仲甫，共推粮料官庞勋为首领，冲入监军院，夺取兵甲粮草，然后踏上了返回徐州的归途。

桂林兵变的消息很快传到京城长安，当时摆在皇帝李漼面前的奏文中写道："剽掠湘潭、衡山两县，有众千人，擅还本镇。"面对这种情况，皇帝李漼和朝臣们一时不知所措，加上桂林军府方面本身就做得理亏，所以为了避免事态进一步扩大，只好暂时采取顺应戍卒要求的做法。

八月，李漼派出宦官张思敬向庞勋等人宣布诏令，赦免他们擅自离开桂林的罪行，由沿途官府协助组织他们返回徐州。可是当停止剽掠的庞勋等人进入湖南境内时，却被湖南监军设计收缴了兵甲。南东道节度使崔铉在得知庞勋等人进入湖北境内时，带领人分守要道，准备一举擒获庞勋等人。已经赤手空拳的徐州军在庞勋的带领下，被迫转道泛舟东下。

在行进途中，许佶等人看出了朝廷志在最终消灭他们的意图，而现在朝廷之所以下了宽赦令，是担心他们在沿途继续劫掠，等到了徐州后，他们这些人一定会被朝廷治罪。所以他们决定不能束手就擒，各自拿出私财，制造兵甲旗帜，重新武装起来。虽然他们只有千余人，却“广舟舰，张旗帜”，经过浙西的白沙洲（今江苏仪征）渡过长江进入淮南。

当时淮南节度使令狐绹没有接到朝廷要求武力镇压的诏令，所以首先采取权宜之计，派人前去安抚庞勋等人，并充分供给粮草。部将李湘却认为徐州军擅自返还本镇，已经触犯王法，况且一路劫掠不断，令狐绹作为一地军政长官，应该立即领军平叛，不必等待朝廷诏令。

对于具体如何平叛的问题，李湘主张在岸狭水深的高邮（今江苏高邮）一带，以舟载上荻草，放火点燃阻塞河道，然后在岸边埋伏士兵截断其后路，一举消灭徐州军。否则，一旦让他们渡过淮河进入徐州，与本来就心怀不满的州内之军会合，必然会生出更大的祸乱。

应该说，李湘的建议十分中肯，但令狐绹本身就是个胆小怯懦之人，如同当年他当宰相时一样，只考虑个人的利害得失。对于李湘的建议，他的回答是，只要徐州军在自己的境内不生事端，就听任他们通过，只要出了淮南就不关自己的事了。因此，在令狐绹的姑息下，庞勋带领人马顺利通过淮南，而且沿途招募了大量士兵。

九月二十八日，庞勋领兵到达距徐州一百二十里处。崔彦曾召集诸将商议对策，团练判官温廷提出了“击之三难，舍之五害”之说：

诏释其罪而擅诛之，一难也。帅其父兄，讨其子弟，二难也。枝党勾连，刑戮必多，三难也。

至于所谓的“舍之五害”，除了让庞勋等人继续威胁朝廷统治之外，还包括一旦全国隐匿山泽的匪徒聚众响应，则天下必乱。事实上温廷提出的“三难五害”之说，恰恰是庞勋等人的有利因素。但是前边我们说过，崔彦曾是个颇为苛刻的人，即使存在“三难五害”的不利因素，他还是决定出兵镇压。当时徐州城内有兵力四千三百人，崔彦曾命令都虞候元密带领三千人马出战，同时令宿州和泗州也派兵相助。

十月八日，三路兵马来到彭城西南三十里处的任山，诸将命令军队停止不前，准备以逸待劳，等庞勋之众到达时突然发动袭击，为此，他们派人假扮成挑夫侦察庞勋等人的动向。可是庞勋到来时发现这些挑夫的眼神十分诡异，他敏锐地意识到可能是细作，于是，他派人抓了几个挑夫，经审讯，这些挑夫供出实情。庞勋立即采取措施，命令手下人连夜制造诸多假人布列在山下迷惑官军，自己则趁着夜色带领人马撤出任山。

庞勋撤出任山后，主动避开彭城急于求战的官军，转而进攻官军兵力较弱的宿州。十月十日，庞勋成功攻占宿州。值得一提的是，在宿州之战前，徐州军发起的这场事变，都属于兵变性质，但从庞勋攻下宿州后，这场事变开始变了性质，由戍卒哗变转变成了农民起义。

揭竿而起

庞勋攻下宿州后，立即发动当地百姓尤其是贫农加入自己的行列，史料记载："一日之中，四远云集，自旦至暮，得数千人"，应募者多为贫苦农民。看到自己的队伍不断壮大后，庞勋自称兵马留后，至此，兵变性质演变为农民起义。

当时朝廷十分明白宿州的战略地位，它不仅是汴河上的重要交通枢纽，而且是国家漕运及商旅必经之地，所以官军急赴救援。在庞勋攻占宿州的两天后，元密带领唐军匆匆赶到宿州，他见农民军守备森严，加上此前原驻守宿州的官军为阻止庞勋进攻而绝汴水以护城，此时依旧是水深难涉，因此只得在城外扎营。

十月十二日，元密引兵开始渡水围城，当时刮起大风，农民军射火箭引燃城外的茅屋延烧唐军营寨，官军一下子陷入进退两难的境地。农民军乘势出城杀敌，杀死唐军三百余人，入夜时分，庞勋用妇女打更以迷惑官军，然后乘大船满载粮草，主动撤离宿州顺流而下，准备进入淮河。

次日天亮，元密得知庞勋连夜撤出宿州，又匆忙带领人马急速追赶。庞勋得知官军将要追来，便命令农民军将船隐藏在大堤之内，船中埋伏上千名士兵，然后派小股士兵在大堤外布阵，看到官军追来后，大堤外的人佯装溃败全都撤向大堤之内，元密见状以为农民军怯阵，继续纵兵追赶，结果中了埋伏，全军覆没，诸多将领战死堤内。

元密率领的三千人马被庞勋生吃后，徐州已经到了无兵可守的境地。

庞勋从降卒口中探明这一情况后，决定趁势攻打徐州。直到十月十五日夜晚，崔彦曾才惊悉元密已经全军覆没的消息，于是他一边向邻道求救，一边堵塞城门，并强迫城中壮丁参加守备。

但是，当时城内人心恐惧，毫无斗志。十月十七日，庞勋带领大军攻城，并安抚城外的百姓，进而得到了百姓的支持，百姓们协助农民军“推草车塞门而焚之”，很快便攻克城池，活捉崔彦曾及其部将，当天庞勋又得到城中万余人加入农民军。

庞勋攻克徐州后，又分兵攻占濠州、泗州等地，并对其他要害城池都派兵驻守。此时，从四面八方赶来的贫苦农民纷纷加入庞勋的起义军，由于农民的争相加入，不仅徐州一地的农民军迅速壮大，攻城略地的各支义军也犹如滚雪球般地沿途壮大，如奉命进攻濠州的农民军将领刘行及本来只带了一千五百人，由于沿途农民的参加，抵达濠州时部众倍增，濠州刺史卢望回手下只有数百名士兵，不得已只能开城投降。

农民军队伍的急速壮大以及四处攻城略地，让朝廷逐渐开始重新审视这次由戍卒哗变引发的农民起义。皇帝李漼在得知徐州失守后，决定采取大规模的武装镇压，下诏征调河南、河东、山南诸道军队，任命右金吾大将军康承训为义成节度使、徐州行营招讨使，神武大将军王晏权为徐州北面行营招讨使，羽林将军戴可师为徐州南面行营招讨使，统领二十多万兵马，从西、南、北三面对农民军进行强力围剿，而且康承训为了增强战斗力，请求调动沙陀、吐谷浑等少数民族骑兵参战。

在军事准备的同时，朝廷也没有完全放弃诱降庞勋的想法，为此，皇帝李漼特地派一名宦官手持敕书前往徐州宣慰庞勋。不过，庞勋识破了朝廷的用意所在，在宦官到来后，庞勋自任山列兵三十里到徐州子城，号令金鼓呼震山谷，然后在马球场宴请前来宣慰的宦官，宴会期间故意让人不断前来告捷，变相地拒绝了朝廷的诱降。

一直到十二月为止，朝廷派出的各路大军的围剿军事行动效果不甚理想，在江淮地区的几次出兵援救泗州的行动全都失败，如淮南节度使令狐绹的部将李湘领兵五千援救泗州，结果半路上中了庞勋的缓兵之计，在淮口被全歼。又如镇海节度使杜审权派部将带领四千人马想要与李湘会合，在屯驻都梁城的时候，被装扮成淮南军的农民军引诱出来歼灭。

值得一提的是，都梁山设有转运仓，淮口则是汴水进入淮河的要津所在，被农民军占领后，朝廷的漕运和驿道受到严重阻碍，因此官军竭力反扑。闰十二月，戴可师带领南路三万围剿大军渡过淮河，迅速包围都梁城，想要夺回淮口，然后援救泗州。守城的农民军见到官军声势浩大，便谎称准备出城投降，然后乘戴可师缓兵之机于夜间撤离，留给戴可师一座空城。

次日大雾漫天，戴可师见农民军人去城空，立即领兵进行追击，农民军将领王弘立带兵突然回军反攻，官军来不及迎战仓促溃败，戴可师被打死于乱军之中。

而后农民军连战连捷，庞勋乘胜分兵南攻舒州（今安徽庐山）、庐州（今安徽合肥），连破下蔡（今安徽风台）、巢县（今安徽巢县）、滁州（今安徽滁县）、和州（今安徽和县），控制了江北大片地区，同时北攻沂州（今山东临沂）、海州（今江苏连云港）等地。此时庞勋已经拥有将近 20 万人马，而且依旧继续招兵买马，淮南的地主富豪纷纷到江南躲避。

戴可师的南路围剿大军被全歼后，王晏权率领的北路军也多次遭到重创。而康承训统领的西路军才集结了万人，在他看到庞勋势力浩大，一时难以取胜的情况下，暂时退守宋州（今河南商丘）。而且淮口失守后汴河不通，朝廷江淮地区的漕运改道从寿州（今安徽寿县）进入淮河，然后经颍州（今安徽阜阳）、汴州（今河南开封）北上。不久，庞勋围攻寿州，截堵朝廷诛道送往长安的大批物资，因此江淮与关中的漕运线路基本算是断绝。

我们多次说过江淮地区对于朝廷的重要性，在庞勋成功截断江淮通往长安的漕运通道后，朝廷的物资供应已经断绝，这对于朝廷来讲是个灭顶之灾。面临如此危局，皇帝李漼再也坐不住了，咸通十年（869 年）正月，皇帝李漼重新调兵遣将，任命左威卫大将军马举为徐州南面招讨使，又将王晏权撤职，改派泰宁节度使曹翔为徐州北面行营招讨使，同时任命的还有十六位将领，共率将近八万人，接受康承训统一指挥，屯驻于宿州以北九十里处的柳子（今安徽宿县）一带，连营三十里，准备继续大规模地围剿。

皇帝李漼对于剿灭庞勋起义不可谓没有决心，但如果起义军精诚团结，朝廷的大举镇压并非轻而易举的事情，可是就在皇帝李漼重新调兵遣将誓将庞勋起义镇压下去时，起义军的内部也开始出现败亡之兆。

败亡

庞勋率领的农民军虽然转战各地声势浩大，但其内部并非铁板一块，究其根本原因在于庞勋自身。

庞勋并不是真正的贫农出身，被推为首领之前是粮料官，虽然官职不高，但好歹也算是朝廷命官，所以他率众起义后不可能和那些贫农一样，具有彻底的反唐意志。事实上，从上次宦官宣慰之后，庞勋看到了来自朝廷的示好，所以他夹杂着为自己谋求富贵的私念，暗中多次向朝廷索要官职，只是朝廷没有答应他的条件，才使他选择继续对抗朝廷。

庞勋带着这样一种杂念，作为接受安抚的条件，以致多次错失扩大战果的机会。例如，他一直没有杀掉徐州观察使崔彦曾和监军、宣慰使等人，也是企图为自己留一条后路。但是在他的势力急剧扩张后，庞勋又开始盲目自信，自诩"无敌于天下，官军不足畏"，整天游宴无度，导致军纪涣散。

庞勋虽然领导的是农民起义军，但其班底骨干仍然是那些桂林戍卒。前边我们说过这些人都是骄兵悍卒，在攻城略地中夺人资财，掠人妇女，而庞勋却不加以约束，由此很快引起了地方百姓的怨恨。所以当官军大兵压境时，庞勋下令扩军却再也得不到百姓的支持。在各地不断派人前来要求增兵的压力之下，庞勋不得不采取强制征兵的手段，派人"散入乡村，驱人为兵"。

官军则采取了收买人心的措施，皇帝李漼颁布敕令，如果诸军作战中抓到农民，必须就地释放，《资治通鉴》记载"自是贼每与官军战，其驱掠之民自先溃"。

咸通十年（869 年）二月，康承训以朱邪赤心率领的三千沙陀骑兵为先锋，向农民军发动强力进攻。沙陀骑兵作战勇猛，康承训曾经带领千余人马在渡过涣水时遭到农民军的伏击，是朱邪赤心带领五百沙陀骑兵冒死闯入重围，成功解救出康承训。

在沙陀骑兵的协助下，农民军与官军交战屡战屡败。当时农民军将领王弘立自诩淮口全歼戴可师大军，亲率三万人马迎战官军，包围了官军屯驻的鹿塘寨，王弘立认为大功即将告成，可以轻而易举地击败官军。不过，沙陀骑兵左右突围，在他们的强烈冲击下，农民军根本无法有效抵挡，官军乘势出战，大败农民军，王弘立只率数百人逃回，几乎算是全军覆没。随后，官军又乘势攻下虚竹屏障柳子，守将姚周兵败逃走后被官军半路截杀。

一直到了四月，农民军战事不顺，庞勋的部将周重认为柳子一地战略地位十分重要，现在姚周兵败身亡，徐州已经危如累卵，不如倾徐州之兵而出，全力死战夺回柳子。而且周重鉴于军心不稳的现状，建议庞勋立即杀掉崔彦曾等人，以示和朝廷彻底决裂之心，不然的话很难再得到百姓的支持。

庞勋无奈之下采纳了周重的建议，当即杀掉崔彦曾等人，并召集部众重新表明造反的决心，倾境内之兵，勠力同心，转败为胜。在庞勋的努力下，暂时又募得三万人以保持和官军对抗的资本。

当时魏博镇兵马正围攻丰县，庞勋决定先解丰县之围，便亲率大军从徐州出发，乘夜悄悄潜入丰县。魏博军分为五寨，靠近县城的一寨有数千人马，庞勋纵兵包围，其他寨出兵相救，被庞勋伏击，趁势斩杀两千人。

取得丰县小胜后，庞勋立即从丰县出兵西攻康承训，并抽调其他地方兵力共计五万人一起发起进攻。可是由于对官军败卒看管不严，导致败卒逃回康承训那里报告了庞勋的动向。

针对庞勋的动向，康承训着手进行部署，他在境内布下口袋阵专等庞勋的到来，准备打一场歼灭战。不过，庞勋自己却未能如期而至，结果如期到达的其他各路农民军中了康承训的埋伏。等到庞勋赶到时，见官军势盛不战而溃，被迫带领残兵败将逃回徐州。

在官军的强力围剿下，到咸通十年（869 年）七月为止，官军接连收复下邳（今江苏邳县）、丰县（今江苏徐州）、襄城（今河南襄城）、定远（今安徽定远）、蕲县（今安徽宿县）、钟离（今安徽凤阳）等地。而后康承训率领大军包围了农民军占领的重镇宿州。

当时数万农民军在将领张实的带领下，在城下列阵对敌，深挖护城河以护城，并且暗中派人送信给庞勋，建议他采取围魏救赵之计，引兵出其不意地进攻宋州、亳州，康承训必定解除对宿州的包围而引兵西救，到时庞勋设埋伏于要道伏击官军，张实自己带领兵马出宿州断其后路，肯定能大败官军。

庞勋采纳了张实的建议，亲率两万人马奔袭宋州，结果康承训闻讯立即引兵西救。不过，张实的前后夹击之计最终还是没能实现，原因在于庞勋委任治理宿州的人是原唐朝旧将张玄稔，在康承训的引诱下，张玄稔暗中已经投降。

九月，张玄稔设计围杀张实等将领，然后举城投降官军。随后他又为康承训献策：趁他投降的消息尚未公开，由他带兵假装溃逃，进入农民军占领的蕲县取而代之。最后张玄稔进兵包围徐州，原徐州官吏路审中做内应，打开城门迎入唐军。

庞勋此时已经攻下宋州南城，但北城始终无法攻克，便转而进攻亳州，可是又被沙陀骑兵偷袭，只好又退往徐州。当他行至蕲县时，因为在此之前蕲县已被张玄稔占领，守将李兖吊起护城桥，使庞勋无法入城，结果在西城西面遭到官军包围，庞勋虽力战却因寡不敌众而最终战死，所率的两万人马几乎全军覆没。

至此，由庞勋领导的由戍卒哗变引发的两淮农民起义，历时一年半后以庞勋战死而宣告失败。

十月，皇帝李漼下诏褒奖在镇压庞勋起义过程中的有功之臣，并在诏书中宣称“载戢干戈，永销氛祲”，认为成功镇压了庞勋起义，从此朝廷可以高枕无忧。但从当时帝国的整个形势来看，两淮农民起义虽然未能置大唐帝国于死地，却给了大唐帝国致命的一击，具体表现就是对唐朝的经济和财政造成了严重破坏。

《旧唐书·懿宗纪》记载：徐寇虽殄，河南几空。有力地说明了庞勋起义对于地方破坏的严重性。同时参加起义的农民军并没有全部被消灭，很多人逃散到各地，到后来黄巢起义时，又重新加入了黄巢的队伍。

当时路岩、韦保衡就是因为上述理由，不断在皇帝李漼面前攻击康承训剿匪工作做得不彻底，导致康承训因此被贬为恩州（今广东恩平）司马。

庞勋起义虽然最终以失败告终，但唐末的很多历史事件与这次起义有着千丝万缕的联系。范祖禹在《唐鉴》中就认为：庞勋之乱，起于桂林之戍；黄巢之寇，本于徐方之余。而《新唐书》中《南蛮中·南诏下》的篇末也有这样一段话：

懿宗（李漼）任相不明，藩镇屡畔，南诏内侮，屯戍思乱，庞勋乘之，倡戈横行。虽凶渠歼夷，兵连不解，唐遂以亡……唐亡于黄巢，而祸基于桂林。

当皇帝李漼认为可以高枕无忧时，大唐帝国已因为庞勋起义而埋下了灭亡的种子，只是这颗种子还需要继续生根发芽。

第四章
靡费佞佛

内结道场

武宗李炎的会昌废佛使佛教势力受到一次沉重打击，不过，宣宗李忱即位后一反会昌之政的做法，重新恢复佛教，使佛教势力很快复苏和发展。皇帝李漼即位后，依旧延续父皇李忱的做法，继续崇奉佛教，他本人也日益沉溺于诸多佛事活动中。

据《资治通鉴》记载，李漼即位后在咸泰殿筑坛，为内寺尼受戒。所谓内寺尼指的是宫人出家者，这些人就居住在宫中为她们专门设置的寺内，所以称为“内寺尼”。咸通三年(862 年),李漼又下令在京城慈恩寺、荐福寺、福寿寺和庄严寺之内各置戒坛，以做剃度僧尼之用。

尽管皇帝李漼亲自举行的剃度僧尼的活动似乎不多，但其影响却不可低估。依旧是提出“民有八苦”“国有九破”的刘允章在《直谏书》中还提出了“人有五去”之说：

> 势力侵夺，一去也。奸吏欺隐，二去也。破丁作兵，三夫也。降人为客，四去也。避役出家，五去也。

而其中的“避役出家”指的就是剃度僧尼，因为自中晚唐以后僧尼享有免役特权，本身就加剧了赋役征调对象的流失。

除了剃度僧尼之外，李漼还内结道场，中开讲会。所谓的内道场是设置在宫禁之内供皇室成员从事礼佛活动的场所，如译经、受戒、念诵、斋会和接待高僧等，都在内道场举行。内道场自东晋以来就见诸史料记载，到了唐朝空前繁盛，武宗李炎会昌废佛之后，宫中的内道场活动一度停废，但到了皇帝李漼即位后，内道场活动又开始热闹起来。李漼虽然懒于处理朝政，却对参加佛事活动热衷不已。

例如，《旧唐书·李蔚传》记载：“懿宗奉佛太过，常于禁中饭僧，亲为赞呗……逢八饭万僧。”“逢八”即逢入斋日之意，而“亲为赞呗”是指在讲会上，皇帝李漼亲自参加念诵。正如时任吏部侍郎萧仿所说的“陛下留意天竺，属意桑门，内设道场，中天讲会，或手录梵夹，或口扬佛音”。《资治通鉴》也记载：“于禁中设讲席，自唱经，手录梵夹。”

皇帝李漼大肆参与佛事活动，与之而来的就是国家资财的耗费无数，他即位之后，行幸长安诸寺常常是给予寺庙过多的钱财，为此萧仿曾经上疏劝谏，却没有效果。例如，李漼赐给安国寺高僧的两座沉檀木制成的宝座，高二丈，镂刻龙凤，饰以金，顺着台阶登上宝座顶部，上面设有座位，座前摆有陈放佛经的矮几，四隅雕刻着高达数尺的瑞鸟神人，座前垂挂着绣囊锦幅，从中可以看出是多么的奢华。

咸通十一年（870年），李漼又下诏令福寿寺的尼姑缮写大藏经，每藏计五千四百六十一卷，又雕造真檀像一千躯，花费之大让当时的很多朝臣惊叹不已。在李漼的提倡下，从武宗李炎的会昌废佛中逐渐复苏过来的佛教，其发展速度让人为之惊叹，当时整个国家兴建佛寺成风，使国力急剧损耗。

事实上，除了刘允章之外，早在咸通五年（864年），谏议大夫裴坦就曾经上疏李漼，认为现在国家急需征兵，财政状况已经到了匮乏的地步（“财赋方匮”），不宜过多地热衷于佛事活动以及大规模的修建寺庙，使国力受困。

不过，无论是裴坦还是刘允章，其上疏的内容虽然切中时弊，但皇帝李漼并不为所动，而且随着时间的推移，其热衷佛事活动规模越来越大，而标志性的活动当数咸通十四年（873年）的奉迎佛骨。

奉迎佛骨

在皇帝李漼即位之前，唐朝的皇帝自太宗李世民首次开启法门寺地宫展示佛骨以来，高宗李治、武则天、肃宗李亨、德宗李适和宪宗李纯先后举行过大规模的迎佛骨进入洛阳或长安的佛事活动。而咸通十四年(873年)李漼的奉迎佛骨，则是整个唐朝规模最大、耗资最巨的一次。

在武宗李炎的会昌废佛中，法门寺虽然遭到严重破坏，但是经过众多僧徒的努力，佛骨完整地保存了下来。据史料记载，会昌废佛时，朝廷强令法门寺上交佛骨，寺中的和尚们暗中仿制"影骨"上交朝廷，才使这件佛教圣物免于碎殄之厄。等到皇帝李漼即位后，当年熟悉此事秘闻的九陇山禅师上疏朝廷，请求皇帝李漼奉迎真佛骨入宫。

依据诸多史料的记载来看，咸通十二年（871年）八月十九日，在法门寺旧隧道的西北角处得到舍利子一颗，其形色为"长一寸五分，上齐下折，高下不等，三面俱平，一面稍高，中有隐迹。色白如玉少青，细密而泽"。这就是众僧精心保护的骨质真佛骨，而所谓的"影骨"，从考古发现所得来看，乃是石质的。因此，可以说佛骨的重新被发现是导致皇帝李漼举行奉迎佛骨的一个重要原因。

咸通十四年（873年）三月二十二日，李漼下诏长安两街功德使派出大德高僧数十人和一批宦官一起前往法门寺奉迎佛骨。当时诏书一下，很多朝臣纷纷上疏劝谏，认为奉迎佛骨活动历来劳民伤财，加上宪宗李纯于元和十四年（819年）奉迎佛骨进宫，却在次年就"暴崩"，因此认为奉迎佛骨进宫实际上是不祥之兆，希望皇帝李漼能够三思而后行。没想到李漼给予群臣的反应是："朕生得见之，死亦无恨！"

为了奉迎佛骨，在国家财政极端困难的情况下，皇帝李漼仍不惜削减军费来装饰寺庙，不断增加赋税而提高佛事活动规模，且耗费巨资大造法器。据《杜阳杂编》记载：

以金银为宝刹，以珠玉为宝帐、香升。仍用孔雀氄毛饰其宝刹。小者高一丈，大者二丈。刻香檀为飞帘，花槛瓦木阶砌之类，其上遍以金银复之……其宝帐香舆，不可胜纪。工巧辉焕，与日争丽。

除了朝廷大肆铺张准备之外，皇帝李漼又下令百姓于长安城外的路旁垒土为香刹，有的高一二丈，有的高八九尺，以金翠装饰。据史料记载，当时仅是这种香刹，京城长安之内就有上万座。

四月八日，在凤翔监军王景珣、观察判官元充等人的护送下，李漼派出敕使将佛骨迎至长安城内。

李漼迎接佛骨的入宫仪式极为盛大奢靡，自长安城西的开元门到皇城西面的安福门之间，可谓是“彩棚夹道，念佛之音震地”。以禁军兵仗以及官方、民间各种乐队为先导，“沸天烛地，绵延数十里”，长安的富豪们争相驾车奔走于道，寻常百姓全都扶老携幼地观看，面对这种盛大的场景，皇帝李漼十分得意。

李漼亲自登上安福门顶礼膜拜，当看到佛骨到来后，禁不住喜极而泣，立即将佛骨迎入内道场供奉，并且设置金花帐、温清床、龙鳞之席、凤毛之褥以供养。据法门寺地宫的碑文记载，皇帝李漼在宫中所赐予的供养物共有一百二十二件。

三天后，李漼将佛骨出置安国寺、崇化寺，诏令京城士庶朝奉。李漼这次奉迎佛骨活动虽然盛大，但造成的影响极端恶劣，进而导致在佛骨入宫的仪式中，有些愚昧者丑态百出。《杜阳杂编》中记载，当时有一个军卒，砍下自己的左臂，用右手托着一步一礼，血流洒地。又有一名和尚以点燃的艾草放在自己头顶上，称为“炼顶”，疼痛时大摇其头呼叫。而很多坊间少年更是对其进行恶作剧，几个人上前捉住他，不让他动弹，结果这个和尚疼痛难忍，号啕大哭摔倒在地，头顶被烧焦，搞得旁观者大笑不已。

佛骨初置安国寺和崇化寺后，诸多朝臣争相施以金帛，在长安停置了八个月，一直到后来僖宗即位后才送回法门寺。期间无论是王公贵族、富商平民，为之耗费的钱财不计胜数。

这次迎佛骨活动极大地满足了皇帝李漼的虚荣心，事实上，除了发现真佛骨以及九陇山禅师上疏请求奉迎佛骨之外，皇帝李漼大搞迎佛骨活动还有其深刻的原因。

李漼本人在《迎佛骨敕文》中说道：

朕以寡德缵承鸿业十有四年。顷属蛮寇猖狂，王师未息，朕忧勤在位，爱育生灵，遂乃尊奉释教，志重玄门，迎请真身，为万姓祈福。

事实上，所谓的“爱育生灵”“为万姓祈福”这种鬼话，恐怕连李漼本人都不相信。通过上述这段话，我们可以明白李漼佞佛早在即位之初就已经开始，并不是在南诏入侵之后才开始的。但是，西南边患确实让他头痛不已，特别是咸通十二年（871 年）十二月发生的沙陀侵扰北部边境事件，为李漼带来了新的难题。

沙陀部落历来有功于唐朝，最近的一次就是协助唐军镇压了庞勋起义。朱邪赤心带领三千骑兵助战，事后李漼册封其为左金吾上将军，同时赐姓“李”，名“国昌”，列为皇族之籍。

当时在唐军作战能力严重削弱，而内忧外患不止的情况下，唐廷不得不更多地借重沙陀的军事力量。此后回鹘不断侵扰榆林关（今内蒙古准格尔旗十二连城），并骚扰灵州、盐州等地。朝廷派李国昌为延绥节度使（今内蒙古乌拉特前旗），咸通十一年（870 年）十二月，因回鹘侵扰天德，李漼任命李国昌为振武节度使抵御回鹘。

李国昌到任后确实很好地完成了任务，但同时因为朝廷的昏庸腐败和国力的不断虚弱，使李国昌在任上逐渐产生专横跋扈之心，开始不服从朝廷的管制。咸通十二年（871 年）十二月，皇帝李漼因李国昌“恃功肆横，专杀长吏”，下令调任他为大同军防御使，但李国昌托病不服从调动。结果朝廷改派卢简方为云州刺史，兼大同军防御使。而且皇帝李漼还特意召见卢简方，叮嘱他到任后向李国昌转达自己的旨意，希望李国昌不要猜疑太多。

可是，李国昌叛唐之心已定，在卢简方还没到任时，他派儿子李克用带兵袭击云州。李克用十五岁就随李国昌参加镇压庞勋的起义，被军中称为“飞虎子”，他带兵进攻云州，设计擒杀云州防御使段文楚，占据云州后自称防御留后。值得一提的是，自李克用攻陷云州后，唐末的沙陀之乱就此开始，当时谁也不会想到李克用为唐朝带来的危害远胜于其父李国昌。

沙陀之乱的消息很快传到了皇帝李漼那里，最初李漼还指望能够采用安抚策略稳住李国昌，可是随着李克用攻占云州，李漼只好下诏命令太原节度使崔彦昭、幽州刺史张公素率军讨伐，但是效果不甚理想，帝国的西北边境逐渐陷入战乱之中。

与此同时，西南边境烽烟再起。咸通十四年（873 年）五月，南诏进攻黔南地区，黔中经略使秦匡谋以兵力不够为由，弃城逃往荆南，黔南大部地区被南诏占领。

所以，在内忧不止、外患不断的现状下，加上有唐一代始终流传着佛骨“三十年一开，开则岁丰人和”的传说，皇帝李漼萌发奉迎佛骨来消灾祈福的念头也就不足为奇了。

但是，李漼长期沉溺酒色，以及纵欲过度，导致病魔缠身，在咸通八年（867 年）曾经大病一场，从五月开始生病一直到十一月方能起床，历时半年多才稍见好转。可是到了咸通十四年（873 年），李漼一直是卧病在床，他曾经敕造过“捧真身菩萨”，上面有他亲笔刻上的“圣寿万春”的錾文，可以看出他奉迎佛骨乃是出于私愿所在。

可惜，奉迎佛骨并没能保佑李漼的身体健康。咸通十四年（873 年）七月十六日，李漼病情转危，两天后不治身亡，终年四十一岁。诡异的是，李漼是继宪宗李纯奉迎佛骨后没多久便死亡的又一个皇帝。如此看来，群臣们所说的逢迎佛骨并非吉兆，并不是没有道理。

《旧唐书·懿宗纪》带有讽刺口吻的记载：“佛骨才入应门，龙輴（运载皇帝灵柩出殡的车）已泣于苍野。”

乾符元年（874 年）二月五日，李漼被埋葬在位于富平县西北五十里处的简陵，庙号懿宗。纵观其在位十四年的所作所为，李漼可以称得上是一个生活骄奢、政治昏庸的败国之君，所以《旧唐书·懿宗纪》末尾的一段评论，算是为他的一生做了盖棺定论：

邦国治乱，在君听断。恭惠（李漼的谥号）骄奢，贤良贬窜，凶竖当国。险人满朝。奸雄乘衅，贻谋道消。

李漼驾崩的两天后，即咸通十四年（873 年）七月二十日，左军中尉刘行深、右军中尉韩文约拥立李漼的次子普王李儇继承皇位。刘行深和韩文约都是宦官，所以说李儇的即位又是宦官一手操控的结果。不过问题的关键是，宦官们为什么不拥立李漼的长子，而是拥立次子李儇呢？对于这个问题，史料上没有明确的记载，但通过只言片语我们可以从中揣测出宦官们的目的所在。

政出宦官

宋代的范祖禹在所撰的《唐鉴》中有过一段议论，颇值得玩味：

懿宗之崩，中官废长立幼，遂倾唐室……大抵宦官者利于幼弱，欲专威权；以长而立，则己无功。故必有所废置，谓之定策，夫立君以为天下，而宦者以私一己，既以援立为功，未有不乱国家者。

范祖禹认为宦官废长立幼，是出于巩固自身权力的需要，这是符合众多历史事实的看法。前边我们详细介绍过李漼一朝的状况，但对宦官的情况则介绍得不多，事实上，李漼虽然是宦官拥立的，但纵观其在位的十四年，虽然宦官依旧权力不小，但嚣张跋扈的态势有所收敛。而宰相们则保有一定的权力，有时甚至比宦官权力还大。《旧唐书·路岩传》评价李漼在位时期的权力格局是“王政多僻，宰臣用事”，也就是说当时宦官专权的局面有所缓解。

造成上述格局的原因当然有很多，但在我看来其根源还是在于宣宗李忱时期对于宦官的抑制，应该说懿宗李漼时期是宦官们的缓冲期，但等到李儇登基后，中枢权力格局明显发生变化，具体表现就是朝政大权再次回归到宦官的手中。

李儇即位时年仅十二岁，不仅是个没有处理政务能力的孩童，而且很长时间以来的优越生活，以及父皇李漼的过分宠信，导致李儇成为一个被惯坏的纨绔王孙，在他的脑海中“玩”这个词似乎是他生命的全部。

宦官们正是看中了李儇的这个特质，所以果断地拥立其即位，因此中枢权力再次回归到宦官手中。《旧唐书·僖宗传》评价说：“（僖宗）冲年缵历，政出宦官”。李儇在位共计十五年，总体来看基本上是被宦官们玩弄于股掌之间。而当时集军权和朝廷政权于一身的宦官，是一个叫田令孜的人。

田令孜，字仲则，本姓陈，四川人。咸通年间被宦官收为义子，入内侍省成为宦官，和很多宦官不同的是，田令孜是个有文化的宦官。史书记载他是“颇知书，有谋略”，先是官至小马坊使，负责御马的管理工作，李儇出生后，田令孜调到李儇身边，负责照料和陪伴，可以说李儇从小到大和田令孜有着很深的感情。所以在其即位后，立即擢升田令孜为左神策军中尉，人称“东军”。

李儇是个贪玩的皇帝，但同时也是个相当聪明、接受能力颇强的少年。《资治通鉴》记载说，李儇喜好骑射、剑术、算术，至于音律、扑搏等无不精妙。并且热衷于斗鸡、赌鹅之类的游戏，经常到皇兄们的住宅以及兴庆宫内玩耍，有时一只鹅的赌注可以达到五十万贯钱，尤其在与那些小宦官们玩乐时，经常随意取出国库里的金银赏赐给小宦官们，有时每天的费用达到数万。

值得一提的是，李儇特别喜欢马球运动。这项运动在李唐皇族中有着颇为悠久的历史，有唐一代，马球运动始终是风靡朝野的一项竞技体育，李唐皇族乐此不疲，而且皇帝中也涌现出了不少马球好手，如玄宗李隆基、穆宗李恒、敬宗李湛以及宣宗李忱。李儇则充分遗传了先辈们的这种特长，而且其击球技艺恐怕只比先辈们更加高超，他曾经自负地对宦官们说道：“朕若应击球进士，须为状元。”

从精通多项文娱体育技艺来看，李儇的智商并不低下，如果加以正确的引导，相信做一个守成之主应该是绰绰有余。但以田令孜为首的宦官们显然没有起到好作用，他们不仅不对李儇加以正确的引导，反而向着相反的方向让李儇逐渐玩物丧志，乃至陷入荒废政事的歧途。李儇一步步地陷入宦官们为自己挖下的一个巨坑中，但他却始终认为那些宦官们才是最可靠的人，对于一个皇帝来讲，这无疑是最为悲催的事情。

纵观李儇在位的十五年间，其做出的荒唐之事不在少数，但最为臭名昭著的当数“击球赌三川”事件。

广明元年（880 年）三月，田令孜在得知黄巢大军快速北上、官军节节败退之际，认为该对自己的退路有所安排，便暗中盘算如果形势极端危急时，就得走当年唐玄宗李隆基的老路，逃入蜀中避难。于是他向李儇奏请从自己的兄长左金吾大将军陈敬瑄和心腹左神策大将军杨师立、牛勖、罗元杲四人中选择出任三川节度使的三个人选。当时三川的辖境大致包括了帝国西北和西南的大部分地区，其军政长官的人选必须过硬。不过李儇对于人员选授视同儿戏，他想出的办法竟是击球相赌。

最终经过击球竞赛，陈敬瑄取得第一名，出任剑南西川节度使；牛勖、杨师立分别获得第二名、第三名，分别出任山南西道、剑南东川节度使，而罗元杲则被淘汰出局。

一个国家的边境军政长官居然用如此荒唐的方法选出，其作用可想而知。年少贪玩的皇帝李儇将政事交给田令孜处理，称田令孜为“阿父”，而田令孜为了专权，则全力投李儇之所好，诱导他热衷于吃喝玩乐。每次去见李儇，田令孜都自备两盘水果和食品，与李儇相对而食，聊天之后就自行告退，根本不涉及国事，如同大人哄孩子一样。

久而久之，李儇处理国事的意识逐渐淡化，田令孜趁势独揽大权，开始大肆招权纳贿，公然卖官鬻爵，敢于擅自任命五品以上的官员，事后都不向皇帝李儇汇报。

当大唐帝国面临黄巢起义的严重威胁时，田令孜一手遮天，胡作非为，而在他的任命下，朝廷官员多是奸险佞幸之徒，或是苟且偷安，或是无所作为，例如，宰相卢携一向依附田令孜，每有奏事都不忘阿谀奉承。广明初年（880 年），左拾遗侯昌蒙看到关东一带农民起义已经声势浩大，而皇帝李儇依旧不理政事，整日嬉戏无度，内心十分焦急，于是上疏劝谏皇帝李儇，希望能够抑制宦官权力，还天下一个太平。没想到奏疏刚送进宫，便被内侍省获取，侯昌蒙落了个身首异处的下场。

从权力分配角度来讲，李儇在位时期已经是北司宦官一手遮天，以前所谓的南衙北司之争已经逐渐成为历史名词，南衙的朝官们在田令孜的眼中已经是形同虚设，甚至根本不算个人。例如，当李儇获悉黄巢大军攻破潼关，与田令孜带上一群后宫的人仓皇出逃，竟然没有通知诸朝官，以至于宰相卢瑑、崔沆和仆射于综等大批朝官被黄巢俘虏。

即使在李儇避难蜀中期间，田令孜依旧是嚣张跋扈。当时有不少官员和士兵历经千难万险，追随李儇来到蜀中。到达蜀中后，李儇让田令孜统管行宫所在地的军队，可是田令孜胆大妄为，对护卫他和李儇从长安前来的神策军，他天天加以赏赐，而对一起承担护卫责任的蜀中将士，除了刚到蜀中时赏钱三千之外，就再也没有赏赐过，对此蜀中将士颇有怨言。

事实证明，正是因为田令孜赏罚不公，最终导致了蜀中将士产生哗变。而这次哗变也让皇帝李儇和田令孜的性命差点交代在蜀中。

中和元年（881 年）七月的一天，田令孜设宴款待守卫皇帝李儇行宫的所有将领。席间他用金杯盛酒赏赐诸将，将领们一一接受，唯独剑南西川军黄头部的都头郭琪不肯接受。很长时间以来，田令孜对待神策军和蜀中地方将士不公的问题，让郭琪十分恼怒，而他又偏偏是个极其暴躁的人，所以当田令孜将酒端到他面前时，郭琪终于找到机会开始泄愤：

“蜀军与诸军共同宿卫而赏赐悬殊，军士怨声四起，望减诸将之赐以均蜀军。”

郭琪突如其来的话语，让田令孜一时语塞，田令孜站在原地愣了好一会儿，然后厉声责问郭琪：

“你有何功？敢公开讨赏？”

“我生在山东，长年驻守边境，曾与党项交战过十七次，与契丹交战十余次，落得浑身是伤，还征讨过吐谷浑，虽然肋间受了重伤，但我用线缝合伤口继续作战。”面对田令孜的责问，郭琪毫无惧色。

郭琪的回答让田令孜十分尴尬，于是在短暂的沉默后，田令孜另取了个杯子，然后另斟了一杯酒赏赐给了郭琪。郭琪十分清楚那是一杯毒酒，但不得已一饮而尽，据传他回家后杀死一名奴婢，吮其血解毒，吐出黑汁数升方才幸免一死。

郭琪明白自己不死，田令孜绝不会善罢甘休，于是带领部众发动兵变，突袭皇帝李儇的行宫。郭琪发动兵变的消息，很快传到李儇的行宫内，李儇、田令孜以及陈敬瑄等人来不及组织人马抵抗，被迫进入成都东城，闭门登楼进行躲避，但却没有通知宰相王铎等人入城，以致朝臣们惶惶不安，人人自危。

虽然郭琪的兵变在当天就被平定，但皇帝李儇既不召见宰相，也不宣慰被惊扰的官员，依旧是与宦官们在一起游戏，而疏远朝臣。当时身为谏官的左拾遗孟昭图实在看不下去了，上了一份义正词严的奏疏，想要劝谏皇帝李儇能够知道现在的形势已经十分危急。

不过和先前的侯昌蒙一样，孟昭图的奏疏根本还没到皇帝李儇那里，便被田令孜截收。田令孜矫诏将孟昭图贬为嘉州（今四川乐山）司户，并派人在途中将其杀害。

以田令孜为首的宦官集团一再擅杀谏官，已经说明李儇一朝宦官专权的严重程度，而且通过上面列举田令孜对待将士赏罚不公的例子，可以看出帝国赖以支撑的军队存在严重的隐患。

后世的胡三省对李儇一朝宦官的所作所为，有着很深的感叹：“天子杀其谏臣者，必亡其国。以阉官而专杀谏臣，自古以来未之有也。”

无论从哪个角度来讲，大唐帝国已经开始出现亡国之兆。当时不仅朝廷内乌烟瘴气，放眼整个国家，百姓的处境已经到了危急存亡之秋。

民不聊生

皇帝李儇即位后，朝廷整体不作为，再加上全国各地灾患不断，导致各地出现大量的饥民和贫民。例如，乾符元年（874 年）正月，时任翰林学士的卢携在一份奏疏中，详细说明了关东地区农民的灾后凄惨状况。

卢携说他亲眼看到关东地区去年遭受旱灾，自虢州（今江南灵宝）到东海之滨，庄稼严重歉收，冬天的物资储备急缺，贫困者只能磨蓬实、拾槐叶充饥，那些老弱病残更加难以活命。以往一个地区遭遇灾年，百姓们还可以逃到邻境度荒，但现在全国遍地都是饥荒，百姓们无所依靠，而官府却依然向饥民们征收赋税，这实在是官逼民反的节奏。

卢携进一步具体指出，贫农们要想完成缴税任务，就算是拆卖房屋，甚至是卖妻鬻子也是不可能完成任务的，而且所有钱只不过被催税的胥吏当作酒食费用，根本无法抵税，再加上赋税之外还有诸多徭役，百姓实在没有活路可言。为此，卢携建议目前情况下应该停止征税，等到秋天庄稼收成后，立即送往义仓，以作赈灾之用。据说皇帝李漼当时采纳了卢携的建议，可是仅仅是下了一道敕文，到了地方后便变成了一纸空文，地方官府拒不执行，征收赋税如故。

卢携指出关中灾民的现状，在当时全国屡见不鲜，而且随着灾民的不断增多，以及官府的强征赋税，又导致摊逃、徭役负担不均、额外差科加重和提前征税加重负担现象严重加剧。《全唐文》中收录了乾符二年(875年)正月十七日，皇帝李儇祭祀南郊之后发布的一份敕文，在文章中提及了上述四种现象。

例如，“甸内逃亡入户，尚征税物”。所谓的“甸内”即是京兆府，近在天子脚下，尚且摊逃不止，其他地方就更加严重。敕文中不得不承认“朝廷大弊，在于令不行。只如经水旱州，三降敕命，不许将逃亡规摊见在人户；遭水旱处，有于见在户两倍征或至三倍”。

至于徭役负担不均的问题，敕文中列举了两种可能。一种是中央财政部门的盐铁转运使、度支使和户部下属监院“影占富豪”，意思是按照规定，替政府经营盐、酒、茶等专卖品的商人，可以免户内差役。因此州县大户都设法通过贿赂官府，以规避徭役。另一种是冒充“衣冠户”逃避户内差役。衣冠户是唐朝后期出现的一种拥有轻税和免役特权的社会阶层，是家中有进士及第的人户，可以享受免税特权。

可是随着时间的推移，许多不是通过进士及第出身的官员以及曾经担任军职的官员，都冒充衣冠户以逃避徭役负担。这种情况在皇帝李漼即位后更加严重，而那些冒充衣冠户逃避的徭役，官府就强加给了普通百姓，以致造成徭役负担不均。

而额外差科加重现象，其加重的原因和表现形式，各地既有类似之处，但也有不同。例如，自懿宗李漼即位以来，因用兵而加重赋税征收已经是普遍现象，皇帝李儇的敕文中对此说得很是明白：

近年百姓流散，税钱已多。如闻自朝廷用兵，有于百姓正税外，每贯纽四五十文，已是半年，至今不矜放……其天下缘用军奏加纽贯之外，更有敢征一文，其长吏及判官、录事参军并准入已赃。

敕文中的“纽”即是加征之意，这说明由于用兵而经朝廷批准加征的税率已经达到百分之四或百分之五，在用兵的州县和军队调动经过的州县，地方官吏又以供军为借口进行双重加敛，这种现象在岭南地区颇为突出，以至于达到“关要之外，声教至遥，每念疲人，尤多横役”的境地。

第四种现象是因提前征税而加重农民的负担。对于这个问题，本来按照两税法的规定，赋税一年分两限征收，其中夏税以六月为限，秋税以十一月为限，这个规定是与农副产品的收获时间大体一致。但由于地方财政困难以及官吏的腐败，先期征税的现象依然相当普遍。

李儇的敕文中重申了已经实行了一百年两税征收限期，这反而恰恰说明了它在很大限度上未被各地官吏执行。敕文还提到先期征税的一种具体表现：

近年以来，节度、观察使或初到任，或欲移除，是正、二月百姓饥饿之时，但公然下令先抽现钱，每一千文令纳三四百。

皇帝李儇的南郊祭祀敕文虽然指出了当时的种种弊政，但这种文章不过是官样文章，所提到的弊政也是轻描淡写，甚至这种文章都未必经过皇帝李儇之手。所以对于种种弊政而言，也仅仅是在文章中提到而已，根本不能指望朝廷去真正解决种种问题。

对于百姓的疾苦，当时一些具有现实主义精神的诗人，在其诗作中对上述因苛重赋税加剧百姓负担有着形象的描述。例如，咸通十二年进士聂夷中在其诗作《咏田家》中就描写说：

二月卖新丝，五月粜新谷。
医得眼前疮，剜却心头肉。
我愿君王心，化作光明烛。
不照绮罗筵，只照逃亡屋。

不过虽然种种弊政已经积重难返，但朝廷对于国家局势还可以掌控。真正导致大唐帝国陷入无限战乱，最终造成亡国的导火索，是没解决好当时出现的私贩食盐的问题。

安史之乱爆发后，帝国为了解决财政危机问题，采取第五琦的建议，实行了食盐专卖政策。《新唐书·食货志》记载：

> 天宝、至德间，盐每斗十钱，及琦为诸州榷盐铁使，尽榷天下盐，斗加时价百钱而出之，为钱一百一十。

可见从一开始，唐朝的食盐专卖之利就是来自两个方面，一是对生产者（时称盐户或亭户）压价收购；二是对以农民为主的消费者加倍盘剥。在中晚唐时期，政府控制的食盐销售价格一直呈上涨之势。从现有的明确记载的资料来看，到了穆宗李恒时期，不管是江淮的海盐，还是内陆的池盐，每斗售价都高达三百文。

与此同时，农民的生存却日益贫困化，很多人连日常生活用品都无力购买，只好少食盐甚至是被迫淡食。

在唐朝凭借强大的行政力量强制实行食盐专卖的同时，食盐走私活动也开始逐渐兴起。走私的盐贩为了与朝廷争夺盐利，一方面加价向食盐生产者收购食盐；另一方面降低价格向消费者出售，从而获得农民的欢迎。对于这种侵害帝国利益的行为，朝廷自然要加强对盐贩走私活动的打击。

事实上，早在德宗李适在位时期，就已经出现盐户走私的活动，甚至已经遍布州县，各地更是大肆缉捕，随着时间的推移，朝廷对走私盐贩的惩治越来越严酷。例如，德宗时期规定，走私海盐一石以上，杖脊二十。文宗时期加重为二石以上者，所犯人处死，并且罪及替走私盐贩提供落脚点、运输工具和搬运等服务的人员，对河东两池（解池和安邑池）的盐禁又比禁止海盐更加严酷。

可是，朝廷对于食盐走私活动仅仅是限于打击和镇压，没有从制度层面进行反思和改进。在这种情况下，走私盐贩便针锋相对地采取了武装贩运的形式，因为贫苦百姓从官府手中得不到食盐，所以武装走私食盐便有了一定的群众基础，而且其中不乏有军事经验的人，进而逐渐形成威胁朝廷统治的一股势力，如武宗李炎在位时，曾经在一份敕令中提到：

> 如闻江淮诸道，私盐贼盗，多结群党，兼持兵杖劫盗，及贩卖私盐，因缘便为大劫。

懿宗李漼在位时期，由于朝廷不断衰弱，武装走私食盐活动已经成为官府无力禁止的活动，各地的走私盐贩对抗官府越来越猖狂。乾符元年(874年)，也就是皇帝李儇即位的当年，濮州（今河南范县）发生了大规模的走私盐贩对抗官府事件。在这起事件中，一个叫王仙芝的人聚集数千农民起事，将武装对抗演变为农民起义。当时王仙芝自称天补平均大将军，发出文告，揭露朝廷官吏造成贫富不平的罪恶，得到了周围州县贫苦农民的不断响应。

王仙芝率众起义的消息很快传到了各地，不久后冤句（今山东曹县）也发生了走私盐贩对抗官府的事件。在冤句的这起事件中，一个盐贩得知王仙芝在濮州发动农民起义并做得顺风顺水时，他决心聚众响应王仙芝，将冤句变成另一个农民起义之地，进而将起义风暴席卷全国。

值得一提的是，与很多出身卑贱、文化甚少的走私盐贩不同的是，这个人从小读过书，又能骑马射箭，他曾经到京城长安去参加进士科举考试，不过考了几次都没有考中，算是个落第秀才。

这个人的名字叫黄巢。

第五章
黄巢起义

草军奋起

《资治通鉴》说黄巢是“善骑射，喜任侠，粗涉书传，屡举进士不第”。当年黄巢屡次没有中举，心中已经埋下了对唐王朝仇恨的种子，当他走出长安，回身仰望高大的城墙时，他发誓终究有一天他会用自己独特的方式重新回到这里，为此，他专门赋诗以表达自己的雄心壮志：

飒飒西风满院栽，
蕊寒香冷蝶难来。
他年我若为青帝，
报与桃花一处开。

又如《菊花》诗称：

待到秋来九月八，
我花开后百花杀。

冲天香阵透长安，

满城尽带黄金甲。

据《旧唐书·黄巢传》记载，在黄巢发动起义响应王仙芝之前，曹州已经流传着“金色蛤蟆睁怒眼，翻却曹州天下反”的民谣，其实这是有人为鼓动当地农民大规模地揭竿而起所造的舆论。当时这种情况不止曹州一地，乾符二年（875 年）正月的那篇《南郊赦文》已经提到：“近日奸险之徒，多造无名文状，或张悬文榜，或撰造童谣。此为弊源，合处极法。”

身在濮州的王仙芝率先拉开农民起义的大幕，不过直到乾符二年（875 年），朝廷才得知王仙芝起义的消息。因为在此前王仙芝发布过一道檄文，内容抨击官吏贪污受贿，赋税苛重，赏罚不公，而宰相们在得知消息后，感到十分羞耻，不敢向皇帝李儇汇报，所以起义的消息过了很久才让李儇得知。

不过，对于这种农民起义，朝廷已经是见怪不怪。当皇帝李儇得到消息后，惯性思维地下诏，让当地军队前往镇压。也就是说在乾符二年（875 年）十一月之前，对王仙芝起义军的镇压主要还是由地方军队去进行。

前边我们说过，即使没有什么战事，当时唐朝地方军队的战斗力已经是相当低下，连小股的农民军都难以应付，因此当遇到王仙芝领导的数以千计的有组织的“草军”时，就更加难以招架。一直到六月，王仙芝带领义军先后攻占了蒲州和曹州，部众发展到了将近十万人，而且曹州的黄巢也起兵响应，一时间起义军“攻剽州县，横行山东”，很多被繁重的赋税压得透不过气来的贫困农民，争先恐后地加入义军。

而与此同时，乾符二年（875 年）四月，浙西的通州（今江苏南通）也爆发了由兵变发展而成的大规模农民起义，与王仙芝的义军形成南北响应之势。

通州有座狼山，五山相连矗立于长江之滨，俯瞰东海，朝廷在此设有狼山镇，是一个军事要地。乾符二年（875 年）四月，狼山镇军将王郢等六十九人立有战功，但节度使赵隐赏赐不当，王郢等人一怒之下劫掠库中的兵器，带领部下发动兵变。正如庞勋起义时一样，兵变爆发后，很快便有大量的农民加入其中，最终演变为近万人的农民起义。他们接连攻陷苏州和常州，并乘舟入海，转战浙南和福建地区，当时朝廷称之为“海贼”。

河南、山东、浙西的农民起义迅猛发展，鼓舞了各地农民的斗志，起义接连不断，多则千人。少则数百人的起义队伍在全国争相兴起。

在这种形势下，到了十一月，皇帝李儇下诏让淮南、忠武、宣武、义成、天平五个军镇的节度使合并围剿王仙芝。如果五路大军同时出兵的话，将从南、北、西三面对农民军进行夹击，可是当时五路大军互相观望，停止不前，王仙芝趁机于十二月挥兵东进围攻沂州（今山东临沂），显然是针对朝廷的军事部署而采取的避实就虚的战术。

眼看各地农民起义风起云涌，平卢节度使宋威上疏朝廷，请求带领本镇人马出击，并要求另外拨给步骑五千，专门设置一个使职，以统辖镇压农民军事宜。宰相卢携也积极推荐宋威，皇帝李儇批准了宋威的建议，授予他“诸道招讨草贼使”的官衔，并加拨三千禁军、甲骑五百，让他出兵镇压王仙芝。

宋威出兵伊始，果然不孚众望，在沂州城下打败王仙芝。王仙芝见势不妙，领兵暂时撤退隐蔽，宋威以为大功告成，便上奏朝廷宣称王仙芝已死，将诸道人马撤回本镇，自己也回归本镇。可是三天后，州县却奏报说王仙芝不仅还活着，而且在继续进攻沂州。皇帝李儇得到消息后紧急征调诸道人马返回，此时已经踏上归途的士兵们因为回家心切，不满朝廷再次征调的诏令，而且有的军队甚至差点发生兵变。

例如乾符三年（876 年）正月，天平军派去救援沂州的将士张晏等人在返回本镇的途中，走到郓州，监军因为接到王仙芝再次兴兵要求军队重新集结返回的诏令，便下令让他们重新返回。张晏等人对此十分不满，喧闹着要求进入郓州城，最终郓州都将张思泰、李承佑二人出城不断慰劳张晏等人，才消除了一场爆发在即的兵变。汲取庞勋起义的教训，皇帝李儇连忙下诏对天平军进行宣慰，并规定对其回归本镇不得有任何阻拦。

当时面对王仙芝的起义，朝廷内部不仅平叛决心不够，军队甚至是各自为战，这就导致了接下来王仙芝更大规模的动作。乾符三年（876 年）八月，朝廷得到奏报，王仙芝进逼汝州，东都洛阳危在旦夕。

东都震惊

王仙芝虽然在沂州之战中遭受小挫，但宋威的疏忽大意以及官军的厌战，使王仙芝找到机会再次兴兵，并于乾符三年（876 年）八月攻陷阳翟（今河南禹县）、郏城（今河南郏县），并在十日之内，连克周边八个州县，然后进逼汝州，直接威胁东都洛阳的安全。

面对王仙芝势力的不断扩大，朝廷急忙调兵遣将，命令昭义节度使曹翔带领步骑五千以及义成军进入洛阳护卫东都宫殿；以左散骑常侍曾元裕为招讨副使驻守东都洛阳；以山南东道节度使李福精选步骑两千守卫汝州、邓州的战略要地；以凤翔节度使令狐绹带领步兵一千、骑兵五百驻守陕州和潼关。

王仙芝和黄巢的起义军攻城略地，攻势越来越猛烈，朝廷不敢再掉以轻心，诏令福建、江西、湖南诸道观察、刺史，皆严格训练士卒；号召各地州县直至乡村各置兵器准备抵御起义军；同时又为宣武节度使、感化节度使、泗州防御使下达密诏，让他们各选精兵数百人在辖境内汴河边上巡逻，进而保护运载钱粮前往洛阳的漕船的安全，并规定每五日上报一份“上供钱粮平安状”。

乾符三年（876 年）九月，王仙芝率众数万合围汝州，一举从南门攻破城池，活捉刺史王镣，并擒杀正好在城内的刑部侍郎刘承雍。汝州距离洛阳只有一百七十里的距离，是洛阳的重要屏障，汝州的失守顿时引起东都洛阳的一片恐慌。

为了稳定东都洛阳的局势，朝廷派谏议大夫杨授前往洛阳进行宣慰，并下了一道《宣慰东都官员敕》。文中不得不承认唐军镇压起义军的不利以及王仙芝、黄巢势力的迅猛发展。

王仙芝和黄巢的起义军势如破竹，同时帝国的东南部农民起义的烈火也在熊熊燃烧，其中浙西地区因为经济富庶，更是帝国财政收入的重要来源，因此该地区的王郢起义也成为朝廷的心腹大患。

乾符三年（876 年）六月，皇帝下诏以左神武大将军宋皓为江南行营诸道招讨使，征调诸道人马共计一万五千人前往镇压。一直到转年二月，王郢继攻陷望海镇（今浙江望海）之后，又攻陷台州（今浙江临海）。台州刺史王葆退守唐兴（今浙江天台），皇帝李儇得知消息后诏令浙东、浙西和福建各出水师助剿。不久后，镇海节度使裴璩诱降王郢的部将朱实及其部众六千余人，收缴兵器二十余万件，极大地削弱了王郢的实力。王郢被迫收拾余众专攻明州（今浙江宁波），结果在攻城战中不幸中流矢身亡，起义最终失败。

王郢起义虽然不到一年即宣告失败，但因为其地处帝国财税供给的重要之地，导致江淮地区供应关中的物资明显减少，因此在面对王仙芝、黄巢起义军时，唐军明显进展不力，甚至是节节败退。针对如此现状，皇帝李儇在《宣慰东都官员敕》中特别提到要赦免王仙芝、尚君长（王仙芝部将）罪行，实行招安之策，但是并未奏效。

王仙芝依旧一路征战，继续四处攻城略地，先是攻克阳武（今河南原武），接着围攻郑州，关东的州县地方守军全都畏惧出战，只求保卫各自的城池。因此王仙芝得以纵兵四略，并未受到多少阻碍。而调集前来平叛的诸道人马十分贪财，在追击起义军时，碰到起义军故意丢在路上的辎重，都争相拾取，进而贻误战机。所以王仙芝继续采取流动作战的方式，先后攻下申州、光州、随州，占据安州稍作休整后，又分兵围攻舒州，进击庐州、寿州等地，如入无人之境。

王仙芝的义军势如破竹，但身为诸道行营招讨使的宋威却暗中打着自己的小算盘。他曾经对副使曾元裕说，当年庞勋起义失败，康承训却获罪，现在如果成功剿灭王仙芝，自己会不会也和康承训的下场一样，不如留着王仙芝的起义军，以战养战，如果王仙芝成功登基，自己就会成为功臣。

在这种思想指导下，宋威每次带兵追击起义军一段路程，就会停止不前，等待观望，最后干脆在亳州（今安徽亳县）滞留不前，曾元裕也在蕲州（今湖北蕲春）和黄州（今湖北新州）一带拥兵观望。

乾符三年（876 年）十一月，王仙芝攻下郢州、复州；十二月又接连攻下申州、光州、庐州、寿州、通州、舒州六州之地。此时宰相郑畋上疏皇帝李儇，要求撤换宋威、曾元裕，建议以陈许节度使崔安潜为行营都统，以前鸿胪卿李琢代替宋威为诸道行营招讨使，以右威卫上将军张自勉代替曾元裕为副使。

宰相郑畋是个依附宦官的人，父亲郑亚担任桂管观察使时，与担任监军的宦官西门思恭颇有交情，曾经请托西门思恭有机会关照儿子郑畋。后来西门思恭进京当上了神策军中尉，郑亚死后，他履行诺言将郑畋接到长安，视为自己的亲侄并加以教育。

不过，由于郑亚是李德裕的同党，卷入了牛李党争，而在宣宗李忱在位时期，是牛党势力执政，因此郑畋受到牵连，加上当时宦官专权一度被压制，所以郑畋的仕途颇为不顺。

一直到唐懿宗李漼在位的咸通初年，令狐绹被罢相后，郑畋的仕途才迎来了转机，经由刘瞻的引荐，郑畋官至翰林学士、知制诰，担负替皇帝起草诏文敕令的责任。前边我们说过，刘瞻在咸通十一年因为劝谏懿宗李漼因杀医官一事而被贬，郑畋也因起草刘瞻的贬官制文措辞不够严厉，而同样被贬官，直到皇帝李儇即位后才重新征召其入朝加以重用，并于乾符四年（877 年）七月提拔为宰相。

此时，西门思恭担任右威卫上将军，虽然仍有一定的地位，但由于田令孜的存在，西门思恭远远达不到大权独揽的境地，而且手中没有实际的兵权，所以对于郑畋来讲，其实缺乏田令孜的支持。正因如此，平时受皇帝李儇信任的，依附田令孜的宰相卢携就时时处处压制郑畋，以至于郑畋曾经要称病回乡务农。不过，这次皇帝李儇眼看王仙芝的义军一路势如破竹，帝国有崩盘的迹象，所以不得不采纳郑畋的建议，撤换了宋威和曾元裕。

鉴于帝国财力的匮乏，朝廷并没有放弃对起义军的诱降活动。乾符三年（876 年）十二月，王仙芝攻打蕲州，刺史裴渥与时任宰相王铎是门生和座主关系，而王铎又是王镣的堂兄，所以裴渥试图救出王镣，以报座主的知遇之恩。王镣也在王仙芝的义军内部，不断怂恿王仙芝，由他出面与裴渥建立联系，双方约定罢兵休战，裴渥则答应王仙芝向朝廷奏求官职。对于这样的条件，王仙芝的思想产生了动摇，他带着三十多名心腹入城与裴渥进行谈判，裴渥大摆筵席款待王仙芝，席间与王仙芝初步达成了停战协议。

随后，裴渥将与王仙芝达成协议的奏状呈送朝廷，朝廷由此引发了一场争论。

当时除了王铎之外，其他几位宰相都反对赦免王仙芝。他们认为当年庞勋声势那么浩大，最终还是被朝廷成功镇压，现在王仙芝虽然声势也不小，但终究还是无法和庞勋相比，如果赦免其罪过，恐怕会助长他的气焰（“赦罪除官，益长奸宄”）。

但是王铎因为堂弟王镣身在王仙芝的义军之内，救弟心切的他一再坚持要赦免王仙芝。最终皇帝李儇考虑帝国财政的困难，便同意了蕲州方面与王仙芝达成的协议，加封王仙芝为左神策押军兼监察御史，并派宦官作为特使，带着授官文书前往蕲州。王仙芝接到文书后，十分高兴，蕲州之战暂时陷入停战状态。

不过，此时以黄巢为首的一些将领坚决反对王仙芝接受招降，黄巢甚至怒斥王仙芝不顾牺牲农民军的利益换取个人的荣华富贵。在黄巢等人咄咄逼人的压力下，王仙芝只好放弃接受招降的企图，领兵继续攻打蕲州，裴渥被迫逃往鄂州，王镣则继续被义军囚禁。

蕲州虽然最终被农民军攻下，但朝廷的诱降还是对农民军的团结起到破坏作用。蕲州之战后，农民军分为两支，一支由黄巢率领北返曹、濮地区，另一支由王仙芝、尚君长带领继续在江北活动。在朝廷逐渐调集大军加紧军事镇压的情况下，起义军一分为二，显然分散了力量，可以说同时也为其前途埋上了一层阴霾。

乾符四年（877 年）二月，王仙芝攻下鄂州（今湖北武昌）。一个月后，黄巢攻下郓州（今山东郓城），并打死天平军节度使薛崇。皇帝李儇眼看情况不妙，连忙发布《讨草贼诏》，同时继续对王仙芝等义军首领再次进行招降。不过，这次李儇的口气有些强硬，他在诏书中列举了庞勋和王郢起义失败身死的事例，又列举朱实等人投降朝廷受封赏的事例，希望王仙芝等人能够识时务尽早归降朝廷，在诏书的最后李儇也号召上至朝廷官军，下至地方豪强武装共同联手镇压王仙芝、黄巢的起义军。

此时，在宰相卢携的支持和推荐下，宋威又重新被任命为诸道招讨使，作为镇压起义军的统帅。朝廷调兵遣将加紧镇压起义军的步伐，使王仙芝与黄巢等将帅又感到联合的必要性和迫切性。于是，黄巢在四月间与曾经领兵进入嵖岈山（今河南遂平一带）的尚让会合，而后王仙芝也带兵北上与其会师，七月间，起义军在王仙芝的指挥下，开始集中兵力发动围攻宋州之战。

宋州濒临汴水，既是南北大运河的咽喉要地，又是洛阳和汴州的东南屏障，宋威重新上任后驻守在这里。前边我们说过，皇帝李儇下密诏让徐州、泗州等地派精兵巡护漕运，而现在起义军围攻宋州，旨在切断运河通道，当时朝廷出动平卢、宣武、忠武三道人马堵截起义军不住，于是宋州被包围。

宋州的局势顿时陷入极大的压力之下，就在宋威龟缩在城内一筹莫展时，忠武军节度使崔安潜出动本部七千人马，由左威卫上将军张自勉率领前往救援，经过激烈拼杀，张自勉暂时解除了王仙芝对宋威的合围之势。后来宰相郑畋称赞崔安潜是“解宋州之围，使江淮漕运流通，不输寇手”，这也说明，取得宋州之战的胜利，对于朝廷有着至关重要的意义。

蕲州之战和宋州之战是王仙芝起兵以来，组织的两次大规模的战役，可谓是一胜一败，不过蕲州之战使得起义军内部产生分化，而宋州之战则是以起义军撤围告终。所以对于王仙芝和黄巢等人来讲，起义军未来的形势依旧不明朗，而且在宋州之战中，义军内部因为具体的战术问题，再次发生分歧，这也使宋州之战后，王仙芝和黄巢再次分兵作战。

分歧

王仙芝和黄巢第二次分兵作战后，乾符四年（877 年）八月，王仙芝攻下安州（今湖北安陆）和随州（今湖北随县），活捉刺史崔休徵，山南东道节度使李福派其子带兵救援，半路遭到王仙芝的伏击，也兵败身亡。李福被迫上疏朝廷请求增援，皇帝李儇派左卫威大将军李昌言率领凤翔的五百名骑兵赶赴驰援。

王仙芝不等官军援兵到来，转道挥师攻击郢州、复州等地。十月间拥兵蕲州、黄州的崔元裕以逸待劳，击败前来进攻的王仙芝，斩首四千，取得大捷，暂时挫败了王仙芝的进攻势头。

在官军和起义军互相交战的过程中，朝廷方面产生意见分歧，首先是针对是否应该继续任用宋威而产生争论。当张自勉带领忠武军七千人马解了宋州之围后，宰相卢携、王铎主张将张自勉所率的兵马划归宋威指挥，但是另一位宰相郑畋却不同意，而且不肯签署奏章。为此双方争执不下，都以辞官相要挟，皇帝李儇本就驭臣无术，不能裁决是非，只是坚决不允许他们辞官。郑畋除了坚持反对将张自勉的七千忠武军划归于宋威之外，还揭发宋威对于战场形势是报喜不报忧，王仙芝上过请降书，宋威却是隐瞒不报，是典型的欺罔朝廷行为，而且在辖地内声名狼藉。

郑畋的意见是立即罢黜宋威，但卢携极力为宋威辩护，最终因为卢携乃是宦官田令孜阵营的人，所以皇帝李儇没有采纳郑畋的意见。可是宋威这边因为很长时间以来师出无功，感受到了极大的压力，急于寻找机会立功以向朝廷证明自己的能力。很快宋威便找到了合适的机会，而且这一次他让王仙芝的义军高层遭受到了极大的损失。

乾符四年（877 年）十一月，招讨副使、监军杨复光派人再次招安王仙芝。杨复光是懿宗李漼在位时期左神策中尉杨玄价的养子，不仅有勇有谋，而且善于言谈。他十分清楚王仙芝不会拒绝高官厚禄的诱惑，而事实证明，王仙芝在接到杨复光的招降信后，派部将尚君长、蔡温球等人赴长安请降。宋威得知这个消息后，派兵在颍州（今安徽阜阳）西南伏击尚君长等人囚送长安，然后谎称是自己半路遇到尚君长等人交战后生擒的。

杨复光得知消息后，上奏朝廷说明尚君长等人确实是奉王仙芝之命进京请降的，而且认为宋威有意破坏自己的招降大计，请求朝廷将其治罪。

面对宋威和杨复光两方的不同汇报，皇帝李儇一时间摸不着头脑，他派人前去调查事情的真相，结果却是无法查清。最终皇帝李儇出于震慑义军首领的考虑，诏令将尚君长等人斩首于长安东市的狗脊岭。

尚君长是王仙芝手下的得力干将，一直跟随王仙芝南征北战，并屡立战功，他的死激起了王仙芝极大的愤怒，于是他立即展开报复，对荆南地区（今湖北江陵一带）发起猛攻。荆南节度使杨知温是个文人，不懂得用兵之道，当有人报告王仙芝已经发动进攻的时候，他天真地认为手下人谎报军情，依旧不加防备。当时正值隆冬时节，汉水狭浅，王仙芝带领大军顺利渡过汉水。

乾符五年（878 年）正月一日，大雪纷飞之时，正当杨知温接受诸将的新年祝贺时，王仙芝领兵突至江陵城下，很快就攻占了外城。杨知温的部下急忙固守内城，双方战至日暮，他一直龟缩在府内不敢外出，后来在将领们的一再要求下，他不得已出来巡视，看到士卒们冒死守城，杨知温认为守城有望，立即派人向山南东道节度使李福求援。李福得到消息后，亲自带领全镇之军以及驻扎在襄阳的五百沙陀骑兵赶赴救援，在荆门一带击败王仙芝的外围人马，王仙芝得知消息后，担心遭到杨知温和李福的内外夹击，于是领兵撤离江陵。

江陵是长江中游重镇，自古为兵家必争之地，江陵差点失守，让朝廷为之大惊。朝官们纷纷上疏，指责造成这种局面，完全是宋威骗杀尚君长等人造成的。刚好另一位招讨副使曾元裕此时在申州（今河南信阳）大败王仙芝，并消灭数万义军，显示出超强的战斗力，因此皇帝李儇下诏二次将宋威免职，任命曾元裕为招讨使，张自勉为招讨副使。同时由于朝廷与南诏在乾符四年（877 年）初签订了停战协议，结束了将近二十年的战争状态，西南边境暂时安定，于是朝廷就将镇守西川的高骈调任荆南节度使兼盐铁转运使，以加强长江中游的防务。

事实证明，朝廷对于战局的人事调整安排十分正确。一个月后，即乾符五年（878 年）二月，皇帝李儇得到加急奏报，曾元裕在蕲州的黄梅县（今湖北黄梅县西北）与王仙芝展开大战，在这场战争中曾元裕不仅大败义军五万人，而且王仙芝阵亡战场，部将尚让带领残部投靠了正在攻打亳州的黄巢。

势如破竹

王仙芝的阵亡让朝廷上下一片欢呼，不过当时朝廷十分明白，黄巢是个更加厉害的对手，而且很快他们就领教了这个当年的落第秀才的本事。

乾符五年（878 年）二月，成功收编王仙芝的残部后，黄巢自称黄王，号冲天大将军，建元王霸，同时仿效唐制置官署。

黄巢和王仙芝是两种不同类型的人，由于性格和经历的不同，黄巢反抗朝廷的决心比王仙芝要更加坚决。他的上述做法就表明了他与唐朝势不两立，意图推翻李唐皇族统治取而代之的决心。

得到王仙芝的死讯后，黄巢并没有心生胆怯，他挥师北进，再次攻占沂州和濮州，但在此之后却屡次被官军击败。因此摆在黄巢面前的就是如何调整战略部署的问题，为了缓解紧张的军事压力，他写信给天平军节度使张裼，诈称想要投降朝廷。张裼看到黄巢的请降信后，立即上报朝廷。皇帝李儇十分高兴地下诏加封黄巢为左卫将军，让其率众到郓州城下集中解除武装。黄巢利用这个机会摆脱长江中游的官军，采取流动作战方式，继续对抗朝廷。

三月间，黄巢沿黄河西岸一路流动作战，自滑州（今河南滑县）向南奔袭二百多里外的汴州，又从汴州奔袭三百五十里直扑宋州，先后攻打卫南（今河南滑县东）、叶县（今河南叶县西南）和阳翟（今河南禹县），摆出即将攻打洛阳的态势。

阳翟隶属河南府，距离洛阳已经很近，朝廷闻讯急忙部署防务，皇帝李儇下诏征调河南镇人马一千人，与宣武、昭义两镇人马两千人赶赴洛阳守卫，以左神武大将军刘景仁充当东都应援防遏使，统辖三镇兵马，并允许刘景仁在洛阳就地募兵两千人。

当时曾元裕屯兵荆南地区，皇帝李儇诏令其领兵驰援东都洛阳，又调义成镇人马三千人加强洛阳东面一线的河阴以及虎牢关、轩辕关、伊阙关的防务。

虎牢关的战略地位自不必说，地势险要，自古以来为兵家必争之地。轩辕关在今天河南偃师东南的轩辕山上，连接巩县和登封两县，历来是控扼要地；伊阙关在今天洛阳市南的伊阙山上，是启闭东都的一扇重要门户。

由于东都洛阳军贮不足，皇帝李儇下诏向商旅富人借用大量钱谷，以供数月之费用，又不得已拿出五份“殿中侍御史”和十份“监察御史”的空明告身，赏赐给能够出钱捐助国家的富户，这无形中就开启了售卖官衔的例子。

即便如此，由于连年干旱以及蝗灾不断，加上战乱不已，农民已经无力缴纳赋税，国库已经严重亏空，主管财政的兵部侍郎、判度支杨岩无计可施，三次上表请辞，表示自己能力有限，无法达到朝廷要求的标准。但是皇帝李儇也明白无论是谁来干，也不能够马上收拾烂摊子，所以对杨岩的辞职申请不予批准。

后世的胡三省在读《资治通鉴》关于上述的相关记载后，发出了十足的感叹，认为追求高官厚禄是人的本能，但是唐朝末年居然出现有不愿意做官者，从中可以看出大唐帝国已经是濒临衰亡。

当朝廷内部一片焦头烂额之时，除了黄巢在全国大范围的流动作战外，江南地区尚有王仙芝战败身死前就已经分离出来的两支农民起义军，一支由王重隐率领，于当年二月攻下饶州（今江西鄱阳），四月攻下洪州（今江西南昌），迫使江西观察使高湘出逃。另一支由曹师雄率领，四月间活跃在宣州（今安徽宣城）、润州一带。皇帝李儇只得又改令让曾元裕、杨复光引兵援救宣、润二州，黄巢得到消息后，一方面看到东都洛阳的唐军守卫森严，不愿意采取强攻进而耗损实力；另一方面也想与江南义军互相配合作战，于是黄巢做出决定，引兵从和州、宣州之间渡江南下，进入宣州境内继续对抗官军。

曾元裕为了援救宣州，派部将王涓带领先锋军日行百里率先赶至南陵（今安徽南陵），可是在那里突遇黄巢大军，王涓猝不及防战败身死。次日曾元裕领兵赶到，只得收拾王涓的残兵四五千人进入宣州守卫。

黄巢渡江后，相继攻克虔州（今江西上饶）、信州（今江西赣州）、吉州（今江西吉安）和饶州，不过当时黄巢、王重隐、曹师雄三支人马始终没有直接联系和配合作战，依旧是各自为战。不久，王重隐陷入官军包围战败身死，曹师雄在进攻湖州（今浙江吴兴）时被镇海军节度使裴璩击败身死，两支农民起义军的失败，使得朝廷可以集中力量对付黄巢大军。

王重隐和曹师雄的失败，使黄巢本来转战江南的战略意图瞬间落空。但此时江北的官军防务做得十分严密，黄巢渡江北上实属不易，于是他决定继续向东南方向推进，将进攻中心转向朝廷赋税的供给之地浙东地区。

乾符五年（878 年）八月，黄巢进逼杭州，并转攻越州。早在六月间，朝廷就看到两浙地区因为黄巢大兵压境而导致局势万分紧张，为了加强镇压黄巢的军事力量，朝廷将高骈调任镇海节度使。高骈到任后派部将张璘、梁缵在越州附近击败黄巢的部分起义军，成功收编其部将秦彦、毕师铎等数十人。

为了避开高骈大军的锋芒，黄巢带领大军从越州向南撤退，准备由浙东地区取海路进入福建，但一时间找不到足够的船只，便开山七百里，由陆路进入了福建地区。进入福建后，黄巢兵分两路，他亲率主力人马由今浦城、崇安、建瓯、南平进军福州，另一路人马由今浦城东向政和、福安、霞浦攻取福州。十二月，两路大军在福州城下会合，时任福州观察使的韦岫见黄巢军势大，慌忙弃城而逃。

黄巢成功进占福州，稍事休整后，继续采取流动作战方针，于乾符六年（879 年）春向岭南进军，五月间包围岭南重镇广州。不过，由于常年流动作战，导致大军疲惫不堪，黄巢的军队需要休养，所以他没有立即发动对广州的进攻，而是再次使出诈降的招数，为大军腾出休养的时间。为此，他送信给岭南东道节度使李迢，让李迢代他向朝廷请降，并求广州节度使的官衔，作为请降的条件。

皇帝李儇接到李迢的奏报后，召集朝臣进行商议，朝廷上下再次展开一场辩论。

以宰相郑畋为代表的官员，主张可以暂时同意黄巢的条件，以收到最终不战而屈人之兵、瓦解黄巢起义的效果。而且郑畋认为黄巢起义之所以发展如此迅速，是因为全国各地出现了大面积饥荒，而且国家久不用兵，将士对战争的概念十分模糊，进而导致各路人马不能协同作战，所以不如同意黄巢的请降，这样可以免去用兵的诸多麻烦。只要遇到丰收之年，那些起义军中的农民一定会思念故土，一旦其部众离散，黄巢就只能束手就擒，如果不抓住这个机会，恐怕很难平息这场祸乱。

郑畋的意见当时得到众多朝臣的认可，但是以宰相卢携为代表的朝臣则明确表示反对，相比于郑畋，卢携的反对则是出于私利。

高骈移镇浙西地区就是卢携的主张，在黄巢攻占福建之后，卢携又任命高骈为诸道行营都统，想让高骈立下奇功，自己能在朝廷实现大权独揽。所以卢携反对招抚，主张继续进剿黄巢，他认为，高骈将略无双，他辖下的淮军战斗力很强，剿灭黄巢不算个事儿，目前情况下不应该让黄巢看出朝廷有胆怯之心，这样会涣散军心。

为了彻底激怒黄巢，卢携在朝堂之上玩了个花招，他建议授予黄巢“率府帅”的官职。这种官职是明显的闲散官职，他试图通过这种做法，为自己主张继续镇压黄巢找到借口。

而且时任左仆射的于倧也认为，广州地区有海上贸易的厚利，一旦被黄巢占据，可能会严重减少朝廷的财政收入，所以也不同意授予黄巢广州节度使之职。

对于皇帝李儇而言，反叛的行为是绝对不能容忍的，之所以召集朝臣商议如何应对黄巢请降一事，是因为黄巢实在势大。当他听到卢携如此信心满满后，他便采纳卢携的意见，诏令高骈继续加大对黄巢的围剿力度。

皇帝李儇倾向于卢携，让郑畋十分不满，而且对于卢携保举高骈，郑畋也是一直郁闷不已。因此在和卢携草拟诏书时，郑畋实在忍无可忍，禁不住对卢携破口大骂：

“高骈贻误战机，想以战养战，根本无意剿灭黄巢，你想依靠他用兵，后果将是不堪想象。”

郑畋一上来就为卢携来了个下马威，直接挑明了卢携的用意所在，而卢携似乎早有准备，也丝毫不示弱地反击道：

“这是陛下做出的决定，你郑畋凭什么对我喊？”卢携说完拂袖而起，袖子甚至沾上了砚台的墨迹，气得他一把将砚台摔到地上。

眼见双方剑拔弩张，在场的其他朝官立即将两个人拉开。皇帝李儇得知后，认为身为朝廷宰相，郑、卢二人犹如市井之人争吵，实在有失体面，于是一怒之下将两个人贬往东都洛阳。不过，对于这件事，史书还有一种记载，说卢携与郑畋争吵对骂时，卢携将砚台扔向郑畋，时人笑传为“宰相斗击”。

经过一番争论，朝廷最终决定继续对黄巢用兵。而这段时间里，黄巢也得到了休养的机会，所以当朝廷决定继续进剿时，黄巢也已经完成休养准备继续作战。在接到李迢送来的皇帝李儇的诏书后，黄巢冷笑了一番，然后将诏书撕毁，说了一句意味深长的话：

“这里不是目的地！”

乾符六年(879年)六月，黄巢大军急攻广州，活捉岭南东道节度使李迢，随后又占领岭南的大部分地区，当时黄巢自称“义军都统”，并发布文告，痛斥朝廷的腐败，指责诸多朝臣与宦官贿赂勾结，以及科举考试主考官徇私舞弊，导致人才埋没的弊政，就连当时朝廷的史官也不得不承认黄巢所言“皆当时极弊”。

在岭南一番征战之后，正像黄巢自己所说的那样，岭南绝非其目的地所在，在黄巢的心中，始终没有忘记当年立下的誓言，那就是“冲天香阵透长安”。

进兵河洛

黄巢在岭南不断攻城略地，以皇帝李儇为代表的朝廷可谓是忧喜交加。忧的是岭南本是朝廷兵力薄弱之处，黄巢大军兵锋在那里所向无敌；喜的是黄巢大军毕竟远离了富庶的江淮地区，对京城长安的威胁更加遥远。因此朝廷决定将黄巢防堵在岭南，不让其继续北上，并为此做出了相应的军事部署。

乾符六年（879 年）四月，宰相王铎毛遂自荐，主动向皇帝李儇申请统率诸军出江陵地区平定黄巢。于是，李儇任命他为荆南节度副使、南面行营招讨都统。

当时荆南（治所湖北江陵）号称重镇，当年颜真卿评价该地区是“荆南巨镇，汉江上游，右控巴蜀，左联吴越，南通五岭，北走上都”，所以王铎出镇江陵是企图利用长江天险阻止黄巢大军沿荆、襄北上。与此同时，王铎奏请任命泰宁节度使李系为副都统兼湖南观察使，率领精兵五万及当地军队屯驻潭州（今湖南长沙），以扼守秦岭以北之路阻止黄巢北上。

八月，高骈向朝廷提出一份出兵攻打黄巢的建议，高骈的计划是让部将张麟领兵五千屯驻株洲（今湖南株洲），扼守住西路；兵马留后王重任领兵八千于循州（今广东惠州）、潮州（今广东潮县）拦阻；自己则领兵自大庚岭进攻广州。

除此之外，高骈还建议朝廷让王铎带领本部兵马三万人于梧州（今广西梧州）、桂州、昭州（今广西平乐）、永州（今湖南零陵）拒险以守；邕管军五千屯驻端州（今广东肇庆），防止黄巢从广州逃遁。然而以宰相卢携为代表的朝臣认为，高骈的计划虽然犹如一张大网牢牢将黄巢罩住，但由于朝廷财力匮乏，战线拉得过长，难度颇大，所以没有批准高骈的计划。

当时以皇帝李儇为核心的朝廷，目的是想首先将黄巢困在岭南地区，然后再将其一点点地消灭，但这只是朝廷的一厢情愿。事实上黄巢在乾符六年（879 年）已经发布文告宣布要打进长安，这表明黄巢不甘于仅在岭南一带活动，而且其内部多是北方人，不服岭南地区的水土，当时黄巢大军因为水土不服者已经开始出现士兵死亡事件。因此乾符六年（879 年）十月，黄巢决定冲破岭南地区，开始发动直捣长安的战争。

黄巢一开始行动，朝廷布置的防线就漏洞百出。先是李系在潭州一带遇到黄巢大军一触即溃，当时身为平叛副都统的李系带领精兵五万，加上当地的军队号称有十万之众，而黄巢从桂州编造数十只大竹筏，乘水涨流急沿湘江而下，经过永州、衡州（今湖南衡阳），于当年十月二十七日抵达潭州城下。李系是名将李晟的曾孙，可是虽然出自将门，才能却和他曾祖李晟完全不在一个级别，史书评价他是“无将略，微有口才，军政不理”，是个赵括类型的纸上谈兵式的人物。或许王铎正是看中李系的口才，所以将精兵交由其指挥，但战场上的事不是靠一张嘴就能解决问题的。

眼见黄巢大军前来进攻，李系龟缩城中不敢出战。黄巢仅用了一天时间就攻陷潭州，官军伤亡惨重，尸体沿着江面顺流漂走。李系早在城破之前，带着亲信逃往朗州（今湖南常德）。

攻下潭州后，黄巢让部将尚让领兵，号称五十万大军向江陵进军。王铎虽然主动向皇帝李儇自告奋勇请战，但事实上打仗不是其擅长，而且王铎赴任时带了大量的姬妾前往，更像是游山玩水，而不是拼死疆场。对于这一点，《太平广记》曾经记载过一则笑话，说王铎带着姬妾赴任，其正妻十分嫉妒，忽然一天有人奏报王铎说夫人离京也即将来到江陵。王铎十分震惊，对手下人说：黄巢自南而来，夫人自北而来，这叫我怎么生存啊？手下人调侃他说，不如投降黄巢，王铎听完后也是大笑不已。

这则记载虽然可以当作笑话去看，但至少可以看出当时官军是个什么状况，不仅军纪不严，就连主将也是心不在焉。当时从各地调往江陵的人马尚未到齐，江陵守军不满万人，王铎听到李系兵败，黄巢大军乘胜进兵江陵，顿时慌了手脚，急忙让部将刘汉宏留守江陵，自己借口要与山南东道节度使刘巨容会师，率众逃往四百多里外的襄阳。不过刘汉宏也不肯当替死鬼，王铎刚一出城，他便纵兵大肆劫掠江陵，然后率众北归。而江陵城中百姓被迫四处逃亡，当时正值天降大雪，百姓的凄惨景象让人惨不忍睹。

当时对于官军在潭州和江陵的失败，诗人韦庄在其诗作《又闻湖南荆渚相次陷没》一诗中描写道：

几时闻唱凯旋歌，处处屯兵未倒戈。
天子只凭红旆壮，将军空恃紫髯多。
尸填汉水连荆阜，血染湘云接楚波。
莫问流离南越事，战余空有旧山河。

王铎和刘汉宏相继逃离后，黄巢半个月后才抵达江陵，他们完全有时间加强对江陵的防务。江陵是岭南通往关中地区的要道，其失守意味着黄巢打通了进兵关中的通道，而后黄巢由江陵北进，准备攻取襄阳，山南东道节度使刘巨容与江西招讨使曹全晸合兵屯驻襄阳南边二百七十多里的荆门（今湖北荆门）准备拦截。

十一月二十二日，刘巨容带领精兵埋伏于丛林之中，曹全晸带领轻骑兵向黄巢挑战。当时黄巢接连取胜，产生轻敌之心，于是带领人马追击曹全晸。见义军出战后，曹全晸佯败退走，将义军引到刘巨容埋伏的丛林内，而后刘巨容领兵杀出，一举打败黄巢，并一路追击到江陵，黄巢这一战损失十七万人马，被迫收拾余众渡江东逃。当时有人建议刘巨容乘胜渡江对黄巢穷追猛打，但刘巨容和先前的宋威想法一样，认为如果剿灭了黄巢，朝廷下一个目标就会是自己，所以放弃了追击黄巢。

刘巨容和宋威都生出这种想法，可谓是“心有灵犀”，这再次表明由于朝廷政治昏暗腐败，内部存在严重的利益冲突，所以对待黄巢农民起义的态度上各怀心志，步调难以统一。曹全晸领兵渡江追击一阵，听到朝廷以泰宁军都将段彦谟取代他为江西招讨使后，也闷闷不乐地退兵回来。

刘、曹二人的举动无疑有利于黄巢从战败的挫折中恢复过来，《资治通鉴》评价说:“由是贼势复振，攻鄂州、陷其外郭，转掠饶、信、池、宣、歙、杭十五州，众至二十万。”

可以说，江陵之战其实是朝廷剿灭黄巢的绝好机会，可惜因为朝廷内部的矛盾，最终导致黄巢再次崛起。而皇帝李儇和朝臣们一定想不到，黄巢的这次重新崛起，居然会使他们犹如丧家之犬，逃离长安。

由于朝廷未能有效地阻挡黄巢北上，乾符六年（879 年）十二月，皇帝李儇鉴于王铎临战逃遁，致使江陵地区不战自乱，贬其为太子宾客出守东都洛阳。同时经过与朝臣们的商议后，他认为高骈多次击败过黄巢，而高骈移镇江南是宰相卢携举荐，所以重新起用卢携为门下侍郎、同中书门下平章事，重新将其召回宰相班子。卢携执政后立即将王铎、郑畋任命的关东节度使撤换掉，并于广明元年（880 年）三月推举高骈为诸道行营都统，使他成为镇压黄巢起义的最高军事统帅。

对于曾经成功镇压庞勋起义的高骈，现在又成为镇压黄巢起义的最高统帅。他深知这一次责任更加重大，所以他一上任立即传檄征调各道之兵，另外，在当地广为招募，很快就在淮南聚集了七万人马，在经过周密的部署后，他立即派部将张璘渡江进攻黄巢，一时间高骈似乎成为摇摇欲坠的朝廷支柱（“朝廷深倚之”）。

张璘渡江后一度颇为顺手，先是收降了黄巢的义军将领李罕之、王重霸等人，然后成功收复饶州，又收降义军将领常宏及其数万之众，进而又在大云仓击败黄巢，迫使黄巢移军信州。

刚刚移军信州，黄巢人马便遭到了瘟疫的侵袭，加上张璘在江边咄咄逼人的态势，形势对黄巢十分不利。于是为了赢得休整的机会，黄巢再次使出诈降的招数，先是以重金贿赂张璘，缓解其攻势，然后写信给高骈表示愿意归降。而高骈则和他的前几任统帅一样，认为黄巢在其强力镇压之下，已经陷入绝境，于是答应黄巢的请降。

当时昭义、武宁、义武等镇的人马已经抵达淮南，高骈内心不想让其他镇人马夺了平定黄巢起义的功劳，于是上疏皇帝李儇，请求让诸道人马回归本镇。由于朝廷对高骈的绝对信任，以及很长时间以来官军纷纷虚报战果，卢携带领百官不断向皇帝李儇进贺，导致皇帝李儇误认为平定黄巢指日可待，于是同意了高骈的建议，让诸道人马撤回本镇。

黄巢得知诸道兵马已经返回本镇，于是立即重新发动攻势，突袭张璘，成功将其杀死。而后黄巢乘胜分兵攻克睦州（今浙江建德）、婺州（今浙江金华）和宣州，进抵长江南岸。七月，黄巢又率军从采石（今安徽当涂）飞渡长江天险，直抵淮南，并包围天长（今安徽天长）、六合（今江苏六合），兵锋甚锐，号称十五万之众。

黄巢一路所向披靡，让高骈十分震惊，他终于明白黄巢是个比庞勋更加厉害和诡道的角色。此时高骈虽然坐镇扬州，麾下尚有精兵十余万，但他经过慎重的思考后，决定避过黄巢大军的锋芒，不与其展开大规模作战。一来部将张璘战死对高骈是个沉重的打击，使高骈一时间产生畏战情绪；二来他怨恨朝廷中如郑畋等人对自己曾经有非议，怀着幸灾乐祸之心，想让起义军纵横河洛地区，让朝廷感受到极大的压力，然后自己再派兵镇压，以获得更大的声誉。

当时高骈的部将们看出了高骈有按兵不动的想法，于是有人提出反对意见，例如，以毕师铎为代表的部将认为，现在黄巢拥兵十余万如入无人之境，如果不加紧据险阻击，等到黄巢渡过淮河，就将无法阻止，那样就会成为京城长安的大患，应该立即进兵加大对黄巢的围剿力度。

可是以吕用之为代表的另外一些部将，则迎合高骈的想法，认为高骈在朝廷内有功高盖主的嫌疑，如果立即平定了黄巢，会让自己陷入不利的境地，不如现在坐山观虎斗以求得自保。吕用之的建议当然能得到高骈的首肯，于是他禁止诸将出战，只要守护好辖境即可。不过，高骈为了向朝廷推卸自己不与黄巢交战，故意放黄巢大军渡江北上的责任，上表向朝廷告急，称黄巢拥兵六十万之众，言下之意是自己不是不与黄巢交战，而是力不从心，寡不敌众。

当皇帝李儇向朝臣们遍示高骈的奏表后，朝臣们犹如一盆冷水浇在心头，史书上记载当时是“上下失望，人情大骇”。皇帝李儇下诏指责高骈主张遣散诸道兵马，致使黄巢大军从容渡过长江，但是高骈也不甘示弱，上表为自己辩解，说是遣散诸道兵马的决定最终是朝廷定下的，不是自己一个人的主意，又将责任推还给皇帝李儇。

为了进一步推脱责任，高骈谎称已经与黄巢交战，并取得了一些胜绩，只要自己不落入黄巢设下的圈套，将有机会剿灭黄巢，并建议皇帝李儇，应该紧急诏令淮南东道兵马做好防御准备。事实上，高骈的建议还是暗示朝廷，自己只肩负守卫淮南的责任，此后高骈便称病不再出战。

俗话说得好，将在外君命有所不受。高骈的态度让朝廷明白他事实上是不听指挥的，可是黄巢已经屯军淮南，对河洛地区形成威胁，虽然皇帝李儇远在西北的京城长安，但依旧感到不寒而栗。宰相豆卢瑑建议再行招降之计，授予黄巢天平军节度使之职，以阻止其向西进兵。可是卢携却不同意这样做，他为了挽回举荐高骈失误的面子，主张立即调兵布防。

此时皇帝李儇鉴于以往招降工作做得不力，导致时刻让黄巢牵着鼻子走的教训，决定采取卢携的意见，下诏征调河南诸道人马发兵溵水（今河南商水），任命泰宁节度使齐克让为汝州、郑州把截制置使，屯兵汝州一带防守淮北地区；同时又以淄州刺史曹全晸为太平军节度使兼东南行营副都统，扼守淮河南岸。意在以淮河为依托，在两岸建立南北两道防线，以阻止黄巢北上。

朝廷的军事部署不可谓不周密，但其意图很快落空。曹全晸带领的六千人马犹如以卵击石，刚一出兵就被黄巢打败，只得退守泗州，本来指望高骈派兵增援，可是高骈见死不救，不久曹全晸的人马被黄巢彻底打垮。

淮南防线如此不堪一击，而淮北防线又因发生兵变而不战自溃。导火索依旧来自徐州军，当朝廷在淮水一线进行军事部署的时候，徐州方面派出三千人奔赴溵水增援，途经许昌时，以款待不周为由发动兵变，忠武节度使薛能经过一番辛苦慰劳方才平息。这件事情本来可以就此告一段落，但驻守许昌的周岌本来奉命领兵奔赴溵水，闻知城内发生兵变，便星夜赶回许昌，在没和薛能商议的情况下，将发动兵变的徐州军三千人全部袭杀。

薛能是进士出身，虽然是一介书生，却相当自负，当年他在剑南西川时，曾经写过两句诗："焚却《蜀书》不宜读，武侯无可律吾身。"连诸葛亮的功业他都不放在眼里。事实证明，当他这种书生碰到周岌这样的悍将后，最终只能是秀才遇到兵，有理说不清。

针对周岌袭杀徐州三千士卒事件，薛能表示出了强烈的不满。可是让人没想到的是，周岌一不做二不休，挟平定徐州军之乱的余威，将薛能也一并杀死，然后自称忠武军留后。当时屯守汝州的齐克让唯恐被周岌突袭，引兵退回兖州，屯驻溵水的官军眼见两路大军不战自溃，也都引兵回归本镇。

朝廷辛苦布置的淮河防线就这样一哄而散，而带来的结果就是河洛地区门户大开。

广明元年（880年）九月，黄巢带领人马从容渡过淮河，他自称天补大将军，并严肃军纪，得到沿途百姓的热烈拥护。与此同时，他不断招募兵员，队伍急速扩充，并开始对各路藩镇展开分化攻势。

黄巢在给各个藩镇节度使的文告中，警告他们，只要各自坚守辖境，不主动与自己交战，自己是不会进攻他们的，自己即将进攻洛阳，希望各个节度使不要多管闲事，等到打进长安，只追究皇帝李儇的罪过，不会涉及其他人。

节度使们本来就各自心怀鬼胎，再加上看到黄巢的文告，所以全都决定坚守不出。因此，黄巢大军在河洛地区一路所向披靡，当时申州、光州、颍州、宋州、徐州、兖州等地的官吏和守军望风而逃，十一月十日，黄巢成功进占汝州。

而汝州的前方不远处即东都洛阳。

黄王进京

黄巢大军进占汝州的两天后，消息传到了京城长安。此时朝廷内部一片惊恐，宰相卢携见势不妙，称病在家不敢上朝议事。当时已经十八岁的皇帝李儇只得召见其他宰相以及他最信任的宦官田令孜商议对策。

豆卢瑑、崔沆主张紧急征调关内诸镇人马和左、右神策军守卫潼关，田令孜也主张挑选出左、右神策军的弓弩手前往潼关据守，并称自己愿意出任据守潼关的“都指挥制置把截使”官职。如此危急时刻田令孜还确实很有担当，这也没有辜负皇帝李儇平时对他的绝对信任。不过李儇却忧虑关内士兵以及左、右神策军很长时间没有进行过实战，恐怕不能作为倚靠，于是田令孜便提出了退居蜀中避难的建议：

“当年安禄山作乱，玄宗皇帝巡幸蜀中以避难，现在陛下完全可以效仿玄宗皇帝，等剿灭黄巢再回来也不失为一种方法。”

不过，让田令孜没有想到的是，他刚说完崔沆便提出反对意见：

“当年安禄山才有十五万兵马，比起现在的黄巢，那真是小巫见大巫。”

“当年哥舒翰以十几万兵马尚且不能守住潼关，现在黄巢拥兵几十万，而潼关又无哥舒翰那样的名将和强兵。”豆卢瑑附和着说道。

豆、崔二人所说的话，显然是不赞成皇帝李儇退往蜀中，而且明显不信任田令孜能够守住潼关。

此时的皇帝李儇心情已经跌入谷底，当听到田令孜提出退避蜀中的想法后，他不禁流下了眼泪，因为他十分明白如果那样做将意味着什么，所以他依旧想做最后一搏。

“无论如何你先发兵潼关！”

李儇向田令孜做出了最后的指示。

田令孜得到了诏令，急忙部署出兵的相关事宜。而李儇也明白此刻应该做些鼓舞军心的事情，于是，两天后他亲自到左神策军营检阅将士，召见了田令孜举荐的张承范、王师会、赵珂三员军将，分别加以任命。最后李儇正式任命田令孜为左、右神策军内外八镇及诸道兵马都指挥制置招讨使，以另一名宦官飞龙使杨复恭为副使，带领人马先行奔赴潼关守卫。

值得一提的是，当时皇帝李儇起用的杨复恭是个名不见经传的角色，可是让李儇想不到的是，他所起用的这个人未来居然是个欺压皇帝的角色。

就在朝廷安排完潼关的守卫三天后，泰宁节度使齐克让送来加急奏报，说黄巢大军已经进入东都洛阳境内，为了避免消耗有生力量，自己已经收拾人马退守潼关，而且潼关一带的百姓已经四散逃去，百里之内不见一人，根本找不到粮食，希望朝廷能够急速输送军粮。

皇帝李儇得到奏报后，立即让兵部安排输送军粮事宜。可是就在这安排的过程中，十一月十七日，黄巢大军抵达洛阳城下，东都留守刘允章不敢抵抗，举城投降，黄巢在洛阳城只是补充军资，稍作停留后，继续向长安挺进，并于二十二日攻占了关外战略要地虢州（今陕西灵宝县西北）。

虢州距离潼关只有一百五十多里的路程，皇帝李儇当时已经急得犹如热锅上的蚂蚁，可是举目望去，可以信任的人似乎只有田令孜，于是他继续加封田令孜为汝、洛、晋、绛、同、华等八州都统，并募兵长安百姓两千人以补充左、右神策军的人数增援田令孜，又挑选神策军弓弩手两千八百人，让兵马先锋使张承范、制置关塞粮料使王师会带领前去增援潼关。

可是前边我们说过，晚唐由宦官控制的神策军，实际上是长安一带富家弟子的庇护所。这些纨绔子弟贿赂宦官、挂名神策军是为逃避徭役负担，而且安史之乱以来，朝廷的护卫工作主要依靠神策军，对其赏赐比一般士兵要强很多，所以神策军士兵经常仗势欺人，事实上不过是纸老虎，真正的战斗力极其低下。很多人听到真的要上战场，全都抱头痛哭，甚至有的人连兵器都无法拿动。

所以潼关的守卫工作，神策军是可以忽略不计的。而且十一月二十五日，在出征之前的饯行中，皇帝李儇虽然对张承范等人赏赐丰厚，并对他们寄予厚望，但张承范似乎并未受鼓舞，反而向皇帝李儇进言道：

“听说黄巢拥众数十万向西进军。齐克让率领一群忍饥挨饿的士兵依托关外，现在让臣以区区两千人马驻守潼关，而且没听说陛下馈饷之计，就这样让臣去拒贼，臣很是寒心。”

皇帝李儇听到这话后，顿时脸上愁云密布，他隐约感觉到，指望这帮人守住潼关恐怕希望不大，但是李儇还是耐着性子强颜欢笑地告诉张承范，只管发兵前往潼关，自己随后就增派援兵以及军饷。

事实上，张承范也明白此去既无粮草又无援兵，肯定是凶多吉少，皇帝的话姑且当作耳边风不听也罢。但迫于皇帝诏令，仍勉强带领兵马赶赴潼关，当到达华州（今陕西华县）时，刚好碰到辖境的刺史调任离去，城中百姓得知本地即将开战，都拖家带口地逃进华山，只留下一座空城，所以根本没人接应张承范的到来。

张承范无奈之下只得带人进城在州库中寻找粮食，不过看见的却是尘埃一片，最终张承范只找到一千斛大米，短暂停留后便带着士兵忍气吞声地继续上路。

十二月一日，张承范到达潼关，首先摆在其面前的不是如何面对黄巢的大军，而是粮食奇缺的问题。当时张承范从山中搜寻出一百多个百姓，强行向他们征用了些粮食，做了一点防御准备，可是加上齐克让的万余人，这点粮食根本不够，很快这些人便粮草断绝，士兵们士气极为低落。

就在张承范到达潼关的同一天，黄巢也带领大军到达潼关之下，官军眼见黄巢大军“白旌满野，不见其际”，全都不寒而栗。不久后黄巢亲自来到潼关下，义军全军欢呼，军威之盛惊天动地，很快便开始攻打潼关外城。齐克让虽然从中午一直战斗到傍晚，但无奈手下士兵忍饥挨饿已经很长时间，根本无力抵抗，只得被迫烧毁营帐进入潼关之内。

在潼关的左侧有一条山谷，平日是禁止行人通过的，以确保关税的正常征收，称为“禁阬”，由于黄巢大军急速攻至，潼关的守军居然忘记加以防守，导致齐克让的溃败之军一下子从禁阬涌入关内。这条道路本来就已经是荆棘交织，灌木丛生，一下子就被涌进的士兵踏为了平地。

张承范看到齐克让打了败仗，急忙派人向皇帝李儇告急求援，而且这一次张承范说的话更加严厉：

“臣离京六日，甲士未增一人，馈饷未闻影响。到关之日，巨寇已来，以两千余人拒六十万众，外军饥溃，蹋开禁阬。臣之失守，鼎镬甘心；朝廷谋臣，愧颜何寄！”

张承范这一次明显是指桑骂槐，但告文送出去的第二天，没等朝廷回信，黄巢大军便大举攻打潼关。张承范全力据守，从清晨一直战斗到晚间，期间城上弓矢用尽，就用石头砸向攻城的义军，到了晚上义军纵火焚烧关楼，他命令王师会分兵八百人防守禁阬，但此时已经有部分义军从禁阬入关，义军内外夹攻潼关，守关唐军溃败，王师会战败自杀。

张承范眼见形势不妙，换上便服带领残兵向西逃窜，途中遇到当地藩镇派来的援军两千人，这些援军也跟着张承范一路向西逃去，一直到了渭桥边上方才停歇。

张承范一路西逃，犹如惊弓之鸟，可是到了渭桥后，他看见田令孜招募的神策军居然个个穿得五颜六色，心中生出一股无名之火，于是下令将这些神策军士兵洗劫一空，然后闯进长安城大肆劫掠。

潼关仅用了一天时间便宣告失守，这是很多人没有想到的。然而，更出乎人们意料的是，黄巢在攻下潼关后，只留下部将成令瓌防守潼关，他立即带领大军继续向长安挺进，只过了一天便又攻占了华州，迫使河中节度使王重荣请降。

潼关失守意味着京城长安门户大开，田令孜担心会受到皇帝李儇的责怪，便将全部责任推卸给宰相卢携，认为是卢携举荐高骈失误，才致使黄巢大军一路向西所向披靡。四日清晨早朝之时，皇帝李儇处理的第一件事，就是将卢携再次罢相贬官，同时将王徽、裴澈招进宰相班子。

此时京城长安已经危在旦夕，皇帝李儇即使有回天之力，也不可能在如此短的时间内组织起有效力量防守住京城长安。虽然十八岁的李儇贪玩好动，但他不是白痴，他知道长安已经是防守不住，现在他唯一要做的就是尽量拖住黄巢前进的步伐，好为自己逃离长安赢得时间。

为此，他诏令任命黄巢为天平军节度使，希望黄巢能够接受自己的册封，暂时停止进兵长安。不过，等到早朝过后，皇帝李儇趁着天色微明之际，带着福王、穆王、泽王、寿王等人，以及四个儿子、嫔妃数人，由田令孜带领五百名神策军护卫，经长安城西的金光门逃离。

李儇等人逃出长安之后，百官们才知道消息。而那个时候黄巢带领大军已经打到了长安西市附近，当时长安城内一片混乱，所以百官们也都一哄而散。

不过，在官员们四散逃亡的同时，有一个人是个例外，这个人就是被贬官在家的卢携。他之所以没有逃跑，并不是因为他不想跑，而是因为他已经病入膏肓，根本跑不了。

卢携二次担任宰相以来，对内钳制田令孜，对外依靠高骈，受到皇帝李儇的绝对信任。但事实上，他与田令孜是一丘之貉，当黄巢大军由江陵北上时，他已患病，行走困难，也已指望不上高骈，而且又被田令孜当作替罪羊。最重要的是，卢携知道因为自己主张剿灭黄巢，所以黄巢到来后，自己绝没有好果子吃，因此在义军进入长安西市的那一天夜晚，卢携自知逃生无望，在自家后院自缢而死。

十二月五日，义军先锋部队将领柴存领兵进入长安城，留在京城的尚书左仆射兼左金吾大将军张直方代表朝廷向黄巢投降，并亲自迎接黄巢进入长安。

据《资治通鉴》记载：黄巢进入长安的时候，乘坐金装肩舆，在身穿锦绣、腰束红缯、手执兵器的士兵护卫下，带领大军浩浩荡荡地进入长安。沿途“甲骑如流，辎重塞途，千里络绎不绝”，长安百姓并没有表现出惊慌，也没有东躲西藏，而是夹道围观，大将尚让沿途告诉民众，黄王起兵，本为百姓，不会像李唐皇室那样不爱护百姓，百姓只管安居无妨。

十二月十二日，黄巢入居皇宫，次日在隆隆的战鼓声中，黄巢在大明宫含元殿登上皇帝位，建立国号大齐，改年号金统，开始置属百官。以尚让为太尉兼中书令，以另一名义军将领赵璋兼侍中，同时任用了一大批唐朝降官，但真正的权力主要掌握在跟随他一同起兵的义军将领手中。

多年前，黄巢曾经发誓要用自己独特的方式重新回到长安，现在他终于实现了自己的梦想，此刻俯视唐朝的那些降官，黄巢的眼中透露出一丝轻蔑之色。

“天下谁与我争锋？”

雄心壮志的黄巢禁不住心潮澎湃，不过黄巢明白攻进长安仅仅是个开始，接下来他首先要做的就是如何结束长安城内混乱的状态。

黄巢采取的措施是，只要见到穷人就加以赈济，对于长期为非作歹以及顽固不化的官吏则施以重刑镇压。由于皇帝李儇偷偷出逃，没有通知大部分朝官，包括宰相豆卢瑑、崔沆、王徽以及京兆尹李汤在内的一大群朝官都因为来不及逃离长安，而成了瓮中之鳖，只得藏在先前向黄巢投降的张直方家中。

对于如何处置这些朝官，黄巢采取分化的策略，先是宣布朝官三品以上停止任用，四品以下官复原职，然后发布通告命令在逃的朝官自动到部将赵璋的府邸自报姓名与官衔，只要在规定时间内做到这一点，可以自动官复原职。

当然黄巢也十分明白，有奖就必须有罚，除了宽赦大部分朝官之外，也必须找出反面典型施以惩戒，所以他将目光锁定在了先前代表朝廷向自己投降的张直方。

张直方本性残暴，手下一名军将曾经犯有小过错，便被他笞杀。家中的一名奴婢也曾经因为一点小闪失，而被其辄杀。当黄巢大军打进长安后，张直方虽然迫于形势表面上投降，但众多官员都藏在他的家中，而且伺机准备东山再起，对于这一点黄巢心知肚明。

那些窝藏在张直方家中的官员，本以为张直方投降黄巢，黄巢一定会善待张直方，进而自己会得到庇护。但他们万万没有想到，黄巢早已经定下实施釜底抽薪之计。

为了杀一儆百，以及断送那些官员的最后一丝东山再起的念头，黄巢在事先没有征兆的情况下，派兵突袭张直方的府邸，捕杀张直方等数百人，并诛杀了李唐皇室在京的全部成员。当时韦庄在其诗作《秦父吟》中说到的“天街踏进公卿骨”说的正是这个事件。

黄巢进入京城采取一系列措施稳定局势，可以说形势对他越来越有利。可是，逃出京城长安的皇帝李儇当时的处境可谓是“贵落深坑贱出泥”。

当黄巢在长安稳定局势的时候，皇帝李儇带着家眷昼夜不停地逃跑。

当时郑畋任凤翔节度使，得知皇帝陛下逃出京城，立即率众迎接，请皇帝李儇留在凤翔。可是当时李儇已经犹如惊恐之鸟，觉得凤翔离长安太近，想逃往兴元府。因此他匆匆和郑畋说了几句话，让他整合人马东拒黄巢前来追击，同时派人通知东、西两川节度使杨师立和陈敬瑄，命令他们做好迎接自己入川的准备。

广明元年（880 年）十二月二十日，皇帝李儇抵达兴元。陈敬瑄得到消息后，立即派人迎接其进入成都，由于兴元地处山区，人口稀疏，交通不便，物资供应十分匮乏，加上担心黄巢追击进入蜀中，李儇在兴元府没有停留过长时间，便于中和元年（881 年）正月动身踏上入蜀的艰难路途。

事实上，正如当年李白所感叹的那样，蜀道之难难于上青天，入蜀之路本就崎岖难行，加上正值寒冬，冰雪不时阻道，皇帝李儇一行着实吃了不少苦头。诗人韦庄的《雨霁晚眺——庚子年大驾幸蜀后作》中写道：

入谷路萦纡，岩巅日欲晡。
岭云寒扫盖，溪雪冰粘须。

韦庄的诗虽然属于艺术创作，但实际情况恐怕大抵如此。特别是因仓促出逃，导致马匹不足，连平日娇生惯养的皇室成员也只能徒步行走。值得一提的是，就在皇帝李儇入蜀的队伍中，一个人始终蹒跚而行，当走到斜谷时因实在走不动，一脚穿着袜子，一脚光着脚板，直挺挺地躺在一块大石板上。可是当他刚刚躺下后，宦官田令孜一鞭子抽在他的身上，并呵斥他赶快起来继续行走。这个人顿时怒从心头起，但眼前的形势告诉他，此刻不是发作的时候，所以他忍了下来。

“实在走不动了，能不能给匹马骑啊？”这个人哀求田令孜说道。

“山谷之间何处能够找到马？起来快走！”田令孜继续呵斥，然后便头也不回地转身离去。

面对宦官的嚣张跋扈，这个人在内心埋下了仇恨的种子，他发誓未来自己找到机会，一定会狠狠惩处这些宦官，让这些家奴们永无出头之日。

这个人就是我们后边即将要说到的，大唐帝国的第二十任皇帝，也是实际上的最后一任皇帝，此刻还是皇帝李儇七弟的寿王李晔。

正月二十八日，皇帝李儇等人终于到达成都，开始了长达四年的蜀中生活。事实上，田令孜之所以选择剑南东道的成都作为皇帝李儇的避难所，从表面上看似乎是效仿当年唐玄宗李隆基的做法，但仔细分析来看，并不是这么简单。

对于这一点，明朝的顾炎武有着精妙的比喻，从地理形势上来看，他将长安和西蜀比作宽敞的厅堂与四壁环围的关系；从经济角度来看，物资充足的蜀中与长安可看作厅堂与奥（房屋深处）的关系，他认为李唐皇室多次依据蜀中而化险为夷是有一定必然性。

而且皇帝李儇到达成都后，虽然跟随前来的朝官和皇室成员不足二百人，但因为蜀中各地进贡的络绎不绝，加上本地本就物资充盈，所以李儇的赏赐的数量与额度和在京城长安时相差不大。这也是后来为什么朝官和官军依旧为其卖命的一个原因所在，加上蜀中易守难攻的独特地理环境，为后来朝廷全面反扑黄巢奠定了基础。

随着皇帝李儇到达蜀中，李唐皇室终于逐渐稳定下来。但黄巢这边虽然在进入长安之初为了稳定局势而采取了必要措施，但当京城的局势逐渐稳定后，黄巢却渐渐陷入自我陶醉之中，对朝廷反扑能力严重地估计不足。

反攻长安

黄巢虽然打进长安城，但并不意味着唐朝就此被他灭亡。皇帝李儇虽然逃往蜀中，却仍然发挥着政治偶像的作用。唐朝的许多文武官员都不甘心就此失败，被黄巢打破既有的富贵格局，尤其是唐朝中央附近地区的一些藩镇，更是积极准备反扑黄巢，收复长安。

例如，忠武军节度使王处存，其父王宗累官至金吾大将军，同时善于经商，家中生活十分奢侈。当王处存听到长安被黄巢占领的消息后，痛哭流涕了好几天，不等皇帝李儇下诏，就派去两千人护卫皇帝李儇，同时自己领兵进军长安。

可以说，黄巢占领长安和皇帝李儇出逃之后，朝廷和黄巢的较量进入了新的阶段，具体来说就是官军进攻，黄巢防守。

自从长安的局势稳定以来，黄巢逐渐陶醉于胜利的喜悦之中，认为唐朝的各路藩镇只要传檄即可平定，所以对藩镇准备反扑长安准备不足。虽然很多藩镇看到黄巢兵占长安，已经取得巨大成功，朝廷似乎已经灭亡在即，这些藩镇们拥兵自重，甚至有的归顺黄巢。但事实上，细数当时投降黄巢的只有关中、河南以及河中等十八个藩镇，如果将大同、昭义、河东三个藩镇算在内也只有二十一个藩镇，占全国四十八个藩镇的百分之四十，这与《册府元龟》中说的“屈伪廷者十三四”的说法基本相符。

而且很多藩镇都是被迫投降，可谓是“貌奉而心图之”，例如，凤翔节度使郑畋在面见皇帝李儇之后，取得李儇整合人马的诏令后返回凤翔，便着手开始策划反攻长安。此时正值黄巢派招降的使者抵达凤翔，郑畋便假装归降了黄巢，而暗中与朔方节度使唐弘夫、泾原节度使程宗楚约定合兵之计，而且此时关中还有数万神策军因为皇帝李儇逃奔蜀中而分兵各处，群龙无首，郑畋派人对这些人进行整合，最终整编出五万多人马，一时间郑畋成为长安西北地区唐军对抗黄巢的主力军。

当时全国各地藩镇公开对抗黄巢的不在少数，早在广明元年（880 年）十二月，黄巢刚刚到达长安的时候，王重荣在河中地区首先公开打起抗拒黄巢的大旗。当黄巢大军分别进入长安及其附近地区之后，物资供应出现缺乏现象，由于河中府管辖十一个县，而且距离长安只有三百余里的距离，因此黄巢不断派出使者向河中调取兵员和物资。

当时河中节度使李都被迫投降黄巢，黄巢不断地索取兵员和物资，李都无计可施。王重荣认为，如果就这样纵容黄巢，最终河中府被掏空后，等待他们的结局只能是被黄巢斩杀，王重荣建议与其早晚都是死，不如现在起兵反抗黄巢，或许还有成功的可能。

可是李都天生是个胆小怕事的人，他看王重荣决心已下，便将兵权交给王重荣，任命王重荣为河中留后，自己带着家眷逃往成都。于是王重荣斩杀黄巢派来的使者，正式起兵，与黄巢公开决裂。

黄巢闻讯大怒，立即派其弟黄邺领兵从华州（今陕西华县），部将朱温领兵乘舟从同州（今陕西大荔）出兵，然后合并一处进攻王重荣。不料因为仓促出战，被王重荣打得大败而归，朱温损失了四十多条战船的粮食和兵器，王重荣因此军威日盛，并与王处存结盟屯兵渭北，继郑畋之后，成为黄巢在京城长安东北面的一支主要对抗力量。

此时，长安东北、西北分别有王重荣和郑畋，算是朝廷反攻长安的前沿阵地，而皇帝李儇虽然还是二十多岁的青年，不过在经历逃出京城、寄居蜀中的遭遇后，从内心感到了切肤之痛，虽然身在成都，却心系长安，有时竟到了寝食不安的地步，为了成功收复长安，他在蜀中不断地向各路藩镇封官许愿，并调兵遣将加紧部署反攻长安事宜。

最初皇帝李儇对手握重兵坐镇扬州的高骈寄予厚望，还在奔往蜀中的路上时，他就接二连三派人去敦促高骈出兵。到了中和二年（882 年）二月，又任命高骈为京城四面行营都统，希望高骈能够担当起指挥长安周围各路唐军收复京城的重任。

可是很长时间以来，高骈因为黄巢势大，以及担心平定黄巢后朝廷会卸磨杀驴，所以一直按兵不动。据《旧唐书·高骈传》记载，他是想要利用国家的混乱形势，兼并两浙地区，效仿三国时期孙策的三分天下之计。所以对于皇帝李儇一再地敦促出兵，高骈总是拿出各种理由搪塞，不肯应命领兵北上。

眼看高骈这路人马指望不上，皇帝李儇便将主要精力放在关内的军事部署上。中和元年（881 年）二月，李儇任命杨复光为京西南面行营都监，让他带领忠武军屯驻邓州（今河南邓县）。当时南面行营招讨使刘巨容镇守襄阳一带的交通要道，关中一带从京城长安逃出的官员大多在他的保护下逃往成都，所以让杨复光屯驻邓州是为了屏障襄阳和江陵的一种战略部署。

郑畋作为长安西北一路的主要反攻力量，已经和泾原节度使程宗楚、天雄节度使仇公遇结盟，并于中和元年（881 年）三月十六日发布讨伐黄巢的檄文，并将檄文传至各路藩镇，号召藩镇们起兵勤王收复长安。

皇帝李儇自从进入蜀中后，由于交通不畅导致与各路藩镇联系也不畅，有些藩镇甚至认为朝廷已经灭亡，所以被迫投降黄巢，有的也持观望态度。可以说郑畋的这份檄文对各路藩镇起到了鼓舞的作用，史称“诸藩耸动，各治勤王之师”。

郑畋在长安西北部可谓是磨刀霍霍，可是此时陶醉在胜利喜悦之中的黄巢，却对郑畋的动向毫不知情。事实上，郑畋斩杀黄巢的使者后，其势头已经是“烽火已严，侦逻殊密，云旗霜刃，森罗于百里之内”。黄巢派去侦察敌情的人大多被郑畋伏击致死，不过也有少数逃回者向黄巢报告了郑畋的动向，可是却没有引起黄巢足够的重视。

黄巢实在不相信，朝廷能够在如此短暂的时间内，组织起有效力量反扑长安，他曾经自负地对手下人说："我纵横半个天下，所到之处无不攻克，即使是高骈也不敢与我作战，郑畋还能把我怎么样？"一直到郑畋发布檄文，甚至斩杀使者后，黄巢才觉得郑畋是个隐患，于是决定派尚让、王播领兵五万进攻郑畋。

当黄巢反应过来时，郑畋已经完成了所有的准备工作，甚至是昼夜不停地对黄巢动向进行侦察。当他得知黄巢派兵来攻后，立即派部将唐弘夫、李昌言领兵埋伏于要害之处，自己则带领数千精兵在山冈布阵，虚张旌旗延绵数里，显然是要打一场伏击战。

当时在黄巢错误的战略指导思想的影响下，尚让等人误认为此战可以轻而易举地取胜，尚让甚至认为郑畋不过一介书生，根本没有军事经验，竟然没有列阵迎敌，让士兵散漫而行。当两军相遇时，郑畋命令部下擂动战鼓，尚让这才意识到郑畋可能埋下了伏兵，可是等到尚让再想列阵迎敌时，官军伏兵四起，一时间将尚让的人马冲击得人仰马翻，双方一直交战到夕阳西下。尚让在官军的猛烈攻势下节节败退，最终在龙尾陂（今陕西岐山东面）被唐军打得溃不成军，这一战使尚让的人马损失两万之多，而郑畋则在此战中缴获了义军的大批军用物资，最重要的是这是自皇帝李儇逃离长安后，官军对黄巢的首胜，同时也遏制了黄巢继续向西的进攻。

虽然凤翔这一战取得胜利，但郑畋并没有就此收手，他乘胜让宥州刺史拓跋思恭整合汉、蕃联军，与鄜延节度使李孝昌合兵于鄜州，准备发动反攻长安之战。

此时，包括郑畋、王重荣在内的几路大军已经开始逼近长安，北面的唐弘夫带领泾原镇兵马屯于渭北，王处存带领义武镇兵马屯于渭桥；东面则有王重荣带领的河东镇兵马进驻沙苑地区（今陕西大荔县南洛、渭两河之间）；拓跋思恭与李孝昌带领夏绥、鄜延镇兵马屯于武功，郑畋则带领凤翔军屯驻盩厔（今陕西周至）。

可以说，几路人马已经对长安渐成合围之势，不过郑畋毕竟一直驻扎在长安附近，虽然凤翔一战取得胜利，但他深知黄巢的实力颇为雄厚，不是一战就可以打败的。此时身为几路大军统帅的郑畋，时刻告诫各路人马的统帅不要轻易冒进攻打长安，必须要听从自己的指挥，谨慎行事。

可是郑畋命令刚下，四月一日，唐弘夫就挟龙尾陂之胜，与程宗楚率先发动进攻，攻取咸阳后，造浮桥渡过渭水。四月五日，黄巢利用唐弘夫、程宗楚急于求成的心理，率众假装撤离长安，屯驻于长安东面的灞上。唐、程二人认为黄巢不堪一击，争先进入长安。当晚，王处存也领兵五千入城，头裹白巾为识别标志，当时长安城中一些敌视黄巢的人，在看见官军到来后，纷纷欢呼出迎。唐、程二人以为收复长安大功告成，唯恐其他藩镇夺了功劳，向郑畋隐瞒进入长安的消息。

当时进入长安的官军趁火打劫，纷纷放下兵器闯入民宅抢劫财物，造成长安城内一片混乱。黄巢在灞上一直注视着长安城内的动静，在探听到官军并无后援而且军纪败坏的情况后，立即回师反攻，分兵从长安各门进入与官军展开交战，唐、程二人因为事先毫无防备，被打得一败涂地，两个人也死于乱军之中。

王处存由于身在外城之中，眼看唐、程二人战败身亡，立即带领人马慌忙逃出长安。围攻长安的官军见到唐、程二人战败，担心黄巢引兵西进，全都从据点撤兵而走。

唐、程二人这次的军事行动，勉强算是官军收复长安的第一次军事行动，虽然两个人战败身亡，但是从中可以看出，黄巢虽然占领了长安，但实际控制的范围并不大，号令所及也就是长安附近的几个州县。这次军事行动的失败让郑畋十分郁闷，唐、程二人战败不说，最关键的是自己辛苦建立的合围长安之势，顷刻间土崩瓦解，在此后将近两年的时间里，官军与黄巢在关中基本处于相持状态。

对于黄巢来讲，虽然这次击败了官军，但这也让黄巢意识到官军加快了收复长安的步伐，鉴于自己目前实际控制的地方并不多，黄巢决定以长安为核心继续向外扩张地盘。

事实上，在唐、程二人进攻长安之前，黄巢就以朱温为东南面行营先锋使，派他领兵远征距离长安九百多里远的邓州。三月三日朱温攻克邓州，活捉刺史赵戒，监军杨复光逃离邓州，依附许州伪装投降黄巢的周岌。但是许多史学家却认为这场远征其实并不值得，因为邓州距离长安过远，对于关中地区的义军并不能起到支援作用，而且分散了义军的力量。

就在朱温刚刚占领邓州没多久，逃往许州的杨复光就和忠武军节度使周岌密谋，准备重新起兵反抗黄巢。当时杨复光带领三千士兵与占据蔡州（今河南汝阳）的秦宗权联络，秦宗权派遣部将王淑带领三千士兵跟随杨复光攻打邓州，可是王淑却因为畏惧黄巢的声势而不愿出兵。最终，杨复光将其斩首，并收容其部众，连同自己的三千人马共分为八部，并指派鹿晏弘、晋晖、王建、韩建等八员牙将为都头，分别统领八军。

值得一提的是，在这八个人中，王建到后来成为至关重要的人物，因为他就是五代十国中前蜀的创建者。

杨复光重新整编人马后，带领八都头之兵成功收复邓州。朱温由于远离关中腹地孤立无援，所以被迫放弃邓州退回长安。而身在华州、黄巢任命的刺史乔谦听说黄巢领兵撤出长安，以为黄巢战败，所以率众逃跑，结果被朱温斩杀，昭义军将领高浔乘机与王重荣合力攻下防务空虚的华州。

邓州、华州的成功收复，让远在蜀中的皇帝李儇大为振奋。于是在中和元年（881 年）六月，李儇下诏以郑畋为京城四面诸道行营兵马都统，崔安潜为副都统，重新开展反攻长安的军事行动。但由于黄巢加强了戒备，所以双方依旧在关中地带形成拉锯之势。

一直到中和二年（882 年）四月，这种拉锯之势随着官军的努力才逐渐改观。

正月八日，皇帝李儇诏令宰相王铎代替高骈出任诸道行营都统，太子少师崔安潜为副都统。本来皇帝李儇对于拥兵一方的高骈有着深深的顾虑，但他一直没有剥夺高骈的军权。虽然皇帝李儇任命郑畋为京城四面行营都统，但从官职的名称来看，郑畋只是关中地区的领兵统帅，高骈依旧是全国行营的最高统帅。为了让高骈明白自己的意图，皇帝李儇于中和元年（881 年）九月特意下诏为高骈做了解释，但这封诏书尚未到达扬州，高骈已经事先得到消息，宣布拒不出兵，经过近半年多的等待，皇帝李儇终于做出了撤换人选的决定。

与此同时，李儇还允许王铎自己任命将佐，王铎在数日之内就组成了新的军事指挥班子，他以周岌、王重荣为右司马，以诸葛爽和宣武节度使康实为左、右先锋使，以右神策观军容使西门思恭为诸道行营都监，以王处存、李孝昌、拓跋思恭为京城东北西面都统，以杨复光为南面行营都监。同时为了保障江淮漕运物资能够源源不断地北上，王铎任命感化军节度使时溥为催遣纲运租赋防遏使，负责徐州辖境的漕运安全。另外任命王重荣之兄、时任陕虢观察使的王重盈为东面都供应使。

在进行人事安排调整的同时，王铎传檄四方，命令各地藩镇派兵进入关中增援，并得到藩镇们的积极响应。经过王铎的一番努力，到了四月间，官军对长安形成了新的包围圈。长安东面有王铎率领的禁军以及山南西道、剑南东川两镇军队共计三万人屯驻周至；长安西面有杨复光率领的忠武军、沧州、寿州等几支军队屯驻武功；朱玫率领的邠宁军、李昌言率领的凤翔军以及泾原军等三镇数万人马屯驻兴平；长安之北有王重荣率领的河中军和王处存率领的易定军屯驻渭北；而长安西北方向有东方魁率领的保大军和拓跋思恭率领的定难军屯驻渭桥。

面对官军打造的新一轮的包围，黄巢首先采取以攻为守的战术。中和二年（882 年）五月，黄巢派部将尚让向西北方向进军，攻打坊州的宜君寨。时值严寒天气，由于尚让为士兵们准备的御寒衣物不足，导致大量士兵冻死，结果被官军击败。七月，义军虽然在涝水击败李昌言，接着又攻打武功，迫使官军稍稍后撤。但总的来说，黄巢以攻为守，想要打破官军包围圈的战术未能实现，依旧处于被动防御的状态。

长安作为国都，由于人口密集，本来就是一个粮食供应比较紧张的地区。唐朝向来是依靠漕运山东和江南的粮食来维持庞大的粮食供应。而黄巢数十万大军占领长安及其附近地区的狭小之地，处于官军的包围之中，而且遇到严寒天气，很快便陷入严重缺粮的困境。当时长安城中一斗米的价格高达三万钱，韦庄在其诗作《秦父吟》也写到了“一斗黄金一斗粟，尚让厨中食木皮”。《旧唐书·僖宗纪》也记载了中和二年“天下勤王之师云会京畿，京师食尽，人食人”。

然而就是在这样一种极大的外部压力下，中和二年（882 年）九月，同州和华州发生了义军将领投降官军的事件，最严重的是同州防御使朱温的降唐，而这起事件也成为黄巢败亡的导火索。

起义失败

朱温，宋州砀山人，年幼丧父，跟随母亲寄人篱下，生活经历十分坎坷，所以黄巢起义后，他义无反顾地加入了义军，而且屡立战功，逐渐受到重用。邓州败退后，朱温被黄巢任命为同州防御使，与渭北的王重荣隔河对峙。

在此期间，朱温曾经领兵出战，取得不少胜绩，一度打败过王重荣的数千骑兵，迫使诸葛爽闭关不战。他曾经拦截王重荣从河中发来的数十艘粮草船只，当王重荣带领三万大军来夺时，朱温下令将船只全部凿沉，气得王重荣破口大骂，并领兵围攻同州。

面对官军的大举围攻，朱温闭城不战，多次请求身在长安的黄巢派兵增援自己。可是，左军使孟楷由于和朱温矛盾颇深，拒不上报朱温的增援请求，最终导致长安方面没有派出援军。

此时杨复光再度派人招降朱温，朱温身边的谋士谢瞳认为，朱温现在是孤军奋战，如果这样继续下去，早晚会被官军剿灭，不如乘势投降官军。谢瞳很长时间以来一直跟随朱温左右，深得朱温的信任，对于谢瞳的建议，朱温在经过慎重的思考后，眼看身在长安的黄巢被官军紧密包围，所以他决定投降官军。

中和二年（882 年）九月十七日，朱温斩杀黄巢的监军严实、大将马恭、举同州之兵投降了王重荣。当时诸军统帅王铎闻讯大喜，一方面派遣谢瞳奉表前往蜀中向皇帝李儇报捷；另一方面依据皇帝李儇授予自己的“便宜行事”的权力，加封朱温为同华节度使。后来皇帝李儇正式加封朱温为金吾大将军、河中行营招讨副使，并赐名“全忠”。

不过，朱全忠降唐虽然极大瓦解了黄巢的势力，但由于其官职的加封，当时或许谁也想不到，朱全忠后来会成为大唐帝国的掘墓人。

朱全忠降唐事件在黄巢义军内部引起极大的辐射效应，黄巢委派的华州刺史李祥与朱全忠日常交往密切，受朱全忠降唐的影响，也企图背叛黄巢。但被黄巢事先发觉，结果被骗至长安秘密处死，改派其弟黄邺为华州刺史。不过，李祥的亲信将领依旧在华州，所以华州地区的倾向性依旧不明朗。

与此同时，平卢军留后王敬武也举兵背叛黄巢，王敬武本来是平卢镇一员普通的军将，在举兵反叛黄巢的前一个月，他发动兵变驱逐节度使安儒师，接受了黄巢委任的官职。可是当王铎传檄四方，藩镇们纷纷增兵关中地区包围黄巢后，王敬武认为黄巢的形势十分危急，于是经王铎派遣的都统判官、谏议大夫张浚的劝说，他也举兵反叛黄巢，派兵跟随张浚进入关中，包围黄巢。

不过，虽然不少藩镇响应王铎的号召从四面八方向关中增兵，但是黄巢此时依旧有二十万大军集结在长安附近，这让王铎感觉到，镇压黄巢存在很大的难度，而且王重荣也有进退两难的感觉。因此为了增强军力，行营都监杨复光提出援引李国昌、李克用父子率领的沙陀骑兵进入关中参战。

前边我们说过，李国昌、李克用父子在懿宗李漼在位末年时背叛了朝廷，到了皇帝李儇即位后，对朝廷的态度依旧是反复无常，并不时侵扰北部边境。到了广明元年（880 年）七月，李氏父子被唐将李琢和吐谷浑都督赫连铎联手打败，被迫带着宗族逃往阴山下的鞑靼部族。

事实上，当李氏父子看到黄巢兵占长安后，依据当年懿宗皇帝请他们出兵帮助镇压庞勋起义的经历，他们已经预见到，朝廷可能会再次求助于自己，所以积极训练自己的骑兵队伍，准备随时听候朝廷的召唤。

当时赫连铎暗中联系鞑靼部族统帅，他认为李氏父子不是甘心寄人篱下的人，现在训练骑兵，是为了最终兼并鞑靼部族，并建议找到合适的时机除掉李氏父子以绝后患。当时以李氏父子的实力，还无法做到兼并鞑靼部族，所以李克用在得知鞑靼部族有意清除其父子时，一方面在与鞑靼将领们外出打猎时，故意显示自己精湛的武艺，以此来威慑鞑靼人，使其不敢轻易下手；另一方面故意宣称李氏父子不会在鞑靼部族驻留过长时间，只要朝廷征召，会立即回到中原，协助朝廷围剿黄巢。

鞑靼部部族统帅通过观察，见李氏父子没有久留之意，也就打消了清除他们的念头。与此同时李克用也不断向朝廷上表请降，希望能够协助朝廷平定黄巢。

于是，在杨复光的积极建议和李氏父子的积极努力下，中和二年（882 年）十一月，皇帝李儇下诏让李氏父子带领骑兵返回中原，协助朝廷平叛。

十一月十二日，李克用和代北监军陈景思带领沙陀骑兵三万人挥师南下，十二月，李克用领兵抵达河中府。当时沙陀骑兵全都身穿黑衣，被称为鸦军。由于沙陀骑兵英勇善战，特别是有过成功镇压庞勋起义的经历，这对于黄巢农民起义军的心理颇有影响，进而产生畏敌情绪。

黄巢看到这种情况后，派使者带着诏书和大量的财物前往河中府与李克用讲和。可是，李可用接受财物后却翻脸，烧毁黄巢的诏书，将使者驱逐，下决心剿灭义军，并亲自引兵至夏阳（今陕西韩城）渡河，屯驻同州，成为包围长安的官军先锋人马。

与此同时，身在华州的李祥亲信将领发动兵变，他们赶走黄邺，共举王遇为统帅。稍后王遇即举华州之军投降王重荣，作为长安重要屏障的同、华二州就这样在两个月内先后重新回到官军手中。

随着李克用的沙陀骑兵加入官军，从中和二年下半年起，官军和义军的实力发生变化，官军的兵力明显增多。特别是李克用沙陀骑兵的到来，官军取胜的信心有所增强，而黄巢则陷入粮草匮乏和军心不稳的困境之中。

进入中和三年（883 年）以后，战局继续向着官军有利的方向发展。当时田令孜看到黄巢已经呈现衰败趋势，便着手为宦官集团抢夺胜利果实。正月二日，王铎任命李克用为东北面行营都统，杨复光为东面都统监军使，陈景思为北面都统监军使，这样使宦官的兵权进一步增强。

但即使这样，田令孜依旧不满足，正月八日，他为了进一步笼络杨复光、陈景思等宦官，又以“讨黄巢无功”为理由，奏请皇帝李儇罢免王铎的诸道行营都统之职和崔安潜的副都统之职，以宦官西门思恭为右神策军中尉，充诸道租庸兼催促诸道进军等使。而皇帝李儇则任命田令孜为十军兼十二卫观军容使，统管全部禁军。

对于镇压黄巢的军事力量，宦官集团主要依靠李克用的沙陀骑兵。正月十日，李克用的部将李存贞在沙苑（今陕西大荔与朝邑交界）击败黄巢的弟弟黄揆。二月，进军沙苑西南的韩沆，与河中、易定、忠武等军会合，黄巢得到消息后派部将尚让、赵璋、王璠、林言以及弟弟黄邺、黄揆等人率领十五万大军屯守于华州城西三十里处的梁田陂，准备与官军决一死战。二月十六日，双方展开大战，由于黄巢大军缺乏统一指挥最终战败，史书记载“俘斩数万，伏尸三十里”。

不过，梁田陂之战后，王璠和黄邺转而就近攻打华州，并成功驱逐王遇，重新占据城池据守。李克用得到消息后，立即领兵将华州团团包围。三月六日，尚让领兵援救华州，李克用、王重荣闻讯在距离长安大约九十里的零口（今陕西临潼）加以阻截，将尚让打得大败而归。李克用乘势进军至长安东北的要冲之地东渭桥，并每天夜间派部将潜入长安，四处焚烧粮草制造混乱，搞得长安城内人心惶惶。三月二十七日，在官军的进攻之下，华州守将黄邺弃城逃跑，官军二次夺回华州。

纵观整个战场局势，梁天陂之战和零口之战，可以说是黄巢义军试图扭转不利战局的两次努力，是直接关系长安大齐政权存亡的两次重大战役，而两战连续失利，标志着黄巢义军已经无力遏制官军的进攻，尤其是李克用的沙陀骑兵。

身在皇城中的黄巢眼见以沙陀军为首的官军来势凶猛，加上长安城中粮草匮乏，便产生了退出长安的想法，因此发兵三万扼守蓝田（今陕西蓝田）通往武关的道路。四月八日，李克用、王重荣联合从渭桥发动对长安的进攻，义军虽然拼死抵抗，但一日三战皆败。两天后，杨复光命令部将杨守宗带领人马跟随李克用从光泰门攻进长安，在这期间李克用带领沙陀骑兵作战神勇，《资治通鉴》评价认为：

克用时年二十八，于诸将最少，而破黄巢，复长安，功第一，兵势最强，诸将皆畏之。克用一目微眇，时人谓之“独眼龙”。

就在李克用攻进长安外城的当天晚上，黄巢带领十五万义军在夜色的掩护下仓促撤离长安，从兰田进入商山向东退去。

官军入城后，随即开始大肆劫掠，由于没有统一的调度，对长安造成了严重的破坏，《资治通鉴》评价“官军暴掠，与贼无异，长安室屋及民所存无几”。从某种角度而言，官军重新夺回长安后，在几天之内所造成的破坏远远超过占据长安两年多的黄巢义军。

《旧唐书·黄巢传》将这次以藩镇为主力部队的官军对长安的劫掠，与当年安禄山占据长安以及代宗李豫时期吐蕃侵入长安所造成的破坏做了比较。

自禄山陷长安，宫阙完雄，吐蕃所燔，唯衢庐舍。朱泚乱定百余年，治缮神丽如开元时。至（黄）巢败，方镇兵互入掳掠，火大内（大明宫），唯含元殿独存，火所不及者，止西内，南内及光启宫而已。

不过值得一提的是，由于官军的贪婪，黄巢义军在撤退之时，沿途故意丢下大批财物，官军一路拾取，没有追击黄巢义军，致使黄巢义军得以全身而退。

黄巢虽然撤出了长安，但由于保留了完整的军队，所以此后在河南地区与官军继续展开拉锯之战。中和三年（883 年）五月，黄巢派左军中尉孟楷带领一万人马为先锋军进攻蔡州，节度使秦宗权战败投降，孟楷随即从蔡州移师攻打陈州（今河南睢阳）。

当时担任陈州刺史的，是自曾祖父以来曾担任过忠武军牙将的赵犨，而忠武军也是自王仙芝、黄巢起兵后一直参与镇压的一支官军主要力量。早在黄巢刚刚占领后，赵犨就预感黄巢如果有一天撤出长安，必定向东进兵，而陈州是其首当其冲的必进之地。所以他一直修筑城池，囤积粮草，积极进行备战，他将陈州城外六十里内有钱粮的居民统统强制迁入城内，目的是为了增加城中的粮食储备，而且如果黄巢前来进攻，让其无法在当地募粮。

当孟楷领兵走到项城（今河南项城）时，赵犨趁其不备，突然发动猛攻，结果孟楷兵败身死。黄巢闻讯大怒，与秦宗权合兵围攻陈州，可是由于赵犨事先做了充分的守城准备，义军一时间难以攻克。黄巢一心要为孟楷报仇，竟在陈州城外建起一座“八仙营”，而且布列百官曹署，做长期攻打陈州的准备。黄巢包围陈州将近一年的时间，大小数百战虽然互有胜负，但始终拿不下陈州。

在我看来，黄巢当时颇有些感情用事，因为失去长安的根据地，黄巢有意继续采取流动战术对抗官军，但围攻陈州将近一年，实际上是自捆手脚，更加不利于已经处于战略劣势的黄巢。而后来的事实证明，围困陈州是个不折不扣的错误，正是从此战开始，黄巢逐渐走向败亡。

赵犨在陈州一边拖住黄巢大军，一边派人向邻道求援，当时武宁节度使时溥、忠武节度使周岌和宣武节度使朱全忠全都领兵前来救援。十二月间，朱全忠在鹿邑（今河南鹿邑）小胜义军，并乘势进驻亳州，但是他们看到黄巢兵势依然强盛，在没有必胜的把握下，他们向李克用求援。

李克用攻占长安后，在局势稳定后便领兵返回雁门，不久便被皇帝李儇任命为河东节度使，并坐镇晋阳（今山西太原）。中和三年（883 年）二月，李克用在接到陈州方面的求援后，亲率五万大军渡过黄河，与朱全忠、周岌、时溥等人会师。四月二十九日，几路大军连续对黄巢发动进攻，先在陈州附近的太康击败尚让，又在西华（今河南西华）击败黄邺，义军损失万余人和大批粮草，黄巢被迫从陈州撤围，退军至陈州城北的故阳里。

当时朱全忠的治所汴州就在陈州的西北处，他担心义军乘虚进攻自己的辖地，于是急忙领兵退回大梁（今河南开封）。就在朱全忠退军后的几天，五月三日，黄巢因为陈州当地大雨滂沱，军营被雨水淹没，无法继续屯驻，加上李克用的沙陀骑兵不断进逼，便亲自领兵进攻汴州，并派尚让领兵攻打大梁，朱全忠早已经料到黄巢会有这一手，所以在积极抵抗的同时，继续向李克用求援。

五月六日，李克用与忠武军监军田从异领兵从陈州西北处的许州出发，于两天后在中牟（今河南中牟）北面的王满渡追上黄巢，并乘义军渡河之际发动进攻。黄巢被击败后带领残部继续向北撤退，这次李克用汲取了官军攻占长安后没有立即追击黄巢的经验教训，领兵对黄巢紧追不舍。

从五月六日开始一直到五月十日为止，连续四天的时间，李克用分别在封丘（今河南封丘）、冤句、汴州打败黄巢，义军一败再败，而且很多将领看到大势已去，纷纷投降了官军。尚让投降了时溥，其他将领如李党、周霍存、葛人周、张归霸、张归厚等人则投降了朱全忠。

此后，在将近一年的时间里，黄巢虽然依旧采取流动战术对抗官军，但始终处于被动挨打的境地，而且由于大批将领降唐，使得黄巢手下无人可用，只得亲自领兵作战。中和四年（884 年）六月十五日，在和官军交战数十次之后，黄巢进入莱芜境内。让他想不到的是，李克用和时溥在这里已经布下天罗地网，最终黄巢再次战败，被迫退入狼虎谷（今山东莱芜西南），两天后，由于粮草断绝，黄巢见大势已去，遂自杀身亡。

十年前，黄巢带着对李唐王朝的满腔仇恨，决心起兵反唐，也曾一度让李唐皇族面临灭顶之灾，但高傲、自负以及对时局判断有误，导致黄巢最终功亏一篑。千百年来人们对黄巢毁誉参半，有人说他是著名的农民起义领袖，对腐朽的唐王朝予以致命的打击；也有人说他起兵十年，杀人无数，是个双手沾满鲜血的杀人魔王。但无论如何，黄巢起义都是大唐帝国历史上无法绕开的话题，除了加速大唐帝国灭亡的步伐之外，还因为在此之后各路藩镇趁着帝国的混乱局势，逐渐将大唐帝国肢解。

中和四年（884 年）七月二十四日，时溥派人将黄巢的首级及妻妾送往蜀中。皇帝李儇看到黄巢的首级后不禁喜极而泣，他顿时感觉到十年心惊肉跳的日子将就此结束，自己终于可以安稳地回到京城长安，继续他的游宴与嬉戏。

然而，此时的李儇一定没想到，黄巢虽然失败，但未来各路藩镇带给他的依旧是接连不断的噩梦。

第六章
帝国肢解

汴州之乱

中和四年（884 年）十月，关东地区藩镇联合上表奉请皇帝李儇返回京城长安。光启元年（885 年）正月，李儇动身返回京城，于三月十二日到达长安。不过重返故都的他在进入长安城后，一点也高兴不起来，这不仅因为他看到长安城内一片狼藉而内心悲凉，更因为这段时间他越来越感觉到各路藩镇加剧纷争，让本已经满目疮痍的大唐帝国更加雪上加霜。

《旧唐书·僖宗纪》中用极其概括的话语，勾勒出皇帝李儇还京之际所面临的藩镇割据一方，不断蚕食国家的图景：

> 时李昌符据凤翔；王重荣据蒲、陕；诸葛爽据河阳、洛阳；孟立方据邢、洺；李克用据太原、上党；朱全忠（朱温）据汴、滑；秦宗权据许、蔡；时溥据徐、泗；朱宣据郓、齐、曹、濮；王敬武据淄、青；高骈据淮南八州；秦彦据宣、歙；刘汉宏据浙东。皆自擅兵赋，迭相吞噬，朝廷不能制……

大唐帝国藩镇割据由来已久，但黄巢起义失败后，朝廷对于藩镇割据的局面呈现无力制止的趋势。这不仅是中唐时期以来对藩镇实行姑息策略的必然恶果，更是因为经历黄巢起义打击之后，朝廷对于藩镇问题无论从军事上还是经济上都已经无力解决，而且皇帝李儇逃往蜀中的经历，在藩镇们看来朝廷不过如此，所以黄巢起义失败后，皇帝李儇便逐渐失去了政治偶像的作用。

藩镇们本来就怀有称霸一方的野心，再加上朝廷无力遏制，所以相互之间展开了更加无所顾忌和残酷的兼并战争，而本章我们就来说一说对朝廷、对后来时局产生重大影响的几个藩镇的情况。

藩镇之间互相攻伐的源起之处首先是蔡州的秦宗权，而且在朝廷依旧存在的情况下，秦宗权居然是第一个敢于称帝者。

秦宗权是许州人，本是忠武军的一员牙将。前边我们说过，广明元年（880 年）十一月，徐州增援关中的士兵在到达许昌时发动过兵变，并驱逐忠武节度使薛能，后来被周岌平定，于是皇帝李儇任命周岌为忠武节度使。

当时秦宗权因战事需要正在蔡州（今河南汝南），听到许昌有兵变，就想要以平定叛乱为由，整合蔡州兵马驱逐当地刺史，自称权知蔡州事，他又以防备黄巢为名，趁机将蔡州据为己有。周岌上任后无力驾驭，只好任由秦宗权掌管蔡州。

当时蔡州兵力有万余人，秦宗权就是靠着这些人在汝州打败黄巢义军。中和二年（882 年），皇帝李儇曾经指望秦宗权出兵镇压黄巢，并采纳忠武军监军杨复光的建议，在蔡州以设置奉国军之名，任秦宗权为节度使。可是，没想到在中和三年（883 年），秦宗权便因为对抗黄巢失败而投降，并与其合兵围攻陈州。

黄巢败亡后，秦宗权自恃兵马强悍，认为称霸一方的时机已到，于是四处出兵，攻城略地。中和三年（883 年）七月，杨复光病死于河中府，其手下八都头将领在忠武军鹿晏弘的率领下一路向南，并接连攻下襄、邓、金、洋等州，声称要前往蜀中投奔皇帝李儇。

十二月，鹿晏弘到达兴元，驱逐山南西道节度使牛勖，自称留后，占据兴元。不过，不到一年的时间，由于他的猜忌，加上田令孜派人诱以厚利，八都头将领中的王建、韩建、张造、晋晖和李师泰率领数千兵马奔往成都，投靠田令孜。田令孜收他们为义子，封为诸卫将军，让他们各统旧部隶属神策军，号称“随驾五都”。

随后，田令孜派兵攻打兴元，鹿晏弘由于失去八都头将领的支持，战败放弃兴元向东逃往襄阳。秦宗权闻讯，命令部将秦诰、赵德湮与鹿晏弘会合，一起攻陷襄阳，迫使山南东道节度使刘巨容逃往成都。

有了秦宗权兵马的支援，鹿晏弘便引兵转攻邓、均、房、庐、寿等州，然后回到许州，忠武军节度使周岌担心鹿晏弘发动兵变，于是闻风而逃。鹿晏弘兵不血刃地占领许州，并自称留后。当时身在蜀中的皇帝李儇只得无可奈何地加封鹿晏弘为忠武军节度使。

事实上，谁都知道真正占领许州的是秦宗权，鹿晏弘不过是个摆设，而且秦宗权此后相继派其弟进攻荆南；部将陈彦进攻江淮；秦贤进攻江南；孙儒进攻洛阳、陕州；张致进攻汝州、郑州；卢塘进攻汴州、宋州。

前边我们说过，黄巢退出长安后，在洛阳几乎没有停留，所以没有对这座古城造成破坏，倒是官军后来到达这里后，对洛阳城肆意劫掠，造成了严重的破坏。而秦宗权的兵马到达洛阳后，更是对这座古城予以毁灭性的打击。孙儒攻下洛阳后，在盘踞一个多月的时间里，纵兵焚烧宫殿和民居，并四处烧杀抢掠，最终席卷而去，使“城中寂无鸡犬”。

其时，藩镇们早在中和四年（884 年）十月便上表奏请皇帝李儇回京，而李儇直到转年正月才动身，这其中也是惧怕秦宗权作乱。因此，在光启元年（885 年）正月，李儇特意下了一道安抚秦宗权的诏书，见秦宗权无意为难自己，才于正月二十三日动身奔回长安。但是秦宗权虽然没有为难皇帝李儇，却全然不将朝廷放在眼中，在皇帝李儇回到长安的同时，自己便在蔡州公开称帝。

这下皇帝李儇彻底发怒了！

对于藩镇们之间互相攻伐，朝廷无力制止，只能听之任之，甚至对蔑视朝廷的行为也可以忍让，但对于公然称帝这件事，是绝对不能容忍的。所以皇帝李儇得到秦宗权称帝的消息后，立即下诏以武宁节度使时溥为蔡州四面行营兵马都统，着手组织对秦宗权的讨伐。

此时，秦宗权已经接连攻下蔡州附近的二十余州，可谓是春风得意，在河南地区只剩下两个对手没有解决，一个是陈州刺史赵重，另一个就是宣武节度使朱全忠。

最初朱全忠被秦宗权打败过，幸好天平军节度使朱宣派兵相救，方才转危为安，并几次打退秦宗权的进攻。而陈州方面由于距离蔡州只有百十里的距离，而且兵力不多，便遭到秦宗权的猛攻，不过赵崇坚守城池，秦宗权一时间难以攻下。

光启二年（886 年）五月，朱全忠在尉氏（今河南尉氏县）打败来犯的秦宗权部将秦贤，并趁秦宗权攻打荆南地区之际，派部将郭言领兵三万攻打蔡州。秦宗权担心兵力不足无法抵抗，于是引兵攻下许州，杀节度使鹿晏弘，以许州为根据地继续扩充地盘。

秦宗权自光启元年（885 年）九月进兵荆南地区的一年多来，荆南留后张瓌始终坚守城池。城中粮食奇缺，一斗米价值四万钱，士兵们只能吞食铠甲、鼓皮充饥，以至于无鼓传递信息，夜晚依靠打击门扉以警夜，但张瓌依旧坚守不懈，秦宗权久攻不下，最终只好撤兵。

当时秦宗权自恃兵力比朱全忠强大，但却多次被其击败而恼羞成怒，调集重兵进攻汴州。朱全忠闻讯后急忙派部将朱珍越界到青淄一带募兵万人，并抢得马千匹以充实自己的实力。光启三年（887 年）四月，秦宗权带领大军进至汴州城郊，其部将张晊屯兵汴州北郊，秦贤屯兵城西的板桥，各自拥兵数万人，列阵三十六营，绵延二十余里。当时秦宗权并不知道朱全忠已经募到兵马，而且部将秦贤一路的人马相对薄弱，所以朱全忠突袭秦贤一路。秦贤因为没有防备被朱全忠连破四阵，秦宗权的其他各路人马得到消息后产生畏战情绪，全都撤兵而回。

秦宗权进攻朱全忠，为朱全忠带来的最大好处就是，他可以利用抵抗秦宗权进攻的名义大肆招兵买马。连续取得胜利后，朱全忠派部将郭言到河阳、陕州、虢州等地继续募兵，使朱全忠的实力急剧扩充，也使他在与秦宗权的对抗中逐渐占得上风。

光启三年（887 年）五月，朱全忠领兵进击张晊，大胜而归。秦宗权见朱全忠接连打败自己两员大将，便亲自率领精兵从郑州赶来与部将们会合，准备与朱全忠决一死战。

而朱全忠则求得兖州朱宣、郓州朱瑾以及义成军的支援，于五月七日以四镇之军在汴州北郊的边孝村与秦宗权展开决战。经过惨烈的搏杀，秦宗权之军大败，被斩杀两万多人，而秦宗权则连夜逃遁。其驻扎在洛阳、许州、郑州等地的将领们听到秦宗权在汴州惨败的消息后，纷纷领兵撤回蔡州。

汴州之战后，秦宗权的实力急剧削弱，而经过这一战，朱全忠迅速崛起。可以说，汴州之战奠定了朱全忠在藩镇中的地位，甚至可以说其今后称霸天下的基础就是源于这一战。

两镇争雄

汴州之战一举奠定了朱全忠在藩镇中的地位，但秦宗权却不是朱全忠称霸天下的道路上最主要的对手。纵观朱全忠走过的道路，为其制造巨大麻烦的其实是李克用，而两个人结怨是源于上源驿事件。

中和四年（884 年）五月，李克用追击黄巢至冤句，因人疲马乏和粮草断绝而被迫退回汴州。五月十四日，李克用和监军陈景思带领三百多士兵抵达汴州，先是露宿城外，后来在朱全忠的再三邀请下入城，驻扎在上源驿馆舍内。

当时朱全忠准备了丰盛的晚宴款待李克用，可是李克用居功自傲，完全不把朱全忠这个黄巢的叛将放在眼里，并对其不断进行嘲讽。朱全忠不禁怒火中烧，但因为忌惮李克用的武功，一时间不敢发作。

等到夜色降临后，李克用及其随从喝得酩酊大醉。朱全忠见时机已到，与部将杨彦洪密谋后，立即发兵放火围攻上源驿，顿时火光四起，浓烟滚滚。而李克用却依旧烂醉如泥，幸好他的数十名亲兵竭力拼杀，其中一名随从吹灭蜡烛，将李克用拖到床下，用冷水将其唤醒。此时电闪雷鸣风雨大作，李克用惊醒后，在几名亲兵的保护下翻墙突出重围，借助闪电之光且战且退，终于登上南城墙，然后跳出城外逃走，而监军陈景思等三百名士兵则全都死于朱全忠之手。

天亮后，李克用狼狈逃回自己的军营中，立即集合部众要攻打朱全忠，不过被其妻刘氏阻止，她认为此时攻打朱全忠，不但不能明辨是非，反而很可能会为朱全忠提供借口，不如就此上疏朝廷说明原委，请求名正言顺地加以讨伐。于是，李克用便写信责骂朱全忠一番，然后引兵返回河东，双方就此结下仇怨。

李克用返回治所晋阳后，一边整顿兵马，一边派人送奏章到成都，向皇帝李儇陈述上源驿事件的来龙去脉，并请求朝廷允许自己出兵讨伐朱全忠。但是皇帝李儇却对藩镇心存余悸，不敢轻易下命令，只是不断地和稀泥，派宦官安抚李克用，希望他能够顾全大局，不计前嫌。

可是，李儇一定想不到，他这种息事宁人的态度，让李克用、朱全忠等人全都看到了朝廷极其软弱的一面，从此更加飞扬跋扈。《资治通鉴》评价认为：

时藩镇相攻者，朝廷不复为之辨曲直。由是互相吞噬，惟力是视，皆无所禀畏矣。

而范祖禹在《唐鉴》中说得更加直白：

唐之政令不行于藩镇，实自此始，后虽复欲为强，其可得乎？

事实上，李克用和朱全忠反目为仇，表面上看是个人恩怨所致，其实是辖境毗邻的两个具有扩张野心的藩镇之间的必然矛盾的体现。后来朱全忠以河南为根据地征服淮河以北、河北以及关中部分地区建立后梁。而李克用则以山西为根据地，隔着黄河与朱全忠形成南北对峙。其子李存勖后来建立后唐与后梁互相征伐不已，其根本原因不在于世仇不共戴天，乃是在于双方都要争当北方霸主。

上源驿事件之后，尽管朱、李二人互相视为眼中钉，但无论是谁，一时间都吃不掉对方，双方只能各自施展计谋与武力，利用藩镇之间或藩镇与朝廷之间的矛盾，火中取栗，弱肉强食，进行兼并战争，扩充自己的势力范围。

朱全忠所控制的汴州地处中原腹地，号称"四战之地"，如果想称霸中原，势必与四周的藩镇进行兼并战争。他遍观周边藩镇之后，将目光首先瞄准了先前援助过自己的兖州、恽州两镇。

前边我们说过，朱全忠与秦宗权的对抗乃至转败为胜的争战中，得力于兖、恽两州的朱宣、朱瑾兄弟的援助。但是，秦宗权的威胁解除后，朱全忠一方面忌惮朱氏兄弟的骁勇；另一方面垂涎兖、恽两州的地盘，于是开始盘算如何兼并两州。可是朱氏兄弟有功于自己，想要出兵征伐却又师出无名，一时间让朱全忠有些左右为难。

当时朱全忠手下有一个谋士名叫敬翔，是个颇有见地的秀才。朱全忠本人诡诈多权术，其部将全都视他高深莫测，只有敬翔能事先猜出朱全忠的心计，所以颇得朱全忠的赏识。敬翔建议朱全忠派一些士兵假装叛逃进入天平军境内，然后写信指责是朱氏兄弟到宣武军辖境边上悬挂重赏招诱所致，进而激怒朱氏兄弟。

朱全忠按照敬翔的建议去做后，朱氏兄弟见朱全忠对自己恩将仇报，自然满肚子怨气，回信也指责朱全忠是狼子野心。于是，朱全忠以此为借口，派部将朱珍和葛从周出兵进攻天平军。葛从周是一员参加过黄巢起义军的猛将，当时流传着一句话："山东一条葛，无事莫撩拨"，说明其骁勇善战为人所忌惮。在朱珍和葛从周的进攻下，朱氏兄弟连吃败仗，先是丢了曹州，进而在濮州的刘桥又遭到惨败，可以说兖、恽二州在朱全忠的进攻下已经危在旦夕。

值得一提的是，朱全忠四周攻城略地，除了其兵强马壮之外，张全义在洛阳的经营，则从经济上对朱全忠称霸中原起了很重要的支持作用。

张全义，濮州临濮（今山东甄城）人，参加过黄巢起义军，在黄巢的委任下担任过吏部尚书。黄巢兵败后，张全义依附于河阳节度使诸葛爽，从一名普通的军校开始做起，以战功逐渐升任刺史。光启二年(886年)十月，诸葛爽病死，部将张经拥立其子诸葛仲方为留后，但是诸葛仲方年幼，张经大权独揽，招致诸将不满。后来张全义与张经反目，在李克用的支持下，于光启三年（887年）六月被任命为河南尹。

张全义带领麾下百余人进入洛阳，眼见惨遭秦宗权劫掠后的洛阳城一片狼藉。为了尽快恢复农业生产，他挑选手下十八人，任命为"屯将"，让他们每人带上一张旗、一块榜文，分散到洛阳十八个属县的村落中，召集流散人员开垦荒地，种植生产。而且张全义亲自督课农桑，经常于农耕时节出巡村落，看到庄稼长得好的便招来种田人赐予酒食慰劳，到了收获的季节，他亲自到丰收之家，赏赐全家老少绸缎、彩衣等物。

当时洛阳城流传着“张公不喜好声色犬马，见到这些东西未尝发笑，唯有看到佳麦良茧，则笑逐颜开”的传说。如果看到庄稼收成不好，张全义就叫来耕种者问责，对有严重过失的，张全义毫不留情地施以杖刑。经过数年的经营，洛阳城逐渐从战乱中恢复，人口增加了五六万，田野间形成一片桑麻蔚然的景象。

不过，张全义虽然是经李克用而得到河南尹的职位，但洛阳毕竟靠近朱全忠的势力范围，两年之后在朱全忠的威逼下张全义不得不依附。在朱全忠四处攻城略地的过程中，他从张全义那里获得了巨大的经济支持，进而保证其争霸中原的实力。

事实上，在朱全忠争霸中原的过程中，李克用也是摩拳擦掌，磨刀霍霍。不过与朱全忠不同的是，李克用发展势力的策略，除了采取武力兼并之外，由于其骁勇善战，往往成为其他藩镇互相征战时需要借助的力量，因此他善于利用各种矛盾纵横捭阖，在藩镇动乱中占了不少便宜，逐渐成为中原地区的一大强藩。

光启元年（885 年）三月，统辖定、易二州的义武节度使王处存为了借助李克用的力量保护自己，采取联姻之策为侄子娶了李克用之女。王处存的这种做法使本就对李克用十分忌惮的卢龙节度使李可举和成德节度使王镕感觉如芒在背。当时河北的藩镇中只有王处存还听命于朝廷，所以李可举和王镕对王处存和李克用的联姻心怀疑惧，担心王处存会借助李克用之力来攻打自己，于是两人商定联手共灭王处存而分其地。

经过一番筹划之后，李可举派部将李全忠领兵六万进攻易州，王镕则派兵攻打定州南面的无极县。王处存得到消息后立即向李克用求救，李克用亲自率领大军前来援救，接连打败成德军，解了定州之危。

李可举此次出兵攻打王处存，不仅没得到丝毫好处，反而将身家性命搭了进去，究其原委，不是因为李克用大兵压境，而是因为部将李全忠的反戈一击。

当李全忠奉李可举之命领兵来到易州后，采取挖地入城的策略，很快便占领了城池，王处存因此被迫出逃。李全忠由此认为王处存不堪一击，而产生轻敌之心，不加防备。王处存在夜间命令三千士兵蒙上羊皮，利用夜色的掩护来到城下，卢龙军以为真的是羊群，便争先恐后地出城抢掠，结果王处存乘势领兵杀入城中赶走李全忠，收复了易州。

李全忠兵败之后，担心回去可能会被治罪，干脆收拾残兵对李可举反戈一击。李可举因为事先没有防备，在一片绝境中登楼自焚而亡。随后李全忠成功接管了幽州全面事务，并自称幽州留后向朝廷上疏请求册封。

对于李全忠的篡逆行径，当时以李儇为代表的朝廷没有任何可以制裁的措施，只得下诏承认其留后的地位。当时右补阙常濬上疏劝谏，认为朝廷姑息藩镇已经到了太过分的地步，无论是谁请求册封全都予以同意，这是导致藩镇作乱，天下纷争不已的根本原因，希望朝廷能够稍振典刑加以震慑。

我们当然不能否认常濬的决心，但当时朝廷的中央集权已经遭到严重的挑战，甚至已经是一蹶不振，根本没有稍振典刑加以震慑藩镇的政治威望和军事实力。即使如此，皇帝李儇和宦官田令孜还是对常濬的上疏惊恐万分，担心藩镇得知会兴师问罪，于是将常濬处死以取悦藩镇。

从这个事件可以看出，当时大唐帝国被藩镇肢解的命运已经在劫难逃，而对于朱全忠、李克用这样的强藩，朝廷只有忍气吞声，只要他们不为难朝廷，朝廷就万事大吉。但事实证明这些强藩的野心已经不可遏制，皇帝李儇就是因为他们再次作乱而被迫再次逃离长安。

朱玫构乱

光启元年（885 年）三月，皇帝李儇返回京城长安后，便陷入极端的财政危机之中。田令孜在蜀中招募的神策新军共计四万五千人，加上原先的左右神策军，赏军的费用激增。同时还有朝官将近万人，每天也需要大量的财政支出。

而此时各地藩镇却纷纷截留赋税，河南、河北、江淮等贡税之地不再向朝廷上供，朝廷财政部门财源渐渐枯竭，只能靠向京畿、同州、华州、凤翔等几州之地征调赋税。但是，却无法保障财政支出，禁军将士因供给不足经常怨声四起，宦官田令孜担心发生兵变，急于寻找新的供应赋税之地，于是，他将目光瞄向了掌控两池盐的河中节度使王重荣。

所谓的两池盐，是指安史之乱后朝廷实行盐铁专卖政策以来，安邑、解县的池盐，是朝廷财政收入丰厚的两座聚宝盆。例如，宣宗李忱在位时期的大中六年（852 年），池盐收入达到一百二十多万贯，所以朝廷收入以两池盐为大宗。

但是皇帝李儇即位后，两池盐大部分被河中节度使王重荣据有，每年只向朝廷贡献三千车盐使用。在这种情况下，为了缓解朝廷财政的窘境，田令孜决定收回两池盐。

光启元年（885 年）四月，田令孜代替皇帝李儇下诏，让王重荣交出两池盐的管理权以供军养，并由他自己兼任两池榷盐使。王重荣接到诏令后，接二连三地上疏论述，称河东军府全靠两池盐的收入供给，不同意交出管理权。皇帝李儇派出宦官去做王重荣的思想工作，但王重荣就是不交出管理权。

当时田令孜派出许多亲信到各地侦伺藩镇们的行踪，一般情况下藩镇们对待这些宦官是敬而远之。但田令孜派到王重荣这里的宦官是其养子匡祐，匡祐仰仗田令孜的权势，在河东当地仗势欺人，引起士兵们的愤怒。王重荣利用这个机会，历数田令孜的诸多罪恶，将匡祐赶出河东地区。

匡祐回到京城长安后，向干爹田令孜哭诉王重荣全然不将他们父子俩放在眼里。可田令孜也不敢公开得罪王重荣，于是他想出了外调王重荣的方法，想分掉其兵权。

五月，田令孜以朝命将王重荣调任泰宁节度使，改派义武节度使王处存为河中节度使，并令李克用率河东兵护送王处存奔赴河中上任。但是王处存担心卢龙、成德之军卷土重来，不肯离开定州，同时上疏替王重荣申诉。而王重荣则自认为收复长安有功，趁机揭发田令孜擅权、离间君臣等诸多罪项。田令孜担心王重荣借机发兵兴师问罪，便勾结邠宁节度使朱玫、凤翔节度使李昌符对抗王重荣，当时双方可谓是剑拔弩张，大战一触即发。

田令孜求得两大藩镇的援兵，让王重荣倍感压力，在经过慎重的思考后，他在十月间决定向李克用求救。当时李克用怨恨皇帝李儇在他和朱全忠的矛盾问题上，没有站在自己这一边，而且他探听到朱玫、李昌符和朱全忠暗中有往来，所以决定对王重荣施以援手，出兵河中。

当时李克用纠集汉、藩兵马十五万，准备在来年渡过黄河，从渭水北部讨伐朱玫和李昌符。但他向朝廷保证不会逼近京城，等到剿灭朱、李二人，再回师剿灭朱全忠以雪前恨。

朱玫得到李克用出兵的消息后，想迫使朝廷下令讨伐李克用，便三番五次暗中派人潜入长安，或焚烧粮草，或刺杀宫廷守卫，并托称是李克用所为，闹得京城一片恐慌。

田令孜得知李克用决定来年出兵，便采取先下手为强的策略，下令朱玫、李昌符各率本部人马三万，又征调驻扎在鄜、延、灵、夏等镇的神策军各三万人屯于沙苑，准备进攻王重荣。

王重荣见朝廷已经发兵，立即请求李克用急速发兵相救，结果李克用立即引兵赶赴救援。十一月，王重荣出兵进攻同州，同州刺史郭璋战败身死，李克用援军赶到后，与王重荣在沙苑和朱玫、李昌符两军对垒。

十二月二十三日，双方展开决战，朱玫、李昌符被李克用打得大败，各自逃回本镇，溃败之军一路焚掠而过。李克用当日进逼长安，二十五日夜晚，田令孜带着皇帝李儇从城西的开远门一路向凤翔逃去，其目标依旧是先前的目的地蜀中。

皇帝李儇逃往凤翔后，李克用和王重荣继续将矛头对准田令孜，联合上疏奏请皇帝李儇返回长安，并要求诛杀田令孜。在这种形势下，皇帝李儇也对田令孜产生不满，而且认为想要平息李、王二人的怒火，只有采取削弱田令孜权力的做法，于是便下令起用宦官杨复恭为枢密使。

杨复恭是杨复光之兄，杨氏兄弟是宦官集团中比较有实力与田令孜相抗衡的人物。

光启二年（886 年）正月二日，田令孜要求皇帝李儇前往兴元避难，其实是想让李儇前往蜀中。很长时间以来，皇帝李儇便对田令孜让自己一路逃亡的做法十分不满，所以这一次他没有答应田令孜。但让李儇没有想到的是，当晚田令孜带兵突然闯进行宫，挟持李儇前往宝鸡。

当时的情况是，只有禁军士兵和宦官数百人跟随田令孜和皇帝李儇出行，宰相和诸多文武百官均不知道皇帝陛下已经离开行宫，到了第二天才得知田令孜挟持皇帝事件。于是，太子少保孔纬、翰林学士承旨杜等几个大臣追到宝鸡。由于事情比较仓促，追赶皇帝李儇的诸多大臣在半路上被乱兵劫掠，只得被迫返回凤翔。李儇急忙任命孔纬为御史大夫，让他回凤翔召集百官，自己停留在宝鸡等待。

可以说皇帝李儇这次仓促逃亡，完全是田令孜独断专行的结果。以往朝臣对皇帝李儇纵容田令孜的擅权大多敢怒不敢言，如今他们看到时机已到，于是便采取消极抵制的方式进行对抗。

当孔纬到达凤翔，想向宰相宣诏时，宰相们都称病不见。孔纬命令御史台的官员四处催促朝官们启程前往宝鸡时，官员们全都以各种理由加以推辞，结果孔纬只得独自返回宝鸡。

孔纬回到宝鸡后，立即建议皇帝李儇，认为宝鸡城小不足以久留，如果久留恐怕会引来藩镇之兵，应该立即前往梁州避难，次日李儇便急匆匆地赶往梁州。事实证明，孔纬的预料十分准确，没过多久，朱玫便对田令孜反戈一击。

当时朱玫、李昌符一方面畏惧李克用、王重荣兵力之强；另一方面看到田令孜已经成为众矢之的，也不愿意再为其效命，便与李克用、王重荣联合，共同讨伐田令孜，充当紧追皇帝李儇和田令孜的急先锋，一路向凤翔追去。

在追兵的阵阵鼓声中，皇帝李儇在田令孜等人的护佑下，一路向兴元方向逃去。由于跟随逃难的百姓较多，一时间道路堵塞，田令孜派神策军使王建和晋晖为清道斩斫使，带领五百名士兵挥舞长剑砍杀开路，皇帝李儇的乘舆才得以前行。而山南西道节度使石君涉在朱玫的授意下，派人烧毁驿站，不让李儇、田令孜沿官道进入兴元，结果李儇只得改道而行，在朱玫追兵的追击下，几次差点送了性命，好不容易才进入山南西道辖境。石君涉因为做贼心虚，弃镇逃附朱玫。三月十七日，皇帝李儇在山南西道监军严遵美的迎接下进入兴元，并着手布防抵御藩镇之兵。

当时在藩镇和朝官的共同反对下，田令孜已经势单力弱，自知不为众人所容，只好顺水推舟地推荐枢密使杨复恭为左神策军中尉、观军容使，让其掌管禁军，而给自己加上剑南西川监军使的头衔，逃入成都投靠其兄陈敬瑄。杨复恭随即剥夺田令孜的亲信在禁军中的兵权，将王建调任利州（今四川广元）刺史、晋晖为集州（今四川南江）刺史。

朱玫为了摆脱自己胁君的罪名，以皇帝李儇信用田令孜为由，要求宰相们与自己同谋废立皇帝，另立一位李氏子孙为皇帝。宰相们不敢从命，朱玫仰仗自己手握军队，便宣布自己执意要另立皇帝，敢有异议者立即斩首。

当时肃宗李亨的玄孙襄王李煴在跟随皇帝李儇出逃途中，因病落入朱玫手中。四月三日，朱玫与身在凤翔的百官册立李煴权监国事，自己兼任左、右神策十军使，将军权控制在自己手中。五月，朱玫又加封自己为侍中、诸道盐铁、转运使等，集军事、政事、财政大权于己身，同时派人给各地的藩镇封官晋爵。

据《资治通鉴》记载，当时大多数藩镇都接受朱玫的册封，尤其是驻扎在江淮地区的高骈也上表劝进，干脆让李煴称帝。一时间朱玫大有总揽朝廷政务之势，而且从中可以看出，人们对皇帝李儇已经逐渐失去信心。

后世的胡三省认为："史言僖宗再幸山南，天下已绝望矣。"这里所谓的"天下"，指的显然是各地藩镇。从胡三省的评价也可以看出，当时皇帝李儇由于遭到以朝官势力以及以藩镇为代表的军事集团的厌弃，其帝位已经岌岌可危。

不过俗话说得好，山重水复疑无路，柳暗花明又一村。就在皇帝李儇帝位不保之际，以朱玫为首的反皇帝李儇军事联盟由于各种原因很快产生裂痕，最终这些藩镇们分道扬镳。

当时朱玫大有专权之势，这引起了他的同盟伙伴李昌符的严重不满。没过多久李昌符便暗中上疏皇帝李儇表示效忠，被李儇加官为检校司徒。而且此时已经升任为宰相的杜能向皇帝李儇建议，利用杨复光与王重荣在平定黄巢时建立的友善关系，而杨复恭是杨复光之兄这层关系，派大臣对王重荣进行宣慰，让其归顺朝廷。事实证明这个做法十分奏效，王重荣立即表示愿意归顺，而且贡献出十万匹绢，表示要举兵讨伐朱玫。

最关键的是，此时的朱玫犯了一个致命错误，那就是他将李克用推向了敌对一边。

当时朱玫让襄王李煴派使者前往晋阳以皇帝的名义下诏，让其拥立李煴为帝。李克用看到朱玫施展"挟天子以令诸侯"的架势想要压服自己，顿时勃然大怒，宣布准备调兵征讨朱玫。

皇帝李儇看到形势出现转机，便于六月间派都将杨守亮率领两万禁军从金州出发，配合王重荣、李克用攻打朱玫。

形势骤然间的变化没有让朱玫认识到问题的严重性，依旧在十月间拥立李煴为帝，并改元建贞。

然而仅仅两个月后，朱玫的大将王行瑜就在凤州大败，进而杨复恭宣布谁能取得朱玫的首级，即以朱玫的靖难节度使之职加以赏赐。王行瑜战败后，知道肯定会被朱玫治罪，于是率领部众返回长安，趁朱玫不备将其斩首。

但是，皇帝李儇在朱玫败亡之后依旧是有家难回。当他动身走到凤翔时，凤翔节度使李昌符考虑到自己毕竟参加过胁迫皇帝李儇的行动，虽然李儇表示既往不咎，但他仍然担心李儇回到长安后，自己会被治罪，于是强行要将李儇留在凤翔。

对于皇帝李儇而言，好不容易才摆脱朱玫武力胁迫的一场危机，此时的他已经犹如惊弓之鸟，虽然明知道李昌符弦外有音，他只能违背本意，住进了李昌符的节度使官邸。

从当时的形势来看，朱玫构乱是以皇帝李儇为代表的唐廷的一次大分裂，是朝官、宦官以及藩镇三大势力之间错综复杂矛盾斗争的产物，最终朝官势力为反对宦官势力付出了重大牺牲。由于杨复恭地位的上升，以田令孜为首的那股宦官势力逐渐衰弱，但宦官专权的局面依旧继续，而藩镇势力则趁火打劫，继续扩充实力，互相征伐攻占。

淮南罹祸

朝官、宦官、藩镇三大势力你方唱罢我登场，皇帝李儇犹如他们的掌中玩物已经成为傀儡，而且对于远离京城长安之地，朝廷更是无力控制，进而导致地方生灵涂炭。淮南地区在当时就是个典型的例子，而追根溯源则是因为镇守该地区的高骈昏聩。

高骈其人是唐末对政局具有重要影响的人物，懿宗李漼在位时期，他是安定西南、抵御南诏的功臣，可是黄巢起义后，他成为拥兵自重的藩镇，并多次拒绝出兵勤王。

早在中和元年（881 年）与中和二年（882 年）间，皇帝李儇就对高骈拒绝出兵产生绝望之情，先后罢免了他的江淮盐铁转运使和诸道行营都统的职务。高骈对被王铎取代官职颇为不满，《旧唐书·高骈传》记载，高骈失去兵权后，数次上疏皇帝李儇，言辞颇为不逊，并认为黄巢打进长安，迫使皇帝李儇出逃蜀中是咎由自取，而且指责李儇忠奸不分，是非不分。

皇帝李儇收到高骈的奏疏后，顿时火冒三丈，下诏痛骂高骈不守君臣仪规。但李儇的处境也是泥菩萨过江——自身难保，对高骈也只能是骂骂而已，在诏文的最后还是好言安抚一番，希望他能治理好江淮地区，不要再次辜负自己的期望，这其实对高骈是一种公开的唾弃。

可是李儇一定想不到，高骈就连治理江淮也没能做好，最终导致淮南地区战乱四起。

高骈本来是慑于黄巢起义的威力，不过又看到朝廷摇摇欲坠而采取按兵不动、坐山观虎斗的策略，没想到皇帝李儇会公开唾弃自己。这导致他在藩镇中的威信顿减，等到王铎率领诸道人马收复长安后，高骈又为自己失去立功机会而懊悔不已，而且此时因为高骈始终暴躁不已，部下多有出走，在这种窘境中，高骈将军政事务交给了爱将吕用之处理，自己则沉湎于神仙方术中。

光启二年（886 年），朱玫拥立襄王李煴为帝后，任命高骈为中书令、诸道行营都统、盐铁转运使等职。高骈出于对皇帝李儇的怨恨，高兴地接受了李煴的任命，并不断满足于自己所得到的一切。为此，他在府邸中建造了一座道院，日日做法事祈求与神仙相逢，结果吕用之乘机掌控了军政事务。

吕用之是鄱阳人，出自世代经商之家，曾经进入九华山求得一些所谓的道术。后来客居广陵以卖药为生，当高骈四方网罗人才时，吕用之经高骈部将余公楚的推荐，以左道之术得到了高骈的器重。

当时吕用之利用自己久居扬州，熟悉当地的风土人情的优势，不时向高骈提出很多合理化建议，获得了高骈的高度赞许。同时利用高骈一心想修道成仙的病态心理，连哄带骗地加以迎合，使高骈的畸形心态不断加剧，最终独揽军政大权。

吕用之深知，要想真正地掌控大权，必须要设法离间高骈与亲信旧将的关系。于是不断向高骈进谗言，并将高骈的心腹和较能干的部将拉拢到自己身边，从而逐渐掌控了军政府的实际权力，开始与高骈分庭抗礼。可是高骈却始终蒙在鼓里，史料记载高骈当时是“倚用之如左右手，公私大小之事皆决于用之，退贤进不肖，淫行滥赏”。

事实上，当中原地区的藩镇互相攻伐不断时，江淮地区也并不平静，高骈虽然是江淮地区首屈一指的强大藩镇，但并不是没有对手。光启三年（887年）三月，高骈迎来了一个强劲的对手——秦宗权。

当高骈听说秦宗权要出兵攻打自己时，派部将毕师铎率军屯于高邮防御。毕师铎本是黄巢旧将，看到吕用之专权后，常有不寒而栗之感，加以因女色之事与吕用之产生私怨，于是联合其他部将张神剑、郑汉章等人，自称行营使进诛吕用之为名，回师反攻扬州。

四月间，毕师铎领兵突然杀至扬州城下。吕用之亲自督战，对士兵许诺“斩首一级，赏金一饼”的重赏，让士兵们力战到底。结果在士兵们的死战下，阻挡住了毕师铎的攻势，得以断桥塞门闭城防守。

对于毕师铎而言，开弓没有回头箭，回师反攻扬州没有成功，迫使他引兵退守城北的山光寺，并立即向宣州刺史秦彦求援。事实上，毕师铎的这个做法等于是将一只老虎引进了扬州。

秦彦眼见高骈昏聩，早有攻打扬州的想法，得到毕师铎的求援后，立即派兵三千奔赴扬州。四月二十一日，毕师铎与秦彦合力攻破扬州，吕用之被迫出逃，毕、秦两军在扬州城内大肆劫掠。我们都知道扬州是朝廷转运江南财物的枢纽，高骈担任江淮盐铁转运使多年，在城内截留的物资堆积如山，最终这些财物被乱兵们洗劫一空。而高骈由于没来得及逃跑，先是被毕师铎软禁，半年后被秦彦下令处死。

昏聩的高骈虽然已死，但对于江淮地区的军政权力争夺却并没有结束，并由此开始了庐州刺史杨行密、宣州刺史秦彦等人为争夺江淮地区的血腥征战。

杨行密曾经参加过农民起义，后来被庐州刺史招募为兵。当秦宗权进犯江淮时，杨行密因为战功而升任队长。中和三年（883年）三月，当毕师铎、秦彦联手围攻高骈于扬州时，吕用之以高骈的名义封杨行密为行军司马，让他出兵援救。杨行密看到此时正是夺取扬州的绝好机会，便即刻带着本州兵马以及向和州借来的兵马数千人应召而往。不过还没到达扬州时，扬州已被攻破，杨行密只得收集高骈的不少部众暂时驻扎，静观其变。

此时，毕师铎促请秦彦入主江淮。五月二十一日，秦彦带领三万大军乘竹筏沿江而下，于两天后进入广陵，自称权知淮南节度使。杨行密眼见秦彦要大权独揽，便于二十五日率兵赶到扬州，分兵八寨屯于扬州城西。秦彦派毕师铎、秦稠领兵八千出城与杨行密交战，结果秦稠战败身死，秦彦见杨行密兵锋甚锐，只得闭城自守。

双方就这样在扬州一直僵持了三个月，不过，对秦彦来讲这种局面十分不利。眼见城中粮食不足，八月二十六日，秦彦让毕师铎率领所剩的一万两千人马倾巢而出，在城西列阵好几里，摆出副与杨行密一决雌雄的架势。

杨行密在一个营寨中堆积大量的金帛和小麦，用一些老弱残兵看守，而将精兵埋伏在营寨四周，然后他亲自带领数千人马冲击秦彦的营寨，一交战即佯装败走，引得秦彦来追。已经很长时间饥肠辘辘的秦彦士兵一入空寨，立即争抢金帛麦米，顿时陷入一片混乱，杨行密见状，一声令下，伏兵四起，将秦彦人马打得大败，毕师铎单骑逃回。此后秦彦无力再与杨行密交战，只得继续困守扬州孤城。

秦彦退回扬州城内后，整日眉头紧锁，一时间想不出什么好办法解除扬州之围。不过杨行密也因为久攻不下而打算撤围扬州，就在杨行密刚想撤退的时候，十月二十八日夜晚，扬州城内吕用之的旧将张审威率领麾下三百名士兵趁着天降大雨之际，潜伏于壕沟内，等到天色微明，乘守城者交替之际，突然登上城楼开启城门，迎接杨行密进城，秦彦、毕师铎闻讯落荒而逃，将扬州城拱手相让。

杨行密占领扬州后，自称淮南留后，然后上疏朝廷请求册封。由于杨行密行事高调，引起秦宗权的眼热，当得知杨行密想要独揽江淮地区军政大权时，秦宗权立即派其弟秦宗衡与部将孙儒、马殷带领一万人马渡过淮河与杨行密争夺扬州。

十一月十二日，秦宗衡之军抵达扬州城西，在杨行密曾经布置的故垒中安营扎寨，同时召回秦彦、毕师铎及其残兵。不久秦宗权因为受到朱全忠的威胁，又召回秦宗衡、孙儒二人对抗朱全忠。此时孙儒看出秦宗权已经呈现衰弱之势，于是干脆在一次酒宴上袭杀秦宗权，将其首级送予朱全忠，进而稳住了朱全忠。

当时孙儒为了增加兵力，先后分兵攻打附近州县，使部众很快增至数万。而后为了掠夺粮食，领兵攻打高邮，高邮镇遏使张神剑弃城逃往扬州，结果被杨行密杀死。

扬州虽然已归杨行密所有，但其镇守这座孤城，面对诸多强藩不免有些胆怯。当时海陵（今江苏秦州）镇遏使高霸是高骈的旧将，杨行密的谋士袁袭建议杨行密立即召高霸进城，防止被其他藩镇策反。结果杨行密以“违命者族之”相威胁，强迫高霸举县迁入扬州，并最终将高霸袭杀。为了加强扬州城的防守，杨行密又派遣部将廷陵端及其部众两千人还守老巢和州，又派部将蔡俦领兵千余分守庐州，以作狡兔三窟之计。

就在杨行密与秦宗权、孙儒为争夺扬州而大动干戈时，朝廷于十二月任命朱全忠为淮南节度使、东面行营招讨使。朱全忠一面派亲信向杨行密通报朝廷的任命，并称愿意以杨行密为准淮南节度副使，一面派手下的行军司马李璠为淮南留后，并以一千兵马护送其上任。

杨行密看出朱全忠实际上是想让亲信控制淮南，自然不敢拱手相让。朱全忠本来打算亲自率领大军前来争夺淮南，后来得知杨行密兵力尚强，一时间难以攻取，就于文德元年（888 年）二月，奏请让杨行密担任淮南留后。

随后杨行密又相继斩杀吕用之、张神剑等高骈旧将，成为淮南地区的一方霸主，后来五代十国之一的吴国，就是在杨行密割据淮南的基础上发展而来的，所以吴国立国之后尊奉杨行密为武皇帝，庙号太祖。

黄巢起义之后，各地藩镇不断地互相攻伐，尤其是淮南地区遭到了空前的浩劫，扬州从一个本来富庶的城市一下子变得动乱不已。在毕师铎起兵之前，扬州事实上已经是连年灾荒。到了光启元年（885 年）的冬春之交，当地粮价飙升，比平时高出十余倍，加上当地寒雨连绵，百姓饥寒交迫，大批饥民冻饿而死，每天用车运往城外的尸体就有好几千具。

据《资治通鉴》记载，秦彦带兵进入扬州城后，开始吃人充饥。到了光启三年（887 年）十月间杨行密围困扬州时，城中因为严重缺粮，一斗米可以卖到五十万钱，草根树皮全部吃光，百姓饥饿而亡。残暴的秦彦之军竟公然抓人到市集上杀死出售。后来杨行密进城后，城中只剩下几十户人家，《旧唐书·秦彦传》记载：

江淮之间，广陵大镇，富甲天下。自师铎、秦彦之后，孙儒、行密继踵相攻，四五年间，连兵不息，庐舍焚荡，民户丧亡，广陵之雄扫地矣。

事实上，不仅是扬州，当时全国各地在藩镇们互相攻伐下，山河破碎，流民失所，与扬州同样富庶天下的巴蜀地区也是战乱不已。不过在这期间，一个不起眼的人物悄悄崛起，最终在巴蜀地区建立自己的王国，这个人就是前边提到的王建。

王建崛起

皇帝李儇在黄巢兵进长安时，还能从容前往蜀中避难，全是陈敬瑄受田令孜之命经营蜀中多年的结果，所以很长时间以来，陈敬瑄深得皇帝李儇和田令孜的赏识。从表面上看，剑南西川道似乎是皇帝李儇的一个稳固大后方，但事实上，因为陈敬瑄多年的专权，蜀中地区早已经是矛盾重重。早在中和二年（882 年）的时候，蜀中就爆发了一场声势浩大的农民起义，与当时占据长安的黄巢遥相呼应。

陈敬瑄出镇西川后，十分注重个人享乐。有记载称他是“委政事于幕客，委军旅于护戎，日食蒸犬一头、酒一壶，一月六设曲宴，即自有平生酒徒五人狎昵。焦菜一碗，破钱三十千”。不过虽然陈敬瑄整日挥霍无度，但对手下官吏尤其是蜀中百姓的控制却是十分严密。

为了加强对官吏以及将领们的控制，陈敬瑄经常派爪牙到各地巡视，称为“寻事人”。这些寻事人仰仗陈敬瑄的权势在各地作威作福，所到之处常向当地官吏索贿。

中和二年（882 年）三月，两名寻事人经过资阳镇（今四川资阳）时，没有向当地的镇将谢弘让索贿。已经习惯被寻事人索贿的谢弘让倍感蹊跷，于是就邀请两名寻事人赴宴，可是也遭到拒绝。这种反常行为更加引起谢弘让的不安，他认为自己或许有什么把柄被寻事人掌控，由于担心被治罪，他连夜逃出资阳，进入深山当起了土匪。

次日，两名寻事人离开了资阳，当地的捕盗使杨迁引诱谢弘让出来自首，却谎称是被他抓获，将其押送成都。结果陈敬瑄不问青红皂白，下令将谢弘让杖脊二十，并示众四十天，再煎油泼烫其身，待烫伤的伤口结疤时，又用胶麻将伤疤一一撕下，极尽残酷之刑，惨不忍睹。

此时，邛州牙官阡能因公事违期，为了躲避杖罚而亡命山泽之间，杨迁也引诱其出来自首。就在阡能正想出来自首时，得知谢弘让蒙冤的消息，于是决定招募士兵起兵反抗。在阡能的招募下，不到一个月就有一万多名不堪赋税压榨的当地“耕夫”聚集在他的旗帜下。阡能很快就带领这支人马攻陷了邛州和雅州。《资治通鉴》记载：“蜀中少盗贼，自是纷纷竞起，州县不能制。”这说明阡能起义得到了蜀中农民的广泛响应，而且到了六月间，又有蜀人罗浑擎、句胡僧、罗夫子等各聚众数千人响应阡能起义。

陈敬瑄得知阡能起义的消息后，急忙派牙将杨行迁等领兵五千前往镇压。杨行迁与义军数次交战不力，又向陈敬瑄请求增兵，当时陈敬瑄府中无兵，只得连守卫仓库、官府门庭的士卒都派去增援。六月间双方在双流（今四川双流县）境内的乾溪展开大战，结果官军惨败，杨行迁担心被治罪，竟然抓了很多当地村民当作俘虏以充战功。不过，他的这种做法只能瞒得了一时，到了十一月，陈敬瑄见杨行迁镇压不力，而阡能的势力却已经发展到蜀州（今四川崇庆）境内，而且拥有部众数万人，他决定派出更为得力的骁将高仁厚代替杨行迁前往镇压。

高仁厚鉴于数月来单纯的武力镇压收效甚微，于是改用离间义军首从关系为目的的攻心之计。在他出征的前一天，有人向他汇报说一个卖面人从早到晚多次出入军营之间，被巡逻士卒疑为义军的间谍抓了起来，经审讯，果然是义军间谍。于是高仁厚对这个人加以诱降，并派他回去暗中散布消息，说只要义军部众愿意归降，高仁厚就叫人在他的衣背上写上“归顺”二字，保证让他安心回家务农，所要杀的只是阡能、罗浑擎等少数义军首领，以此离间义军首领与部众的关系。

事实证明，高仁厚的策略十分奏效。当他率领官军在双流之西包围罗浑擎率领的五寨义军后，他派人重申了招降条件，这样就使大量的义军士兵不战而降，而罗浑擎也因为被孤立而兵败被擒。

随后，高仁厚如法炮制，以投降的义军部众先行，进而瓦解义军军心，在短短的六天之内就轻而易举地剿灭了阡能的义军，阡能等义军首领被押送成都后斩首示众。

阡能起义虽然很快以失败告终，但涪州刺史韩秀升却趁阡能起义之时，于中和二年（882 年）八月率众起兵反唐，并遮断峡江之路，严重威胁身在成都的朝廷与东南地区的往来。当时陈敬瑄得到消息后，先是派部将庄梦蝶、胡弘略领兵三千前往镇压，但不想刚一交战便被打败，被迫退守忠州。

江淮诸路的贡赋是沿着峡江而进入成都，如今被韩秀升所阻，等于断绝了身在成都百官的俸禄。陈敬瑄情急之下，一面奏请皇帝李儇委任高仁厚为剑南西川行军司马，派他领兵三千前往平叛，一面许诺高仁厚，只要平叛成功，就让他担任剑南东川节度使。

高仁厚奉命前往峡江平叛，探听到韩秀升的精兵全都集中在江舟之中，以防官军渡江而攻，而粮草则全部屯放在岸边的营寨中，让一些老弱残兵守护。他看出了韩秀升是一种“重战轻防”的兵力布局，针对这种布局，高仁厚故意在江边布阵，摆出要渡江进攻的态势，使韩秀升之兵在舟中昼夜防备不敢懈怠，而暗中则派数千名士兵背着干草于夜间潜入敌营放火焚烧粮草。

韩秀升的舟中之军分兵上岸援救不及，结果粮草焚烧殆尽，使军心大为动摇。高仁厚同时又招募水性极好的勇士潜水凿破韩秀升的船只，使之相继沉没。韩秀升之军两头奔波相救不暇，高仁厚趁机派兵在要道拦击和招降韩秀升之军。韩秀升为了制止部众溃逃，挥剑不断地胡乱砍杀，反而激起众怒，结果被士兵们一拥而上擒住送到高仁厚那里，最终被斩身死。

值得一提的是，韩秀升临死前，高仁厚问他为什么要造反，韩秀升的回答是：“自从文宗皇帝驾崩后，天下已经没有公道可言，现在的造反者难道只有我韩秀升一个人吗？”

可见，当时所有人都明白，以皇帝李儇为核心的朝廷已经失去权威，而且已经处于矛盾重重与分崩离析之态。

陈敬瑄依靠高仁厚先后平定蜀中的两次动乱，而接下来则该是他对高仁厚兑现诺言的时候，不过这就引发了他与时任剑南东川节度使杨师立之间的矛盾。

事实上杨师立本来就对田令孜、陈敬瑄兄弟专权的行为心怀不满，当他听说陈敬瑄许诺高仁厚让其担任剑南东川节度使之职时，顿时勃然大怒。

当田令孜得知杨师立愤怒的消息后，为了铲除杨师立这个异己，便于中和四年（884 年）二月施展明升暗降之计，让皇帝李儇派遣使者选调杨师立到成都担任右仆射，想要将其置于自己的眼皮之下加以监视。

杨师立当然不肯奉诏，于是干脆杀掉使者以及东川监军，以讨伐陈敬瑄为名举兵起义。他于三月间发布檄文给成都的朝廷百官以及诸道藩镇，历数陈敬瑄的罪过，并宣称自己调集本道十五万大军，将长驱直入成都对陈敬瑄兴师问罪。

皇帝李儇得到檄文后，当然不能容忍杨师立的反叛行为。于是，他下诏削除杨师立的官职，以陈敬瑄为西川、东川、山地西道都指挥、招讨、安抚、处置等使，并以高仁厚为东川留后，让他与行军副使杨茂言领兵五千征讨杨师立。

五月十三日，高仁厚进驻德阳（今四川德阳），杨师立派部将郑君雄、张士安扼守雄踞德阳东北鹿头山上的鹿头关进行抵御。郑、张二将采取闭关坚守不出的策略，试图拖垮高仁厚。而高仁厚认为采取强攻之策恐怕会出现重大伤亡，因此采取围而不打的策略，布列十二寨将鹿头关团团包围。

高仁厚围而不打的策略，对蜗居鹿头关的郑、张二将来讲十分不利，于是，三天后郑君雄领兵出关突袭位于关城北面的杨茂言军寨。由于杨茂言仓促应战，结果抵挡不住率众弃寨而逃，他旁边几个营寨眼见行军副使逃走，也纷纷弃营而逃。

郑君雄见官军一战即溃，立即向南转攻高仁厚的中军营寨。高仁厚得知情况后，下令大开寨门，命令士兵点燃火炬，将整个营寨照得通红，然后埋伏士卒于营寨两边。郑君雄见寨门洞开，担心中了埋伏，便引兵退走，高仁厚趁势带领伏兵展开追击，将郑君雄之军赶回了鹿头关。

高仁厚考虑到弃寨而逃的将士甚多，如果等到天亮全部按照军法处置，一定会有很多人被处死，这样会削弱战斗力。于是便暗中召来一个名叫张诏的官吏，让他带着十几个人在军中散布自己昨夜没在营寨，不知道士兵逃跑事件，只要他们回到营寨，就不会再有事情。

对高仁厚的这种做法，逃跑的将士都深信不疑，纷纷回到营寨之中，这其中也包括行军副使杨茂言。不过高仁厚十分明白如果逃跑事件就这样无声无息地过去，自己的权威会损失殆尽。于是在次日清晨召集众将，宣布杨茂言逃跑的罪行，将其斩杀示众，诸将见此莫不胆战心惊，进而深以为戒。

在高仁厚的精心治理下，军纪大为改观。五月二十二日，高仁厚带领士气高涨的将士在鹿头关下布阵挑战，并在阵后埋下伏兵。结果郑、张二将倾全关之兵出战，高仁厚佯装败退，郑君雄等追击时中了埋伏大败而逃，于当夜逃到梓州，陈敬瑄得到消息后，又为高仁厚增兵三千，让其继续围攻梓州。

在高仁厚的努力下，于六月间攻破梓州。杨师立战败身死，郑君雄等人持其首级出城投降，高仁厚也因此成功当上了剑南东川节度使。但是陈敬瑄只不过是利用高仁厚诛灭异己而已，并不是真心想加以重用。光启二年（886 年）三月，陈敬瑄出于疑惧心理，将高仁厚骗杀，改任顾彦朗为东川节度使。

由于陈敬瑄专擅西川地区，实际上并不受朝廷的指挥，所以田令孜看到众怒难犯时，才会自封三川都监，躲入陈敬瑄的府邸以求庇护。后来当皇帝李儇下诏剥夺田令孜的官爵，将他流放端州时，田令孜以陈敬瑄为依托，迟迟不肯前往流放地点，皇帝李儇对此也是无可奈何。

当巴蜀地区战乱不断时，已经出任利州刺史的王建始终是静观其变。山南西道节度使杨守亮忌惮其骁勇善战，多次想召王建到梁州，而王建知其不怀好意始终不肯应召。

光启三年（887 年）三月，王建手下一个叫周庠的官吏建议王建，说唐朝的国运就要结束，如今藩镇虽然互相征战不断，但都是无雄才大略之辈。不过王建是个例外，不仅有勇有谋，而且深受士卒爱戴，正是建功立业的时候。而利州是兵家必争之地，难以长治久安，阆州（今四川阆中）地僻人富，其刺史杨茂实是陈敬瑄、田令孜的心腹始终不听朝廷指挥，不如趁田令孜现在失势之际，兴兵加以讨伐，相信一战可以成功。

王建最终采纳了周庠的建议，领兵八千沿嘉陵江而下进攻阆州，赶走杨茂实后自称阆州防御使，并不断招兵买马扩充势力。当时东川节度使顾彦朗曾经与王建一起在神策军共过事，知道王建骁勇善战，心中颇为忌惮，因此一再派使者前去修好，并不断供应军粮。王建鉴于自己羽毛未丰，暂时也愿意与顾彦朗相安无事，所以接受了顾彦朗的示好，在阆州休养生息静观天下之变。

光启三年（887 年）十一月，陈敬瑄看到顾彦朗与王建关系友善，担心两人联合对付自己，便与田令孜商议对策。田令孜认为王建是自己的义子，只是因为不被杨守亮所容，才去攻占阆州，自己只要修书一封，就可以将其招至陈敬瑄麾下。

王建接到田令孜的信后大喜过望，以为可以向田令孜和陈敬瑄讨要较大州的刺史之职，于是便把家属送到梓州托付给顾彦朗，自己则带领两千精兵西行准备进入成都。

不过当王建走到鹿头关时，有人建议陈敬瑄，认为王建如狼似虎，不应该将这个祸头引到成都，于是陈敬瑄便产生后悔之意，急忙派人前去阻止王建入关，并派兵增强守备。王建得知陈敬瑄反悔后，顿时勃然大怒，领兵强行破关而入，并在绵竹击败前来阻击的汉州刺史张顼，攻占汉州后又成功攻占德阳，而顾彦朗这边也派其弟顾彦晖发兵助王建进攻成都。但是因为成都守备十分严密，王建接连攻打三天不下，于是便退守汉州以图再进。

关于王建在蜀中称霸的事情，我们在后边还会详细说到。可以说当时各地在藩镇们的互相攻伐下，全国动乱不已，以皇帝李儇为核心的朝廷对此无能为力，而此时由于皇帝李儇身体每况愈下，出现了皇位更替局面。

文德元年（888 年）二月七日，经过长期流亡和经历诸多藩镇轮番折磨的皇帝李儇生了一场大病。或许他自知病情不妙，到了二月十四日病情有所好转时，他便踏上归途，于二月二十一日到达长安。次日李儇宣布大赦天下，并改元“文德”，希望通过此举能够使自己有一个新的开端。

但是大赦、改元之类的文字游戏既不能挽救已经走向衰亡之势的帝国，同时也驱除不了始终纠缠李儇的病魔。三月五日，李儇病情忽然恶化，太医们束手无策，只好如实地告知朝臣们准备后事。

不过，李儇嬉戏一生并未指定皇位继承人。群臣认为吉王李保在诸王中年岁较大，而且最为贤明，有意拥立其为帝，但是遭到宦官杨复恭的反对。当时杨复恭矫诏立寿王李杰为皇太弟，监军国事，并让右军中尉刘季述率领神策军将李杰从十六王宅迎接到少阳院，接受百官的朝见。次日皇帝李僖驾崩，李杰在杨复恭等人的拥立下登基，并改名李敏，后又改名李晔。

十月三日，皇帝李儇被安葬在奉天县东北十里处的靖陵，庙号“僖宗”。这个庙号倒是很符合他生前的作为，不过他身后的大唐帝国已经是奄奄一息，留给他弟弟皇帝李晔的是一个“如线之仅存”的局面。

第七章
重振唐威

重修政策

据史料记载，李晔身材魁伟，举止端庄，眉宇间英气逼人，颇具帝王之姿。他自幼聪颖好学，在诸王中称得上是贤明的一个。当时按照惯例诸王不得参政，但是僖宗李儇逃亡成都后，百官未集，人手短缺，所以时为寿王的他才有机会参与朝政。虽然当时朝廷的大事小情没他做主的份儿，但对于他熟悉朝政和时局颇为有利，这也为他日后执政打下了一个基础。

虽然李晔没有想到皇位会落到自己头上，但成功登基之后，他还是迅速转换了角色。面对时局动荡，人心浮动的局面，李晔明白自己当务之急就是先稳定民心，取得朝野上下的一致支持。

当时皇帝李晔为了扭转懿、僖两朝的奢靡之风，提倡厉行节俭。他曾经告诉杨复恭，自己本身没有什么德行，全是杨复恭力排众议将自己扶上皇位，所以在生活上不应太多奢华，应提倡节俭以示天下。

懿、僖两朝时，皇帝每日都要换一套新衣服，还要求太常寺每日献上一首新曲。皇帝李晔认为这实在有些过分，于是下诏免除，同时削减了宫中很多不必要的开支。

除了避免奢靡之风外，李晔和他父皇李漼以及皇兄李儇不同的是，他的志向是想恢复祖宗辉煌的旧业，重新实现号令天下。因此他十分重视对人才的选拔，昼思“名实相符之士，艺文具美之人”，夜里则“梦寐英贤”，并破格提拔了一批人才，想以此来扭转懿、僖两朝以来朝廷政令不行，李唐皇室地位日渐低落的局面。

除此之外，皇帝李晔重修政策的最大特点，同时也是其标志性的做法就是加大儒学对政治的影响。当时李晔虽大力提倡道教，同时也重视儒学的作用，以期扭转当时社会崇佛佞道的风气。例如，大顺元年（890 年）二月，宰相兼国子监祭酒孔纬请求完修太学，李晔采纳了孔纬的建议。他认为国家之规首先要从学校做起，治理官吏没有比儒学更好的办法。针对当时国库空虚的现状，李晔号召诸道观察使、刺史及其幕僚宾客尽可能地予以分担，以助太学的完修工作。

皇帝李晔即位之初，采取了诸多措施稳定政局，并收到了一定成效，使朝臣们对于整个国家又看到了一丝曙光，朝廷内外为有李晔这样的明君而倍感欢欣鼓舞。当时已经暮气沉沉的大唐帝国犹如被注入了一支强心剂，一时间朝廷上下顿时充满活力。但纵观李晔即位以来的时局，他面临的挑战却是十分严峻的。

当时拥立李晔登上皇位的宦官杨复恭控制着禁军，而且左右朝政，为所欲为，李晔初登大位，不得不对其曲意逢迎，事事姑息迁就。各地藩镇则是继续作乱，割据一方，目无朝廷，可以说朝廷的地方行政组织已经完全被藩镇所取代。而经济上的情况更为不妙，由于连年战乱，农业生产遭到极大破坏，各藩镇出于兼并的需要，拼命扩充军队，使劳动力资源趋于枯竭，社会经济濒于崩溃。

在如此困难的局面下，皇帝李晔为了扭转内有权臣，外有强藩的局面，处心积虑地初步制定出一套适应形势的策略。经过对时局的分析，他觉得在稳定民心之后，接下来要做的就是解除宦官专权，恢复皇权威严，以及抑制藩镇，恢复中央集权。

为了恢复皇权威严，当时皇帝李晔对朝廷中枢机构作了一番调整。唐朝中后期，中枢体制中存在四股力量，即宰相、翰林学士、枢密使和神策军中尉。皇帝通常是通过重用一者来掌握政权。在这四者之中，最有实力的当数神策军中尉和宰相，前者控制御林军，维系朝廷安危；后者则是政府官员和首脑，掌握政权机关。相比之下，枢密使和翰林学士手中没有实权，只能在决策中起一定的作用。

然而随着时间的推移，以及朝廷局势的变化，四股力量的实力并不是决定他们在中枢体制中地位的唯一因素，换句话说四股力量都有过专权的时候。

例如，枢密使王守澄在穆、敬两朝显赫一时，宰相李德裕则在武宗李炎时期大权独揽。皇帝李晔即位后，由于神策军使杨复恭具有拥立之功，更是权倾朝野。

上述这种现象说明，四者在中枢机构中没有固定的次序，他们各自的地位和作用取决于皇帝的倚重程度。而现在皇帝李晔也要依靠其中一种力量来辅佐自己，但是时任神策军使和枢密使的杨复恭作为宦官显然不是合适的人选，他的专横跋扈也不能被皇帝李晔所容忍，因此李晔只能在宰相和翰林学士之间选择。

李晔景仰的是太宗时期的贞观之治，以及玄宗时期的开元盛世，时刻梦想着恢复祖宗的基业。翰林学士是在唐朝中后期才进入中枢机构的，目的是削弱相权，而目前宰相的权力不仅不能削弱，反而必须要加以扶持。

在这种心理作用下，皇帝李晔将宰相当作重用和依托的对象。朝政大事都与宰相商议，对有才能的朝臣必定让其进入宰相班子，例如，杜让能曾经对僖宗李儇忠心耿耿，在逃往山南时，不畏艰险始终相随，得到了李晔的极高赞许，所以李晔即位后再度进入宰相班子。又如，李晔听说张浚多方略，也将其招进宰相班子。事实证明，后来在削除宦官、抑制藩镇的行动中，宰相们为皇帝李晔做了不少谋划，从某种角度而言，也为重振李唐皇权做了贡献。

面对日益强势的藩镇，皇帝李晔越发感觉到军队的重要性。因此在他即位之初，便招兵买马扩充禁军，想要以强硬的姿态对待藩镇。在安史之乱前，禁军主要负责宫城守卫工作，安史之乱后，朝廷组建了神策军，除了负有禁军的职责外，更重要的是作为朝廷与藩镇斗争的工具。前边我们说过黄巢攻破潼关后，跟随僖宗李儇逃往蜀中的仅有五百神策军，后来田令孜在蜀中不断招募军队，才使禁军达到四五万人。而光启二年（886年），田令孜与王重荣争夺两池盐，当李克用和王重荣联兵进逼长安，田令孜挟持僖宗李儇逃往宝鸡时，护驾的禁军只有数百人，可以说动乱不已，使朝廷重组中央禁军的计划再度夭折。

李晔认识到皇室衰微的主要原因，在于没有一支足以震慑强藩的禁军力量，所以才使各地藩镇拥兵自重，目无天子，嚣张跋扈。同时他也看到宦官统领下的神策军贪污腐败，战斗力急剧下降，于是便决心组建一支属于自己的军队，进而实现削藩的目的。

大顺元年（890年），皇帝李晔与宰相们谈论古今治乱的事例。当说到每当皇权衰落的话题时，宰相张浚认为李晔即位之初在内受制于宦官，对外则受制于藩镇，大唐历代皇帝也没有陷入过如此窘境中。面对如此痛心的现实，张浚建议李晔应该使用强兵威服天下。这个建议与皇帝李晔的想法一拍即合，于是他开始在京城长安大规模地募兵，仅在短短的十天之内，便募集到十万之众。

可以说募兵成果显著，其人数已经超过了前代，当准备工作略见眉目后，急于求成的皇帝李晔便开始着手实现他抑制藩镇、铲除宦官的方略。恰逢此时蜀中形势发生变化，前边我们说过，利州刺史王建起兵攻打西川节度使陈敬瑄。当时王建在西川地区大肆劫掠，西川十三州皆遭到荼毒，陈敬瑄因与王建兵戎相见，导致对朝廷的贡赋被迫中断，于是王建便趁机以此为借口上表请求讨伐陈敬瑄，东川节度使顾彦朗因与陈敬瑄历来矛盾颇深，也附和王建奏请皇帝李晔罢免陈敬瑄。

对于蜀中地区骤然发生的形势变化，皇帝李晔认为这是个抑制藩镇的绝好机会，而且他对陈敬瑄早就抱有成见，加上当年田令孜的一鞭之辱，便诏令韦昭度代替陈敬瑄为西川节度使。而陈敬瑄拒不奉命，对于这一点早在李晔的预料之中，面对陈敬瑄的嚣张跋扈，他决定首先拿陈敬瑄开刀，以实现他重振唐威的夙愿。

讨伐西蜀

李晔时刻没有忘记当年田令孜的那一鞭之辱，即位后就诏令将田令孜贬职流放。不过，由于身在蜀中的田令孜拒不奉命，李晔鞭长莫及也是无可奈何。当他接到王建和顾彦朗二人的奏章后，认为制裁田令孜的机会已然来临，立即批准奏章，并于六月任命韦昭度为中书令，充西川节度使兼两川招抚制置等使，改任陈敬瑄为龙武统军。

陈敬瑄明白皇帝陛下是想要架空他，于是和田令孜一样拒不奉命，并加固城防，操练士卒，准备对抗朝廷。面对这种情况，皇帝李晔决定出兵西川，一方面试图通过武力震慑诸多强藩；另一方面也是为了报当年田令孜的一鞭之辱。

文德元年（888年）十二月，皇帝李晔任命韦昭度为行营招讨使，领兵征讨西川，诏令山南西道节度使杨守亮、东川节度使顾彦朗协助征讨，同时割邛、蜀、黎、雅四州设置永平军，以王建为节度使，充行营诸军指挥使。

十二月二十五日，李晔下诏剥夺陈敬瑄的官爵，这也标志着讨伐西川的战役正式拉开帷幕。当时杨守亮、顾彦朗各有一方领地，无法抽出太多兵力，而且韦昭度是一介文人，不习武备，加上禁军刚刚组建，实战能力不足，因此王建就成了讨伐西川的主力军。

但是王建已经得到朝廷承认，又有了自己的封地，私心甚重的他不急于和陈敬瑄速战速决，屯驻新都着手扩充兵力。一直到了龙纪元年（889年）四月，王建才兴兵攻打蜀中重镇彭州。彭州守将杨晟日常抚恤士卒，士兵们拼死抵抗，王建久攻不下，便将彭州团团包围，试图困死杨晟。

陈敬瑄得到消息后，派眉州刺史山行章领兵五万进驻新繁援救杨晟。王建采取围城打援策略，主动分兵进攻山行章，大获全胜，山行章仅以身免逃走。最终杨晟见援军不至，自知彭州难保，便领兵退守三交（今陕西鸡西），而山行章则收拾残部屯守濛阳与王建相持。

双方就这样相持了半年多的时间，到了十二月，王建再次兴兵攻打山行章以及前来增援的西川将领宋行能，最终在广都（今四川双流）打败对手。宋行能只身逃回成都，而山行章则继续退守眉州（今四川眉山），不得已向王建投降。

大顺元年（890年）正月，王建移兵攻打邛州。当时邛州刺史毛湘是田令孜的心腹，但是毛湘根本不是打仗的料儿，即使有陈敬瑄派来的大将杨儒带领的三千援兵，他依旧每次战败后丢盔弃甲地退回城内，这也导致杨儒最终投降王建。王建将其收为义子，改名王宗儒。

不过毛湘虽然每次战败，但邛州的防务做得十分严密。王建见邛州城坚粮足，一时难以攻下，便留下判官张琳为邛州招安使继续围攻，自己则带领大部分人马回师成都，在城东安营扎寨。

王建这一路人马基本上是打打停停，而皇帝李晔指派的官军，在韦昭度的率领下进入西川，在唐桥扎下营寨。面对韦昭度的到来，王建态度恭敬异常，攻城时服从韦昭度的调遣，而且作战勇猛。相比之下，韦昭度的文人懦弱性格在战场上表露无遗，王建攻城时请他戎装观战，可是韦昭度却担心被流矢所伤不敢靠近，只是远远地观战，引起诸将的轻视之心。

韦昭度懦弱的性格，从某种角度而言导致官军进剿力度十分有限。当时陈敬瑄分兵在犀浦、导江等县驻军，与成都形成犄角之势，为了加固城防，规定城中每户不论有多少人，都必须出一个人参与守城任务，白天广挖深壕，晚上登城巡警。面对陈敬瑄严密的防守，韦昭度倒是提出了一个可行的建议——招降。

当韦昭度在城墙下进行招降时，遭到了陈敬瑄的辱骂，他认为自己有先帝僖宗李儇御赐的免死金牌，谁也不能违背先帝的旨意，随意处置自己。韦昭度只得退回营帐，继续研究作战方案。

蜀中州县看到官军围剿陈敬瑄，见其大势已去，于是纷纷向王建投降，例如，大顺元年（890 年）新年刚过，简州将领杜有迁挟刺史投降；二月，资州将领侯元绰挟刺史投降；四月，蜀州刺史任从海因战败想要投降，结果因事情提前泄露被陈敬瑄所杀；嘉州刺史朱实举州投降。当时陈敬瑄属下的州县将领不是投降王建，就是被王建所杀。

八月，王建屯驻汉州，九月继续引兵全力攻打邛州。毛湘眼见王建攻城一天比一天猛烈，而城中粮食即将绝尽，而且援兵一个没到，顿时对能否守住城池产生动摇。事实上毛湘倒是个有良心的人，他不忍心再让百姓受苦，而且宁死不肯背叛田令孜，于是沐浴更衣，让都知兵马使任可知砍下自己的头颅送予王建。当时百姓都为毛湘之死而哭泣，王建让张琳留守邛州，自己回军继续攻打成都。

从文德元年（888 年）到大顺二年（891 年），韦昭度统率诸道十多万人马讨伐陈敬瑄，用了三年时间依旧没有攻下成都，粮草军需渐渐无法供应，皇帝李晔开始产生了收兵的想法。

三月二十五日，朝廷发布《复陈敬瑄官爵诏》，让顾彦朗、王建各率本部兵马回归本镇。事实上，此时成都因为被围日久，粮草已经断绝，路边随处可见因饥饿而死的婴儿。因利之所趋，便有许多人冒着生命危险从城外运送粮食到城里贩卖，巡逻兵发现后向韦昭度报告，韦昭度看到城中百姓受苦，便不让士兵加以干预。而陈敬瑄在得知有人私贩粮食后，羞愧自己不能解决城中饥荒问题，于是也告诉士兵禁止干预此事。

不过私贩粮食的人毕竟是少数，这对于成都众多的百姓来讲，不过是杯水车薪，根本无济于事。于是便时有吃人现象的发生，官吏对吃人者抓到便杀，但是即使如此也是屡禁不止。他们便想出几种残酷的刑罚，抓到杀人食肉者便用刀拦腰砍成两段，或者从肩胛骨将人斜劈开来。可是让人想不到的是，人们看惯了这种残酷的刑罚后反而不再害怕，城里的情况越来越糟，人们都想出城投降。

当时陈敬瑄探听到有人策划投降官军，就将这些人连同家属一起杀掉，可以说陈敬瑄的处境已经是四面楚歌。

成都城旦夕可破，可是朝廷却在此之际下令撤兵。当王建接到撤兵的诏令后，叹息着认为朝廷征讨西蜀，如果再坚持一下，就可大功告成，现在撤兵等于失去攻破成都的良机。当时谋士建议王建奏请朝廷让韦昭度撤兵，自己留下来继续攻打成都，只要攻下成都后，就可以独占西川。

王建采纳了谋士的建议，上表朝廷称田令孜、陈敬瑄罪不可赦，虽然朝廷决定撤兵，但还是希望能让他留下来继续攻打成都。为了让韦昭度尽快离开，王建劝其尽快撤兵回到长安，因为关东地区的藩镇互相征战不已，始终是朝廷的心腹大患，韦昭度应该尽快回到天子身边，守卫好天子的安全。

王建的话虽然说得冠冕堂皇，但韦昭度明白王建是想独占西川。为此，他对于是否就此离开西川而犹豫不决，而且他也担心自己就此一去，王建从此不再接受朝廷的节制。

韦昭度看穿了王建的心思后，就以各种理由搪塞王建，拖延撤兵的时间。为了尽快逼走韦昭度，有人建议王建说韦昭度入川时，听说东川有个都将外号叫“唐吃人”，当时韦昭度和人家开玩笑说“人肉何如猪羊”，不如就用这个方法来对付韦昭度。

王建采纳了这个建议，于次日密令部将唐友通率领士兵在行府门外，逮捕了韦昭度的亲信骆保，并将其乱剑分尸，将肉切成碎块分给士兵们吃，声称其偷盗军粮。韦昭度看完后，明白王建这是在威胁自己，他敏锐地意识到如果继续留在西川，自己将会有性命危险，于是便在当天谎称身体不适，将统军节印交予王建，宣布由王建代替自己为行营招讨使，慌忙带着随从逃离西川。

王建将韦昭度护送至新都，并在其马前跪着奉上送行酒，也算是给足了韦昭度的面子。韦昭度刚刚走出剑门关，王建便命令军队把守住通往蜀中的栈道，禁止朝廷派来的军队再行入境。也就是从此时开始，西川便脱离了唐王朝的节制，成为独立王国。后来朱全忠称帝后，王建趁乱攻占了成都，并兼并了剑南东川、西川和山南西道三地，效仿朱全忠称帝，建立起独立王国——蜀国，史称前蜀，而王建也成为开国之君蜀高祖。

皇帝李晔即位后首次兴兵讨逆，就这样以虎头蛇尾的形式收场。不过王建后来成功打下成都，并诛杀了鞭打过李晔的田令孜，也算是为李晔赚足了面子。事实上皇帝李晔这次迫不及待地撤兵，除了粮草渐渐无法供应之外，还因为朝廷组织的另外一次征讨河东地区藩镇的战争也在继续，也就是说朝廷要同时支撑两场战争，相比于陈敬瑄而言，河东地区的藩镇是一个远比陈敬瑄更难缠的对手。

征讨河东

大顺元年（890 年）四月，皇帝李晔得到奏报，当时威势最盛、实力最强的河东节度使李克用被朱全忠、李匡威、赫连铎联手在蔚州、碣山打败，其部将安金俊战败身死，部将石君和被生擒，部将申信投降了赫连铎。

皇帝李晔看完奏报，将其掷在龙案上，兴奋地在殿内踱来踱去。那个时候韦昭度讨伐蜀中还算顺利，现在兵锋最盛的李克用又遭到惨败，这不能不让立志重振唐威的皇帝李晔感到，这是上天想让他实现自己的愿望。

事实上，从个人感情角度来讲，李晔对李克用没有好感。李克用出身沙陀贵族，仅此一点就让深受民族观念熏染的李晔对李克用身怀疑虑，因为李晔始终没有忘记“非我族类，其心必异”这句话。何况沙陀军事力量对李唐王朝是功过参半，虽然曾经协助官军剿灭黄巢起义，为兴复唐室立下功劳，但也曾经兵进长安，迫使先帝僖宗李儇再度外逃流亡，也让当时身为寿王的李晔饱受颠沛流离之苦。

从当时的局势来看，对朝廷构成严重威胁的除了近在咫尺的关内藩镇之外，就是李克用的沙陀军队。沙陀军队不仅兵多将广，而且地盘庞大，是当时的第一强藩。皇帝李晔所制定的抑制藩镇策略，首先就是将李克用列入了抑制的名单之内，然而李晔也明白，仅凭中央禁军根本无法与其相抗衡，只能借助藩镇的力量。如今藩镇之间的征战已经达到了他的目的，所以李晔接下来开始有了更进一步的想法。

此时正值赫连铎、李匡威联名上表请求讨伐李克用，朱全忠也上疏认为如果不除掉李克用，终将是朝廷的心腹大患，请求率领汴、滑、孟三州之兵与河朔三镇联手铲除李克用，并请求朝廷任命统帅节度各军。

皇帝李晔看完两方面的奏章后，内心虽然欣喜异常，但他并没有失去理性。李克用毕竟是有功之臣，今日趁其惨败之际进行讨伐，李晔十分在乎天下人对自己的评价；而且李克用虽然遭到惨败，但并没有动摇其根本，朱全忠等人虽然信心满满，可是以朝廷的名义公开进行讨伐，一旦失败，朝廷将会威信扫地，后果将不堪设想。因此李晔认为此事事关重大，仅凭他自己实在难以决断，他必须听听朝臣们的意见。

因此他决定召开御前会议，急召三省及御史台四品以上的官员讨论此事，就在这次会议上，针对是否讨伐李克用，群臣展开了激辩。

当时大部分朝臣听说皇帝陛下想对李克用动刀，全都倒吸一口凉气，认为此举万万不可，例如，宰相班子成员杜让能、刘崇望就认为一旦对李克用开战，朝廷恐怕会陷入灭顶之灾，但宰相张浚却有着自己的看法：

“先帝（僖宗李儇）当年再幸山南，就是因为李克用的沙陀军队进逼京师的结果。臣经常担心李克用与河朔地区藩镇互为表里，朝廷无法对其节制。现在朱全忠、李匡威等人请求共同讨伐，这是朝廷平定李克用的绝好机会，希望陛下不要错过这个机会，让臣统兵出战，不出数月就可将其平定。”

事实上，张浚力主出兵并主动请缨担任统帅，虽然有忠于唐室，重振朝廷威信的一面，但其内心深处也有排挤宦官杨复恭的想法。因为宰相如果掌握兵权，其南衙地位自然会胜过以宦官为核心的北司地位，所以无论从哪个角度来讲，张浚都是希望出兵的。

“陛下！张相所言甚是，希望陛下莫要错过如此良机！”在张浚表态之后，另一位宰相孔纬似乎悟出了张浚所说的含义，于是立即附和说道。

面对张浚和孔纬两位宰相的态度，宦官杨复恭似乎也感觉到两个人的出发点不是那么单纯，于是他站出来极力表示反对：

“先帝迁出京城，虽然有藩镇为患的原因，但最重要的原因在于朝中大臣失误造成的，现在朝廷刚刚稳定下来，讨伐陈敬瑄的战事还未定，不宜再轻起兵端。”

杨复恭的态度当时得到了多数朝臣的赞同，皇帝李晔看到反对声音逐渐占据上风后，便心怀疑惑地问张浚道：

“李克用有兴复大功，现在趁其势危加以讨伐，天下人会如何评价朕呢？”

“陛下所说的是一时之体，而张相所言的乃是万世之利，昨天臣计算了一下用兵、供给、犒赏的费用，朝廷可以支撑一两年的时间，现在只需要陛下下定决心了。”孔纬立即为皇帝李晔吃下定心丸。

李晔眼见张浚和孔纬两位宰相心意已决，于是决定出兵。不过，他最后留给张、孔两位宰相一句话：

“这件事情就交给你们两位宰相去办了，希望最后的结果不要让朕丢脸！”

李晔的态度既是为两位宰相立下军令状，同时也表明有意摆脱杨复恭的控制。

随后李晔诏令各部门做出征前的准备，并于五月下诏削夺李克用的一切官爵，收回朝廷所赐的“李”姓，又任命张浚为行营招讨、制置宣慰使，诏令京兆尹孙揆为副使，镇国节度使韩建为都虞候兼军粮使。同时以朱全忠为南面招讨使，王镕为东面招讨使，李匡威、赫连铎为北面正、副招讨使，由此组成了一个松散的讨伐班子。

就在大军将要出发之际，皇帝李晔得到一个喜讯，当时镇守潞州（今山西长治）的河东大将李克用之弟李克恭因为人骄横，虐待士卒，最终被部下所杀，众人推举另一员大将安居受为潞州留后，并举城投降朱全忠。

安居受又派人去召冯霸，但冯霸不听命令，安居受因害怕而逃出城外，结果被百姓杀掉，冯霸领兵立即进入潞州自称留后。

潞州发生兵变，这对于即将出发的朝廷大军来讲，无疑是个好消息，朝廷百官闻讯纷纷向皇帝李晔道贺，大军就这样在一片喜悦的气氛下开始出征。

五月四日，张浚等人在皇帝李晔和满朝文武官员的欢送下，率领中央禁军五十二都及邠、宁、鄜、夏四州兵马五万人浩浩荡荡向东进发，在晋州与宣武、镇国、静难、凤翔、保大、定难诸镇兵马会合。七月间，大军到达阴地关（今山西灵石县西南），兵锋直指李克用的老巢晋阳。

再说，李克用闻听潞州发生叛乱，立即派部将康君立前去平叛。冯霸得到消息后，立即向朱全忠求援。朱全忠命令部将葛从周星夜带领人马自壶关潜行至潞州，杀透重围进入城中。又派大将张全义、朱友裕驻军泽州之北，作为葛从周的后援。同时命令部将李谠、李重胤、邓季筠领兵攻打身在泽州的李罕之。于是征讨李克用的战役首先在朱全忠所在的南线展开。

当时赫连铎、李匡威得知朱全忠已经拉开征讨李克用的序幕，于是从北线配合朱全忠发动了对李克用的进攻。面对三面之敌，李克用全面冷静地分析了战局。他认为张浚所带领的官军，人数虽然众多，但由于是仓促组建，战斗力肯定不强，在他看来不足为虑。南线的朱全忠虽然是劲敌，但此时他正在和徐、郓二州的时溥、朱瑄打得难解难分，目前不可能抽调出太多兵力，对自己构不成太大的威胁。只有北面的李匡威、赫连铎才是自己最大的敌人。于是李克用命令康君立继续围困潞州，又派李存孝增援李罕之，让其固守泽州城，进而阻击朱全忠的人马北上，自己则带领李存信、李嗣源领兵抵御李匡威和赫连铎。

葛从周领兵进入潞州城后，便被康君立困在城中。朱全忠见潞州难以久守，于是想为朝廷送个人情，便派人通知张浚，想通过张浚下令让昭义节度使孙揆接管潞州。当时张浚不知道潞州城形势严峻，正担心朱全忠会将潞州据为己有，闻讯后立即拨发三千人让孙揆前去接管潞州。

八月十二日，孙揆从晋州出发。李存孝闻讯后带兵潜伏在长子县西谷截击。李存孝是河东地区第一猛将，统兵上阵所向无敌，这次他仅带领三百名骑兵对抗官军的三千人马。而孙揆为了不失中央官员的派头儿，大张旗鼓地拥众而行，当行到西谷时，李存孝带领伏兵直扑孙揆的中军，轻而易举地就擒获了孙揆和宦官韩归范以及士兵五百多人，将孙揆和韩归范呈送李克用，最终孙揆被李克用处死。不过李克用没有失去理智，他将宦官韩归范归还朝廷，并上表皇帝李晔申冤，表明自己是忠于朝廷的。

孙揆兵败被擒，虽然使讨伐李克用的联军士气大为受挫，但对李克用而言，紧张的局势并未就此解除。此时泽州的李之罕被邓季筠、李重胤等人围困多日，急得已经如同热锅上的蚂蚁，连连向李克用告急。李克用让李存孝带领五千骑兵星夜奔赴泽州救援。

李存孝赶到泽州后，从五千骑兵中又选出五百名骁勇之士，向朱全忠的军队发起进攻。

当时李存孝向朱全忠的军队进行挑衅，并破口大骂要活捉汴州士兵给手下人充饥，让汴州军队中较胖的人出战。

邓季筠闻听后勃然大怒，领兵应战李存孝，不曾想只交战一个回合，便被生擒活捉，剩下的李重胤、李谠等人见无力抵抗李存孝，便星夜引兵逃走。李存孝随之进行追击，在马牢山打败汴州军队，又趁势北上协助康君立围攻潞州。勉强能和康君立对抗的葛从周，眼见李存孝又领兵前来进攻，自知无法再进行对抗，于是弃城而逃。

至此征讨李克用的南线战场以失败告终，朱全忠对此恼羞成怒，痛责众多败军之将，并处死了李重胤、李谠等人。但终究挽救不了南线战场的失败，只得偃旗息鼓，收兵退回本镇。

南线战场就这样结束了战斗，而北线的李匡威、赫连铎最初进展比较顺利。李匡威攻占了蔚州，俘获刺史邢善益；赫连铎则成功击溃协助李克用作战的遮虏军，杀死遮虏军使刘胡子。

面对北线战场的严峻形势，李克用派遣他最宠信的大将李存信领兵迎战，可是由于兵马太少，出战不利，被赫连铎打败。他又命令部将李嗣源为统军副帅，协助李存信作战。李嗣源不像其他将领那样只是发号施令，而是身先士卒横冲敌军，士卒们都愿意跟随其作战，由于李嗣源的出战，李匡威、赫连铎接连战败，北线战事随之发生逆转。李克用得知消息后，亲自带领大军前来接应，李匡威、赫连铎狼狈败逃，并损失了将近一万人马。

在成功解除了朱全忠、李匡威等劲敌的威胁后，李克用从容不迫地对付以张浚为首的官军。而当时张浚率领官军在西线行动十分缓慢，主要原因在于粮草供给不到位。杨复恭为了阻止张浚在前线的作战，在朝廷内多方掣肘，致使粮草断绝。张浚不得已只能向镇冀、魏博两镇求助，而镇冀的王镕、魏博的罗弘信都是以河东作为屏障的，他们担心一旦李克用失败，朝廷下一个目标就会瞄向自己，所以以各种理由回绝了张浚的求助，并拒绝发兵助战。

张浚对此无可奈何，因此官军在阴地关滞留了三个月之久。一直到了十月，张浚这才克服重重阻力，勉强从阴地关向晋阳进发。

李克用得知官军逼近后，命令部将薛志勤、李承嗣带领三千人马驻扎在洪洞，李存孝领兵五千驻守赵城，阻住了官军的进路。镇国节度使韩建自知强弱悬殊，正面交锋难以取胜，便精选三百名勇士乘夜偷袭李存孝的营寨。但因为保密措施不严，被李存孝得知，于是设下伏兵反击韩建，韩建因此偷袭失利。

当时静难、凤翔两道兵马得知韩建偷袭失败的消息后不战自溃，禁军也是闻讯溃败而退，河东军乘胜追击，一直追到晋州西门附近，张浚只得领兵亲自迎战。但张浚毕竟是文臣，结果又大败而归，官军此战损失三千多人。静难、凤翔、保大、定难四镇兵马见势不妙，先行渡过黄河各归本镇，此时张浚手中只剩下禁军以及宣武镇人马万余人，只得闭城坚守，不敢再与河东军交战。

十一月，李存孝攻克距离晋州一百二十里的绛州。刺史张行恭弃城而逃，晋州因此失去屏障，李存孝进而兵围晋州，并发起攻城战役。不过一连攻了三天没有任何进展，李存孝认为自己毕竟攻打的是朝廷的军队，在攻城无果后，便下令撤兵五十里，为张浚闪出一条逃生之路。张浚和韩建利用这个机会逃出晋州，晋、绛二州由此被李存孝成功占领。

就在张浚和李存孝征战期间，韩归范带着李克用的诉冤状回到了长安。李克用的诉冤状措辞严厉，质问皇帝李晔为什么要征讨河东，而且表示如果朝廷继续征讨，自己将和朝廷对抗到底，并且在合适的时机打进京师长安。

皇帝李晔得到李克用诉冤状的三天后，张浚兵败的消息也传到了京城长安。张浚从晋州逃出后，率领残兵败将自含口逃出，翻越王屋山到达河阳，又拆民居的木料制成木筏渡过黄河，最终总算回到长安，但士卒已经损失殆尽。

面对惨败而归的张浚，皇帝李晔心中懊恼、恐惧、沮丧，可以说是百感交集。他懊恼自己轻易做出征讨李克用的决定；沮丧自己即位所做的抑制藩镇的努力化为泡影，辛苦组建起来的禁军再度夭折；恐惧李克用以武力相威胁以及随着朝廷威信的下降，关中地区藩镇有可能再起作乱之心。

为了缓和朝廷与李克用的关系，皇帝李晔被迫罢免了力主用兵的张浚和孔纬的宰相之职，恢复了李克用的姓氏和官爵。

征讨河东之战对于时局影响极大，可以说加速了大唐帝国走向衰亡的速度。探究其失败的原因其实有很多，因为朝廷禁军刚刚组建，战斗力不强，因此不得不依靠藩镇，而藩镇对讨伐李克用的态度又不统一，李匡威、赫连铎因为和李克用是水火不容之势，所以态度坚决，但终因兵少将寡而失败。朱全忠虽然卖了不少力气，但因为自顾不暇，无法抽调过多兵力参战，因此这一路军队最终撤出战场，终于导致整个战役以失败告终。

对李克用来讲，在这场战争中虽然是胜利者，但其损失惨重，而且朝廷的征讨降低了李克用在藩镇中的声望。内部则因赏罚不公而矛盾重重，其势力由此遭到削弱，而朱全忠因为主动撤出战场，最终坐收渔利，协助朝廷征讨使他提高了声望，而且自身势力并没有受到过多的损耗。

征讨河东之战结束后，朱全忠趁李克用喘息未定之际，成功臣服了魏博镇，使河朔三镇中最强大的魏博镇成为自己遮挡河东的屏障，也为他全力进攻徐、郓二州解除了后顾之忧。从此，朱全忠的实力开始一天天增长，终至他称霸的那一天。

铲除杨复恭

宦官手握兵权干预朝政，甚至是擅权废立皇帝，已经成为中晚唐时期以来难以去除的痼疾，对此皇帝李晔深有感触。如果不是当年田令孜给予他屈辱的一鞭，或许李晔对宦官还不至于如此痛恨。不过，上天终究和宦官集团开了个大玩笑，让他们将一个仇人亲手扶上了皇帝宝座。李晔在即位之初眼见以杨复恭为核心的宦官集团地位已经在朝廷根深蒂固，所以在暂时无力铲除时，便极力克制自己仇恨的情绪，尽量地迁就宦官们的嚣张跋扈。

但事实上，皇帝李晔内心深处时刻没有忘记铲除杨复恭，而且这种想法随着时间的推移，以及杨复恭的所作所为表现得越来越迫切。

早在龙纪元年（889 年）冬至时，李晔就因为祭祀的礼服事件，对杨复恭予以容忍。按照当时惯例，皇帝及文武百官要在冬至日到圜丘坛（天坛南半部）进行祭祀活动，唐朝典制规定，在这一天朝臣们可以穿着定制的礼服跟随皇帝进行祭祀活动，但宦官只能穿着平时的服装侍从旁边。

可是在僖宗李儇在位时期，田令孜擅自在衣服上加了襕袖，并和朝臣一样持笏助祭，这明显违反了礼仪之规。这一次在宦官该穿什么样衣服的问题上再一次发生争执，杨复恭认为宦官集团具有拥立之功，于是命令有关部门为其制作参加助祭的礼服，样式为冕服佩剑。

十一月二十三日，皇帝李晔在武德殿内宿斋，宰相及百官都身穿朝服各立其位，而出身宦官的左、右神策军中尉以及两位枢密使也都身穿朝服侍从。宰相孔纬以及谏官、礼官都认为宦官的穿着不符合礼法，因此坚决反对宦官穿礼服上朝。

时任太常博士的钱珝、李绰当天就上疏李晔，表示反对宦官身穿礼服上朝。在奏疏中钱、李二人从礼法以及宦官的身份角度，阐述了宦官身穿礼服上朝的危害。李晔看完奏疏后认为说得很有道理，可是他同样明白，论官职杨复恭是金吾卫大将军（正三品），如果仅仅让他穿平常的官服上朝，恐怕会让刚即位的自己陷入窘境，搞不好还会有性命之忧。

因此，皇帝李晔暗中回复钱、李二人，表示他们忠心可嘉，但目前的局势下，礼服问题乃是小事，而宦官专权的问题更不是一朝一夕所能解决的，他们这些人现在所要做的就是一个字“忍”。于是杨复恭等宦官就身穿礼服参加了助祭。

杨复恭本姓“林”，净身入宫后认大宦官杨玄翼为父，凭着这种关系，早在懿宗李漼在位时期，就被任命为枢密使。僖宗李儇在位时期因与田令孜不睦，一度遭到排挤。后来田令孜失势后，他又东山再起，身兼六军十二卫观容军使、左军中尉，总领禁军权倾朝野。

拥立皇帝李晔即位后，杨复恭仰仗具有拥立之功，急速扩充实力，广收义子干儿，号称“外宅郎君”，派这些人到全国各地担任节度使、刺史。这些“外宅郎君”仰仗杨复恭的权势，多做违法乱纪之事。例如，龙剑节度使杨守贞、武定节度使杨守忠不但不向朝廷缴纳贡赋，反而时常因为些小事上疏指责朝廷。除了杨复恭外放的这些“外宅郎君”，他还将宫中六百多个宦官收为养子，这些人也大多被派往各地充当监军，成为杨复恭的耳目。

对于杨复恭的所作所为，皇帝李晔可谓心知肚明，而且随着时间的推移，他感觉越来越难以忍受。但李晔知道，即使再难也必须暂时忍下去，不过他也会利用一些机会敲打杨复恭，让这个嚣张跋扈的宦官有所收敛。

一天，皇帝李晔正在太极殿和宰相们讨论如何应对藩镇反叛一事。杨复恭也因有事要面见皇帝，让轿夫一直将他抬到太极殿，到了皇帝近前才下轿，宰相孔纬见状十分气愤，便开口对皇帝李晔说道：

“陛下！我们管不了藩镇的反叛之事了，现在您的身边就有反叛之人，更何况那些鞭长莫及的地方了。”

皇帝李晔很长时间以来对杨复恭这种目中无人的做法，已经是见怪不怪，不过他听出孔纬是话里有话，于是立即开口反问：

“爱卿所指是何人反叛？”

“杨复恭本是您的家奴，竟敢乘坐轿舆大摇大摆地直冲前殿，并且还收了很多壮士为义子，这些人不是执掌禁军，就是被派到各地去当节度使，这不是明显要造反吗？”孔纬一边指着杨复恭，一边高声说道。

面对孔纬的指责，杨复恭连忙辩解说道：

“我收养壮士是为了替陛下笼络人心，好让他们尽力保卫国家，怎么能说成是谋反呢？”

杨复恭说完后向皇帝李晔连连叩头，希望用自己的肢体语言来打动皇帝李晔。不过他没有想到接下来李晔的话让他感觉如鲠在喉。

“你说这些确实是为了国家着想，可是朕不明白，你为什么不让那些人姓‘李’，而全都姓‘杨’呢？”

“这……”

杨复恭顿时面红耳赤，无言以对。这次对话就在这样一片尴尬的氛围中结束，不过杨复恭心中却对孔纬产生憎恨之情。前边说到的张浚、孔纬因为主张征讨李克用失败，结果孔纬被贬为荆南节度使，在赴任的途中，杨复恭派人在长乐坡阻截孔纬，抢走了他的所有财物，孔纬仅以身免。

就这样皇帝李晔与杨复恭的矛盾日益尖锐起来。不过仅仅因为口舌之争，李晔还没有真正下定决心铲除杨复恭，导致李晔最终下定决心的一件事，是源于杨复恭暗害皇舅王环一事。

大顺二年（891 年）八月，王环请求李晔到地方去做节度使，当时身为皇帝的李晔为此感到十分为难。从感情角度来讲，王环是他的亲娘舅，过去从未向自己提出什么要求，实在是不好回绝。可是从朝廷的局势以及自己的处境来看，李晔自己实在无法做主，因为当时杨复恭把持了任命节度使的权力，于是他只得硬着头皮征求杨复恭的意见。

事实上，李晔没指望杨复恭会立即有个肯定的答复。但他想不到杨复恭不仅一口回绝，而且言辞十分尖刻，丝毫不顾及皇帝陛下的面子。

“吕产、吕禄差一点倾覆汉室江山，本朝武三思又极度危害唐室，他的后人全都不能拜封。如果陛下信任王环，可以任用其他职务，绝不能让他这个外戚到地方担任节度使，一旦放他出去，恐怕日后无法节制啊！”

杨复恭说完，皇帝李晔没再说什么，等于同意了杨复恭的意见。坦白地讲，杨复恭的话虽然没有给皇帝面子，但说得还是有些道理，这一点李晔心知肚明，所以他没有和杨复恭针锋相对，而是转过头婉拒了王环的请求，暂时将其安置在宫中，帮助自己处理些杂务。

按说这件事情可以就此结束，但杨复恭接下来所做的事情，终于让李晔再也无法忍耐，下定决心无论如何也要铲除杨复恭。

杨复恭得知皇帝陛下将王环安置在宫中后，他本能地开始有一种恐惧心理，担心王环得知自己阻碍其担任节度使一职而对自己不利，于是心中生出了铲除王环的一个计划。

不久后，杨复恭奏请皇帝李晔派王环前往黔南地区担任节度使。黔南地区虽然是个闭关落后的地方，但皇帝李晔认为，杨复恭好歹是给了自己面子，便让王环带上族人前往黔南赴任。

就在王环就任的路上，杨复恭便让其兄杨复光的长子，时任山南西道节度使的杨守亮设法除掉王环。当王环一行来到利州益昌县的吉津柏时，杨守亮已事先派人守候在那里，王环一行人乘坐的船刚一到，杨守亮的士兵便一拥而上将船掀翻，王环及其族人全部溺水身亡。然后杨守亮上疏皇帝李晔，谎称国舅王环乘船失事，溺水身亡。

皇帝李晔当然知道杨守亮和杨复恭是什么关系，他明白此事杨复恭万难脱开干系，他深刻地意识到杨复恭的嚣张跋扈已经到了滥杀无辜的地步，如果再不加以铲除，恐怕日后自己的性命也会交待在他的手中。

皇帝李晔明白，要想铲除杨复恭，首先要解除他的兵权。然而身为六军十二卫观军容使的杨复恭，掌握禁军多年，在军队中根深蒂固，并且党羽众多，其“外宅郎君”们在禁军中全都担任要职，特别是他的养子杨守立更让皇帝李晔感到难以对付。因为杨守立不仅英勇善战，而且在禁军中声望极高，一旦解除杨复恭的兵权，杨守立必反无疑。

因此针对这种现状，皇帝李晔和亲信臣僚们可谓煞费苦心。经过一段时间的密谋后，他们决定采取拉拢杨守立的方法，使其逐渐背叛杨复恭。

定下计策后，皇帝李晔某一天召见杨复恭，开始实施自己的计划。

“听说你那个本姓‘胡’的养子英勇善战，朕想让他到朕的内宫负责朕的警卫工作。”

“多谢陛下厚爱，老奴这就将他召来面见陛下！”

……

杨守立就这样成了皇帝李晔的身边人。李晔为了表示对他的信任，赐其“李”姓，并改名李顺节，让他负责指挥禁军，并将各屯营门的钥匙也交给他负责。不久又将他提升为天武都头，领镇海节度使，还给他加上了同平章事的头衔。

事实证明，李晔拉拢李顺节的策略十分奏效，面对一连串的升迁，李顺节认为这一切都是皇帝的恩赐，逐渐对杨复恭失去了往日的恭敬之心，并开始和杨复恭争权。为了早日扳倒杨复恭，尽快掌握朝廷全部兵权，李顺节尽其所能将杨复恭往日的不法行为全部上报皇帝李晔。李晔顺势将杨复恭的罪名公之于众，并以此为由撤销了杨复恭的神策军中尉之职，派他到凤翔监军。

杨复恭对此大为恼火，坚决不肯从命，并声称自己有病请求退休。这对皇帝李晔来讲无疑是求之不得的，于是他立即下诏同意了杨复恭的请求，让他以上将军的身份退休。而且为了防止杨复恭反悔，李晔派使者到其住所宣布诏令。可是就在使者宣布完诏令回宫时，杨复恭便派心腹张绾在途中将使者杀害，以解其心头之恨。

杨复恭就这样被皇帝李晔解除了兵权，而退休在家的杨复恭心中异常烦闷，地位的落差让他很想找个贴心人倾诉一下自己的冤屈。杨复恭的住所在昭化，靠近禁军所在的玉山营，其另一个养子时任玉山营军使的杨守信倒是不忘养父的旧恩，时常抽空到府上看望干爹。因此有人告发杨守信与杨复恭密谋造反，皇帝李晔也认为杨复恭终究是心头大患，因此决定利用这个机会彻底铲除杨复恭。

大顺二年（891 年）十一月八日，皇帝李晔在禁军的护卫下登上安喜楼，命令天武都头李顺节、神策军使李守节带兵攻打杨复恭的住所。张绾带领杨复恭的家兵拼死抵抗，杨守信闻讯后也带领他的玉山营前来救援。李顺节等人虽然奋力进攻，但直到天黑也没能攻下杨府，只得将杨府团团围住，准备第二天继续进攻。

次日战斗继续进行，当时守卫寒光门的禁军想要趁乱劫掠两市。宰相刘崇望骑马从此路过，正巧遇到正要劫掠的士兵，便动员士兵们应该协助皇帝陛下铲除奸佞，而不是在这里劫掠财物，士兵们都表示愿意效命，于是便跟随刘崇望前去助战。

杨守信的部下见刘崇望带领禁军前来增援，自知不敌纷纷逃命，杨守信只得保护杨复恭及其族人杀出条血路，从通化门逃出长安，直奔兴元而去。

杨复恭到达兴元后，写信给他在各地的义子干儿，讲述了自己被解职的前后经过，并联络这些人准备起兵造反。当时据守山南地区的杨守亮、杨守忠、杨守贞等人以及绵州刺史杨守厚等人相继响应，而凤翔节度使李茂贞早就觊觎山南地区，于是趁机向朝廷请求讨伐杨复恭。

乾宁元年（894 年）七月，杨复恭、杨守亮、杨守信等在李茂贞的攻击下，无力据守山南地区，便想前往河东投奔李克用，当行到华州时，被刺史韩建擒获，并于八月押解到长安，杨复恭最终被斩于独柳之下。

至此，始终是皇帝李晔心腹大患的杨复恭，终于被彻底铲除。对于李晔而言，也算是报了当年那一鞭之辱的仇，更是他即位以来，重振唐威关键的举措。不过从当时的局势来看，皇帝李晔要想实现重振唐威的宏愿，还有很长的一段路要走。

第八章
晋汴角逐

耀兵河北

皇帝李晔有决心重振唐威，但他面临的局势却是相当严峻，除了朝廷内部宦官专权之外，全国各地的藩镇也彼此攻伐不断。除了老牌儿藩镇成德、魏博、卢龙之外，宣武的朱全忠、河东的李克用、河中的王重荣、义武的王处存、泰宁的朱瑾、天平的朱瑄、武宁的时溥等，都不是省油的灯。

不过经过十几年的征战厮杀，宣武的朱全忠与河东的李克用逐渐脱颖而出，成为皇帝李晔即位以来，最具实力的两大藩镇。前边我们说过，朱、李二人的矛盾由来已久，大顺元年（890 年），朱全忠和李匡威、赫连铎联合讨伐李克用，是晋汴两大藩镇之间爆发的一次大规模冲突。在这次战争中，朱全忠在军事上虽然受挫，但因为审时度势地主动退出战场，所以损失不大，实力依旧强大。相比之下，李克用虽然取得胜利，但在道义上和实力上损失不小。

于是，在经过一系列的互相攻伐之后，朱、李二人双方都认识到，在短期内消灭对方不太现实，便采取远交近攻的策略，首先致力于兼并其他弱小藩镇。

首先采取这一策略的是河东的李克用。

大顺元年（890 年），李克用成功顶住朱全忠、李匡威、赫连铎的联合讨伐后，在转年的四月，为了报仇雪恨，发起了对相对弱小的赫连铎的进攻。

赫连铎在浑河北岸设兵阻击李克用，但是防线很快便被李克用的沙陀军队击溃。李克用乘胜包围了云州（今山西大同），并一直围困三个月之久。到了七月，云州城内粮草断绝，赫连铎见无法固守，于是弃城逃奔吐谷浑。

损兵折将的赫连铎到达吐谷浑后，由于处于穷困潦倒的局面，再也得不到往日的礼遇，于是一气之下又离开吐谷浑，投奔了其盟友卢龙节度使李匡威，企图东山再起。李克用击溃赫连铎后，便控制了云州地区，在那里设置官吏进行管辖，并任命大将石同善为大同防御使。

李克用打败了赫连铎，总算是出了一口恶气，他本想就此休整一下，准备南巡察看朱全忠的虚实情况。八月，李克用到达泽潞地区，为了查清朱全忠的虚实，他冒险前往边界怀孟（今河南沁阳）地区。就在此时，卢龙节度使李匡威和成德节度使王镕见李克用吞并了云州，内心十分震惊，于是两个人准备联手讨伐河东。

当时在卢龙和成德镇之间还夹着依附李克用的义武节度使王处存，于是李匡威和王镕决定首先灭掉王处存，便同时向定州（今河北定州）发起进攻。李克用的部下时任邢洺节度使的李存孝得到消息后，建议李克用进攻镇州（今河北正定）进而牵制王镕，以解定州之围。十月李克用命令李存孝从南面攻打镇州，又让李存信、李存审自井陉方向出兵增援。由于沙陀军队骑兵优势明显，河东军队在临城西北的龙尾冈打败镇州军队，杀敌近万人，并一举攻克临城，随后又包围了元氏、柏乡。王镕抵挡不住李克用的进攻，于是向幽州的李匡威求援。李匡威领兵前来增援后，李克用鉴于军队刚刚结束战争需要休整，于是在大肆劫掠之后，退兵邢州（今河北邢台）驻守。

面对失败，李匡威、王镕当然不肯甘休，景福元年（892 年）正月，李、王二人继续合兵一处，发动大军十余万人对李克用掌控的尧山发起进攻。李克用派大将李嗣源领兵迎击，结果幽镇联军大败而归。

当时处在幽、镇之间的王处存感受到了来自李、王二人的极大压力，担心就此会被吞并掉，于是主动联合李克用，趁势合兵攻打王镕，并成功攻克了天长镇。天长镇是王镕的治所门户，王镕急忙组织人马反扑，在新市（今河北新乐）偷袭李克用得手，将其打败。

李克用没有想到王镕居然还有还手的实力，他担心王镕的背后或许会有增援部队，于是在没有摸清敌情的情况下，他决定退守栾城以观其变。

当时面对藩镇们在河北地区的互相征伐，朝廷无计可施，只能是下诏劝其和解，但丝毫没有效果。河东、卢龙、成德、义武四大藩镇对朝廷的诏令置若罔闻，所以攻伐依然不断，战火依旧继续。

八月，李克用带领少量兵马进行北巡，当到达代州（今山西代县）西北的天宁军时，他得到了一个紧急消息，李匡威与赫连铎领兵八万攻打云州，鉴于自己手中兵马不多，李克用急忙派人回晋阳召大将李君庆出兵救援，自己则带领兵马悄悄进入新城（今山西朔州），又派人在神堆（今山西大同西南）设下埋伏，俘虏了吐谷浑巡逻骑兵三百人。

李匡威与赫连铎听到吐谷浑骑兵被擒的消息后，以为李克用对云州早有防范，于是不再敢向云州进兵，而是就地驻兵观望。事实上，以李匡威与赫连铎的实力来看，如果不进攻云州，应该立即撤兵回到本镇，留在半路实在不是明智之举。

果然在八月二十七日的时候，李君庆领兵赶到新城，与李克用合兵一处进入云州，开始对云州加强守卫。这样一来也就使李匡威与赫连铎失去了进攻云州的绝好机会，而且李克用并不想就此打一场云州守卫战，而是在次日就发起对李匡威的反攻。当时李匡威实在没有想到李克用会主动出击，结果因为仓促应战被打得溃不成军，被迫烧掉营垒一路逃窜而去，李克用驱兵全力追赶，在天成军（今山西灵丘东北）两军再次展开激战，李匡威再一次被打败。

就在李克用在河北地区耀武扬威地接连打败李匡威与赫连铎时，一个消息传到了他的耳中，使他不得不主动退出与李匡威、赫连铎之间的征战。因为他的养子、时任邢洺节度使的李存孝与王镕、朱全忠结盟，上表朝廷将邢、磁、洺三州之地交还朝廷，并请求皇帝李晔赐旌节讨伐李克用。

河朔战火

李存孝，本名安敬思，自少年时代起就跟在李克用身边，因善于骑射勇冠三军，被李克用收为养子，身经百战，为李克用立下汗马功劳，河东军将士皆畏惧三分。

李克用还有个养子名叫李存信，出身回鹘，也是能征善战，而且文武双全，甚得李克用的宠爱。但是李存信与李存孝二人互相争功，各不相让，矛盾十分突出。

大顺元年（890 年），李存孝在李克用与朱全忠争夺潞州城时表现十分英勇，一举从朱全忠的手中夺回了潞州，他本以为李克用会将潞州划归自己管辖，没想到却划给了康君立，因此对李克用开始产生不满，并怀疑是李存信从中作梗而致。

大顺二年（891 年），李存孝镇守邢州时，想立个大功与李存信争宠，于是他建议李克用攻打镇州的王镕。虽然李克用同意了李存孝的建议，但时间已经是两个月后的事情。后来王镕围攻尧山，李存孝救援不力，李克用任命李存信增兵救援，而两个人互相猜忌，致使救援工作停滞不前，李克用只得改派另一员大将李嗣源前去迎战。战事结束后，李存信回到晋阳，来个恶人先告状，诬陷李存孝私自与王镕、朱全忠结盟，而李存孝在邢州得到消息后，怀着对李克用的不满，干脆扯旗造反，公开与王镕、朱全忠结盟。

李克用没有料到李存孝会背叛自己，于是在景福二年（893 年）二月，他亲自率领大军围攻邢州。当时王镕派部将王藏诲送书劝其二人和解，李克用恼羞成怒，不仅处斩了王藏诲，还兴兵攻打王镕，并在大平山将王镕打败。

李克用又领兵进攻天长镇，连续进攻数日没有攻下。王镕接连派三万大军前去救援，但全被李克用击败，李克用进而又攻克井陉，虽然在此之前李存孝派兵进入镇州增援王镕，但自感形势危急的王镕，还是决定向朱全忠求救。

面对王镕的求救，当时正与时溥打得难解难分的朱全忠，无法抽调出兵力增援王镕。于是他只得写信威胁李克用，告诉他如果继续攻打王镕，自己将发兵救援。李克用早知道朱全忠是在骗人，在回信中的态度也是十分强硬，他告诉朱全忠，如果手中真有能够作战的军队，尽管派出来，自己将尽力应战，并约好交战地点，就在常山。

朱全忠接到李克用的信后，鉴于和时溥一战还没有结束，便没再继续挑衅，所以李克用继续攻打王镕。不过王镕虽然没能得到朱全忠的增援，但幽州的李匡威还是很够意思，当他得知王镕遭到李克用的攻击后，立即发兵赶来增援，并在元氏打败李克用的军队。李克用担心会遭到王镕、李存孝、李匡威的三军连击，于是领兵南下直扑李存孝所在的邢州。

景福二年（893 年）七月，王镕派兵增援李存孝，不过其援军却在平山坡被李克用击败。此时王镕因为在此之前连续失利，形势已经极为不利，当时面对李克用这个强敌，王镕内心十分畏惧，因此他向李克用请求议和，并声称愿意出兵二十万帮助李克用打下邢州。而李克用当时急需粮食，所以接受了王镕的请和。

王镕与李克用议和后，李克用可以全力对付李存孝，他从栾城会合王镕的三万兵马南下任县，而李存信则屯兵琉璃坡，将邢州城包围。面对几路大军的围攻，李存孝毫不畏惧，时常出兵交战，并曾经利用夜色偷袭李存信的营地，俘获其手下部将孙考老。

李克用的几路大军围攻邢州，很长时间没有攻下，这对于手中粮食不多的李克用来讲不是什么好事儿。所以他准备在邢州城外环城挖壕筑垒之后，只留下王镕和李存信继续围攻邢州城，自己则领兵退回晋阳。

针对李克用的这种部署，有人建议李存孝暂时闭城不战，等到李克用离开之后，再与王镕、李存信等人决一死战。李存孝采纳了这个建议，但他低估了李克用挖壕筑垒的作用，等到李克用完成挖壕筑垒之后，李存孝才明白，所有的人马都无法逾越出城，他现在所能做的就是困在城里等死。

乾宁元年（894 年）三月，邢州城内粮食断绝，李存孝无计可施，只得登上城墙向李克用求饶。他告诉李克用之所以会反叛，完全是因为被谗言中伤，希望能够和李克用见上一面，当面将事情解释清楚。

李克用当时让夫人刘氏入城去见李存孝，刘夫人说服李存孝出城来见李克用。李存孝伏地请罪，说自己立有战功，如果不是李存信逼迫，自己断然不会背叛义父。但是李克用不为所动，他斥责李存孝，说他给朱全忠、王镕写信骂自己，难道也是李存信逼迫的吗？最终李克用命人将李存孝押回晋阳，在牙门外将其处以车裂之刑。

事实上，当李存孝被押回晋阳决定判处死刑之时，李克用因为爱惜其才，依然希望能够有人站出来为他求情，然后趁势免其死罪。然而当时诸将全都嫉妒李存孝的才能，竟无一人站出来说话。李存孝死后，李克用一连十多天不理军务，情绪产生极大的波动，最关键的是他的这种不稳定情绪，最终致使他自剪羽翼，使自己的实力受到损耗。

例如，大将薛阿檀，因为与李存孝关系密切，在李存孝死后，担心受到牵连，看到李克用情绪失控后自杀身亡。又如，乾宁元年（894 年）八月，时任昭义节度使的康君立到晋阳拜见李克用，本来李克用十分高兴，设宴为其接风洗尘。可是在席间忽然想起死去的李存孝，不禁放声痛哭起来，康君立因为与李存信关系较好，便出言劝慰李克用说李存孝之死是罪有应得，不足为惜。没想到李克用听完后勃然大怒，抽出宝剑向康君立砍去。康君立被砍成重伤，李克用却不让人为他医治，将其囚于马步司。过了几天，李克用觉得如此对待康君立有些过分，便下令将他放出来，可是那个时候康君立已经死去。

对于李克用而言，接连失去几员大将，使本镇的实力大为受损，自此之后，更是无力再与身在汴州地区的朱全忠对抗。这反而让朱全忠渔翁得利，成为藩镇中最为强大的一支（“朱全忠独盛矣”）。而且情绪的失控不仅让李克用自损羽翼，更让本有机会成功占领幽州的他失去了独占幽州的绝好机会。

当王镕得到李匡威的援救，解除了李克用的威胁后，李匡威便带兵返回幽州，没想到当他走到博野时，其弟李匡筹在幽州自称留后，夺了李匡威的兵权。

当时幽州的局势十分混乱，李匡筹虽然自称留后，但是人心不服。幽州的刘仁恭戍守蔚州（今山西灵丘）时听说李匡筹篡立，便带着人马攻打幽州，可是在居庸关被李匡筹打败，刘仁恭只得逃奔河东投靠李克用。

不过，刘仁恭虽然投靠了李克用，但他不想长期客居河东，多次请求李克用拨给他一万人马继续攻打幽州。当时李克用正在集中精力攻打邢州，一时抽调不出更多的人马，只给了刘仁恭几千人马让他去攻打幽州，这无异于以卵击石。

李匡筹看到李克用不过如此，便多次派兵侵扰河东之地。乾宁元年（894年）十一月，李克用被李匡筹彻底激怒，在平定李存孝叛乱后，开始组织兵力对幽州卢龙军发起猛攻，很快便攻克了武州（今山西繁峙），并进围新州（今河北涿鹿）。

十二月，李匡筹派一万人马营救新州，李克用选精兵在段庄进行阻击，当时由于卢龙兵猝不及防，几乎全军覆没，多人被活捉，河东兵将这些人用绳索连成一串，绕新州示众。

当天夜里新州守将见大势已去，于是举城投降。十二月二十三日，李克用又发兵进攻妫州。次日李匡筹派兵出居庸关增援，李克用再次选派精兵采取围城打援的策略，打败李匡筹的增援人马。二十六日，李匡筹见幽州城难以坚守，于是携带家眷逃往沧州，结果被义昌节度使卢彦威杀害，幽州城就这样落入了李克用的手中。

乾宁二年（895年）正月，幽州数万军民载歌载舞地迎接李克用进城。李克用在幽州城进行了声势浩大的阅兵式后，带兵返回河东，只留下义子李存审和刘仁恭分兵讨伐还未归顺的州县。

为了使幽州更牢固地掌控在自己手中，李克用上疏朝廷，请求以刘仁恭为幽州留后驻守幽州。皇帝李晔批准了李克用的奏请，这本来是个很好的安排，但在李克用离开幽州后，驻守幽州的河东兵骄横不法，完全不将刘仁恭放在眼里，刘仁恭被迫处死了许多河东士兵。李克用对此十分生气，写信责备刘仁恭，而刘仁恭将自己的责任推得一干二净，自此之后李克用与刘仁恭的矛盾开始不断加深。

乾宁四年（897年），李克用为了迎回流亡在外的皇帝李晔，决定出兵关中，为皇帝李晔回京扫平障碍。他向刘仁恭征兵，而刘仁恭却谎称契丹时常南下入侵，需要大军防御，拒绝为李克用提供兵源。李克用因此多次写信催促，而刘仁恭却是拒不从命，而且在回信中秽语连篇，使李克用十分恼怒。

八月，情绪失控之下的李克用亲率大军讨伐刘仁恭，九月五日领兵抵达介于蔚州和妫州中间的安塞军，随后开始展开了对刘仁恭的进攻。刘仁恭派部将单可及率领骑兵迎战，当时李克用正在营帐中饮酒，而且喝得有些神志不清，当他听到探马来报，说刘仁恭的军队到达时，神志不清的他仓促带兵出击，当时天降大雾，单可及的部将杨师侃在木瓜涧设下伏兵，打败河东军队，后来只是因为天降大雨方才撤兵，但是此时河东兵马已经损失过半，李克用醒酒后才知道军队战败，只得带领残部撤兵回到本镇。

幽州本来是李克用新占据的地盘，但终因为情绪失控，使幽州之地从自己的手中丢失。虽然他的实力依旧强大，但比起他的老对手朱全忠，李克用实力下降得十分明显，而反观朱全忠则在中原地区打得顺风顺水。

吞并徐兖

朱全忠在解除秦宗权的威胁后，便想进一步兼并兖、郓之地，然而朱瑄、朱瑾二人对自己有恩，而且又已经和自己结为兄弟，他为找不到借口而苦恼。当时手下谋士敬翔为朱全忠献上良策，让士兵们扮作叛逃者，逃进兖郓之地，到时可以打着惩治叛徒的名义进兵兖郓之地。

朱全忠依计而行，命令部分士兵逃往兖郓之地。朱瑄、朱瑾早就羡慕朱全忠有一支强悍的军队，因此面对叛逃过来的汴州之兵，他们全部收留。这就给了朱全忠口实，他写信责备朱瑄招降自己的士兵。朱瑄为此大为不满，在回信中语气强硬，朱全忠就是利用这个机会，终于找到了出兵的借口。

光启三年(887 年)八月，朱全忠派朱珍、葛从周进攻曹州(今山东菏泽)，杀死刺史丘弘礼，并乘胜进军濮州（今山东甄城）。朱瑄、朱瑾领兵迎战，双方在刘桥相遇，结果朱氏兄弟被朱全忠大败，被迫只身逃跑。

九月，朱珍对濮州再次发起进攻，朱瑄派其弟朱罕带领万余人进行增援，而朱全忠则在濮州以东六十里外展开对朱罕的阻击，致使朱罕全军覆没。十月，朱珍攻克濮州，进而包围郓州，在形势危急之下，朱瑄让弟弟朱裕写信向朱珍诈降，约定充当内应，结果朱珍中计，领兵偷袭郓州，朱瑄打开城门放朱珍进城，结果入城者全部被歼。朱瑄乘胜收复濮州，自此之后朱全忠与朱氏兄弟公开决裂，双方形成水火不容之势。

当时朝廷因淮南地区久经战乱，想找一个强藩加以镇抚，便任命实力较为强大的朱全忠兼任淮南节度使、南面招讨使。野心勃勃的朱全忠接到诏令后，立刻委任宣武行军司马李璠为淮南留后，派牙将郭言领兵千人护送李璠上任。

而时任感化节度使的时溥认为，在镇压黄巢起义的过程中，自己的功劳要比朱全忠大，听说朱全忠被朝廷任命为淮南节度使，心中颇为不平。他知道从汴州到淮南，朱全忠必须要经过自己的领地，所以朱全忠派人向时溥借道时，时溥不仅断然拒绝，而且派兵袭击了保护李璠即将进入自己领地的郭言的军队。郭言无奈之下只得退回汴州，而时溥就此也与朱全忠结怨。

从整体实力来看，朱瑄、朱瑾兄弟和时溥都无法与朱全忠相比，因此羽翼渐丰的朱全忠决定趁天下大乱，唐室衰微之际，全力经营东方，在灭掉秦宗权后，吞掉时溥，再行兼并兖郓之地。

可是让朱全忠想不到的是，一个偶然发生的事件使他暂时推迟了自己的计划。

文德元年(888年)二月，魏博镇发生叛乱。魏博节度使乐彦祯残酷暴虐，将其辖区六个州的百姓都征调到魏州，修筑方圆八十里的罗城，百姓深受其劳苦之害。乐彦祯之子乐从训尤为凶狠，早在中和四年的时候，宰相王铎路过其辖境，他在高鸡泊设伏将王铎杀害，朝廷对此也无可奈何。

乐从训还组织了一支由五百名亡命徒构成的亲兵人马，魏博镇的牙兵对此经常惴惴不安，担心地位被这五百人取代，因此伺机铲除这些人。乐从训知道后，担心被牙兵加害，最终逃出魏州，被乐彦祯任命为相州刺史。

乐从训虽然逃出了魏州，但他经常派人向魏州城运送武器。他的这种做法引起了魏州牙兵极大的恐惧，乐彦祯见牙兵情绪不稳，担心发生动乱，急忙向朝廷申请辞职，愿意到龙兴寺削发为僧，而后牙兵们推举都将赵文玠为留后。乐从训听说其父被迫退位，便率领三万兵马攻打魏州，赵文玠闭城不战，牙兵们认为他畏怯，于是将其杀害，又拥立牙将罗弘信为留后。

罗弘信当时倒是十分有胆量，率领牙兵出城迎战，并打败乐从训，然后乘胜追击，将乐从训团团包围在内黄（今河南内黄）附近。乐从训只得向身在汴州的朱全忠求援，并告诉朱全忠，他派去魏博镇买粮的部将雷邺也是被牙兵们所杀。

此时朱全忠正在宋州（今河南商丘）筹集粮草，准备攻打秦宗权，接到乐从训的求援信后，立即领兵前往滑州，并派部将朱珍前去援救。

朱珍自白马渡河，接连攻克黎阳、临河、李固三镇，兵临内黄城下，并打败魏州牙军，解救了被包围的乐从训。但是乐从训当时不听朱珍劝告，一心想夺回魏州城，便移兵洹水。罗弘信派牙将程公信出兵袭击乐从训，将乐从训斩杀，牙兵们回城又处死了乐彦祯，将其父悬挂城门示众。而罗弘信不想与强大的朱全忠结仇，因此派使者带着重金厚礼慰劳汴州军队，并请求修好。

朱全忠本不想主动插手魏博镇叛乱事宜，但此次出兵损失不大，而且由于罗弘信的主动修好，使朱全忠得到了大量的军需物资补充，实力进一步增强，也为他接下来进攻秦宗权打下了坚实的基础。

朱全忠从魏博镇退兵后，便发起了对秦宗权的进攻，在蔡州（今河南汝南）城南大败秦宗权，并攻克其北关门。针对秦宗权当时固守蔡州城中的现状，朱全忠将众将分为二十八个营寨，将蔡州城团团包围。八月三日，朱全忠攻克蔡州南城，次日因为粮草不济，蔡州城破在即，于是留下朱珍继续攻打蔡州，自己则领兵回到汴州。十二月，秦宗权的部将蔡申丛见秦宗权大势已去，于是囚禁秦宗权，向朱全忠投降，第二年秦宗权被押解长安处死。至此，曾经致使江淮地区陷入战火的秦宗权，终于得到了应有的下场。

灭掉了秦宗权，朱全忠开始得以全力对付时溥。文德元年(888年)九月，朱全忠自蔡州退兵后，派朱珍领兵五千护送刘瓒前往楚州（今江苏淮安）赴任刺史。当朱珍等人行至时溥的辖地时，时溥派兵前来阻击，朱珍将其击溃，并乘势攻下了沛、滕二县，朱、时二人由此开始交兵。

在看到汴州军接连攻取自己的两个县后，十一月，时溥亲率七万大军屯驻吴康县，试图对朱珍采取大规模的进攻。不过，在还没有准备好时，朱珍先发制人，打败时溥的徐州军队，时溥被迫从吴康县撤退，结果邻近的宿州被朱珍攻克。

龙纪元年（889年）六月，朱珍攻克萧县，在此和时溥形成对峙局面。本来这种对峙局面，是有利于军事实力强大的朱全忠一方的，但朱全忠此时却犯了和先前李克用一样的情绪冲动的毛病，导致大将朱珍被处死，并以部将庞师古代为指挥全军。不过，庞师古的能力和朱珍相比差了很多，时溥趁机进兵击败庞师古，收复了徐州周边的大部分失地。

时溥虽然利用朱全忠的错误接连打了几个胜仗，但他十分清楚，自己在军事上处于劣势，双方力量相差悬殊。为了防止朱全忠大兵压境，时溥决定向李克用求援，可是李克用虽然和朱全忠是仇敌，但此时是心有余而力不足，只派了部将石君和带领五百名士兵增援。

面对如此少得可怜的增员人马，时溥不敢和朱全忠进行正面交战，而是出兵攻取砀山。朱全忠得到消息后，派其子朱友裕领兵一万奔赴砀山，在那再一次打败徐州军队，并生擒石君和。

后来即使在李克用、李匡威、赫连铎联手讨伐朱全忠时，朱全忠依旧没有停止对时溥的进攻。大顺二年（891 年）十月，朱全忠攻陷宿州，一个月后又兵临徐州，迫使时溥的骁将刘知俊带领两千人马投降朱全忠。因此时溥的实力进一步削弱，而其辖地的经济状况更为糟糕，由于连年征战，徐、泗、濠三州的农民几乎是颗粒无收，再加上水灾严重，境内十分之六七的农民因饥饿而死。

在这种情况下，时溥不得不向朱全忠求和，而朱全忠答应得十分干脆，并告诉时溥，如果想议和，就必须移驻其他地区才行。对于这个要求，时溥满口答应。于是，朱全忠向朝廷奏请将时溥转到其他藩镇，另派一名心腹将领驻守徐州。皇帝李晔当即下诏，让宰相刘崇望为感化节度使，让时溥担任太子太师。可是当刘崇望走到华阴时，时溥因为担心朱全忠反悔，害怕日后会加害自己，于是他又决定坚守徐州，刘崇望被迫只得返回长安。

时溥决定继续对抗朱全忠，在看到李克用指望不上后，他开始向兖州的朱瑄、朱瑾求救。景福二年（893 年）二月，朱瑾带领两万人马出兵援救徐州。朱全忠令其子朱友裕和大将霍存前去阻击，二人合力在石佛山下打败兖州军队。朱瑾带着残兵败将逃回兖州，朱友裕担心朱瑾会有埋伏，所以并未追击。

时溥在朱全忠的攻击下，据守徐州城不敢出战。汴州军队将徐州城团团包围，不过，因为时溥防守严密，汴州军队连续攻打了几个月毫无进展。通事官张涛写信给朱全忠，认为攻城之所以不顺利，是由于出兵的日子不好。朱全忠认为有道理，于是便想撤兵回去，准备选个良辰吉日再来攻打。

就在朱全忠准备撤兵时，谋士敬翔坚决反对，他认为连续攻城已有数月，已经耗费了大量的人力和物力，徐州城虽然还没破，但已经是强弩之末，也许再坚持一下就可攻下，万万不可在如此关键时刻半途而废。

事实证明，如果不是敬翔阻止撤兵，或许朱全忠和时溥的战争就不会继续下去。朱全忠最终采纳了敬翔的建议，并亲自到徐州城下督战，继续攻打徐州城。终于，又经过了十几天的连续攻城后，时溥走投无路，率领族人登上城内的燕子楼自焚而亡，徐州就此为朱全忠所有。

徐州之战结束后，朱全忠并没有停止扩张的步伐，下一个目标当然就是兖、郓二州。

在刚刚攻打徐州城完毕后，朱全忠马不停蹄地全力对付山东的朱瑄、朱瑾兄弟，他让庞师古的人马稍事休息，就调转兵锋攻打兖州，屡次击败朱瑾。乾宁元年(894 年)二月，朱全忠亲自率领大军进攻郓州，朱瑄闻讯后，与朱瑾一起领兵直奔鱼山截击朱全忠，以求速战速决。

朱全忠整军迎战，两军在荒草之中展开对决，时值西北风骤起，朱全忠让士兵们放火，浓烟立即向兖郓军队扑去，汴州军趁势攻击，朱氏兄弟大败而归，死亡万余人。朱瑄眼见对抗不过朱全忠，也立即向李克用求救，而李克用和先前援救时溥一样，也只是派出五百名士兵，由部将安福顺、安福庆率领前往增援。

乾宁二年（895 年）正月，朱全忠派朱友恭领兵攻打兖州的朱瑾，并将兖州团团包围。朱瑄得到弟弟被围的消息后，立即领兵赶来救援。朱友恭在高梧设下伏兵打败朱瑄，生擒安福顺、安福庆。

李克用眼见二将被擒，而且兖州形势极其危急，立即派出得力部将李承嗣带领万余名沙陀骑兵前往兖州救援。而朱友恭看到作战勇猛的沙陀骑兵到来后，急忙撤兵回到汴州，李克用见汴州军队撤兵，于是也撤回了自己的骑兵部队，双方暂时偃旗息鼓。

八月，朱全忠卷土重来，亲自率领军队攻打兖州，他让士兵埋伏在梁山，然后到郓州城下挑战。朱瑄出城迎战，结果进入朱全忠的埋伏圈，大败而归。十月，朱全忠又让葛从周进攻兖州，齐州刺史朱琼投降朱全忠，兖州的处境更加危险。为了迅速解除兖州的危急局势，朱瑄派大将贺环、柳存率领一万人马袭击曹州以解兖州之围。朱全忠得到消息后，自兖州率领骑兵连夜追赶，于次日拂晓时分，追上朱瑄的人马，将其杀戮殆尽，并生擒了贺环、柳存及其部下十多名将领。

第二天，朱全忠又回到兖州城下，让士兵用绳子捆住贺环和柳存等人在城下绕行，并对城内高喊，说朱瑄已经失败，让城内的守军立即投降。朱瑾则利用这个机会，写信给朱全忠诈降，朱全忠信以为真，亲自到延寿门与朱瑾对话。

朱瑾当时表示愿意献出印符，不过条件是让朱全忠的部将，也是朱瑾的堂兄朱琼到自己这边来取。朱全忠答应了朱瑾的要求，让朱琼前往对方阵营。朱瑾当时立在桥上，让其部将董怀进躲在桥下，等到朱琼一上桥，董怀进忽然从桥下跃出，将朱琼挟持进兖州城，然后士兵们升起吊桥，兖州城重新进入戒备之中。

不一会儿，朱琼的人头被士兵从城墙下扔出，朱全忠见被骗，而且兖州城防备严密，一时间难以攻下，于是只留下葛从周继续包围兖州城，自己领兵返回汴州。朱全忠撤退后，朱瑾依旧闭城不战，随着时间的推移，城内粮食开始出现短缺，并逐步到了财尽力竭的地步。

乾宁四年（897 年）正月，朱全忠企图一举吞并兖郓之地，命令庞师古、葛从周向郓州发起猛攻。朱瑄见汴州军队兵锋甚锐，躲在城内不敢出战，将护城河灌满水，试图凭此守住城池。

正月十五日，庞师古带领大军在郓州城西南安营扎寨，命令士兵拆毁民房，用房木架设浮桥，五天后浮桥铺成，他利用夜色率军渡过浮桥攻城。朱瑄慌忙弃城逃奔中都，葛从周领兵在后追赶，将朱瑄一举擒获，押解其前往汴州，最终将其斩首。

郓州城破后，朱全忠听说朱瑾在丰、沛一带寻找粮食，兖州城只有大将康怀贞据守，便派葛从周领兵攻打兖州。康怀贞得知郓州已经失守，而且汴州军队声势浩大，自料难以据守，便开城投降了葛从周。

二月三日，葛从周进入兖州城，擒获朱瑾的家人，朱瑾回来后发现城头已经变换旗帜，只得被迫率众投奔杨行密，兖州就此也被朱全忠占有。至此，郓、齐、曹、棣、兖、沂、密、徐、宿、陈、许、郑、滑、濮等州，全都归朱全忠所有，而朱全忠也就此成为唐末的第一大藩镇。

实力消长

晋汴角逐之初，李克用在军事上占有一定优势，然而经过几年的征战，情况却发生了明显的变化。朱全忠实力大增，相继吞并了滑、孟、兖、郓、徐等州，而李克用的势力范围却没有太大的变化，实力明显不如朱全忠。

在兼并地盘的过程中，双方都采用了远交近攻的策略，但结果却是大相径庭。其原因比较复杂，最主要的是李克用自剪羽翼，李存孝、康君立等大将相继死去，大大削弱了李克用的军事实力。

朱全忠在实力增强后，想要与李克用一决雌雄，为此，他和魏博节度使罗弘信结交，共同对付李克用。

乾宁三年（896 年）正月，李克用派部将李存信带领一万人马援救朱瑄、朱瑾，并向罗弘信借道通过。朱全忠派人告诉罗弘信，说李克用时刻想要吞并河朔，等到他撤兵时，会顺道灭掉罗弘信，于是罗弘信发兵三万将李存信打败，李存信被迫退守洺州。自此之后，罗弘信投向了朱全忠的阵营，与李克用彻底决裂。

朱全忠与罗弘信结盟时，他正与朱瑄、朱瑾兄弟打得难解难分。为了防止罗弘信抄其后路，每次罗弘信送来礼物时，朱全忠都当着使者的面大肆夸奖罗弘信智勇双全，并表示自己和罗弘信的关系，绝非其他藩镇可比，以显示两人的关系极为亲密。

四月，李克用为了报复罗弘信，发兵攻打魏博镇，在洹水附近斩杀魏博军队万余人，乘势逼近魏州。朱全忠见状将葛从周从兖郓前线调回增援，于是晋汴军队展开激战。

李克用在进攻葛从周的时候，汴州士兵在阵前挖了许多陷阱，激战的过程中，李克用之子连人带马掉进陷阱里，被汴州士兵生擒。李克用驰马相救，结果马被绊倒，也险些成为阵前俘虏。李克用救子心切，向朱全忠表示求和，而朱全忠为了加深李克用与罗弘信之间的矛盾，没有答应李克用的请求，而是将李克用之子交给了罗弘信，结果罗弘信将李克用之子杀掉。

朱全忠用借刀杀人之计，不仅让李克用深受丧子之痛，更将罗弘信牢牢地掌控在自己手中，形成与李克用势不两立之势。为了彻底孤立李克用，朱全忠又与卢龙节度使刘仁恭结盟，让刘仁恭会合魏博军队共同攻打李克用。

皇帝李晔见朱全忠日益强大，想调解一下晋汴之间的关系，于是派太子宾客张有孚为河东、汴州宣慰使，劝二镇停止互相攻伐。李克用想趁机收兵，但是碍于首先屈服的面子，便让王镕去说服朱全忠一起停战。此时朱全忠的势力正盛，没有同意李克用的意见，并于九月在青山口与李克用的军队展开激战，结果河东军队连连受挫，而李克用当时又是屋漏偏遭连雨天，就在青山口之战进行的过程中，李克用得到消息，大将李罕之发动叛乱。

李罕之投靠李克用后，始终得不到信任。王行瑜被灭后，李罕之请求担任邠宁节度使，可是李克用却拒绝了李罕之的请求，奏请部将苏文建为邠宁节度使，李罕之因此很不高兴。后来他又请求李克用赐给他一个小镇以养老，李克用也是没有回应，而且每当藩镇出现空缺的职位，李克用从不让李罕之接任，李罕之一直闷闷不乐。

乾宁三年（896 年）十二月，昭义节度使薛志勤去世，郁闷之下的李罕之在没经过李克用同意的情况下，擅自领兵进入潞州，然后才给李克用送信，告诉他自己担心潞州会发生叛乱，所以先行来到潞州镇守。李克用接到信件后勃然大怒，派人前去斥责李罕之，不过这种做法，反而将李罕之推向了朱全忠的阵营。

面对李克用的斥责，李罕之毫不犹豫地投降了朱全忠，并将河东守将马溉和泌州刺史傅瑶押解到了汴州。虽然后来李克用动用大军平定了李罕之，但李罕之的叛变，使李克用的实力进一步下降。

现在朱全忠俨然成为中原地区的霸主，对胆敢与之争锋者坚决予以武力征讨。光化二年（899 年）正月，幽州的刘仁恭出动十万大军征讨河朔地区，攻占贝州后残忍地将城中百姓屠杀，然后又继续进攻魏州。当时魏州刺史罗绍威向朱全忠求救，朱全忠派大将李思安、张存敬率兵前往营救，刘仁恭之子刘守文和部将单可及率领精兵五万对李思安发起进攻，李思安事先在清水河右岸布下伏兵，然后领兵迎战刘守文。

双方刚一交兵，汴州军队在李思安的带领下，佯装败退逃走。刘守文不知是计，带领人马在后追赶，在追到内黄时，李思安突然掉头迎战，幽州军队猝不及防，单可及战死。此时葛从周带领八百骑兵赶来增援，大败幽州军队，接连攻克八寨，而后向刘仁恭中军大营发起了强劲的攻击，面对来势凶猛的汴州军队，刘仁恭父子烧营而逃，很多士兵来不及逃跑，只得跳入永济渠中求生。据史料记载，当时魏州至沧州的五百里间“僵尸相枕”。

刘仁恭此次出兵河朔，倒是为朱全忠继续扩张地盘找到了借口。当时朱全忠欲乘大败刘仁恭之际，出兵征讨李克用，派部将葛从周和氏叔琮分兵进攻河东。李克用派大将周德威首先迎战自马岭进兵而来的氏叔琮，这一战氏叔琮打得并不顺利，手下部将陈章被斩杀，而且损失了三千人，氏叔琮弃营而逃，葛从周闻讯也急忙撤兵而走。

这次征讨李克用失败，让朱全忠明白了虽然李克用实力已经下降，但也不是轻易可以征服的，他现在所要做的是继续扩大地盘，争取灭掉除李克用之外的所有藩镇，所以他将目光继续瞄向了幽州的刘仁恭。

光化三年（900 年）四月，朱全忠派葛从周率领兖、郓、滑、魏四镇联军十万人攻打幽州。刘仁恭被迫硬着头皮向李克用求援，李克用痛恨刘仁恭的忘恩负义，拒绝出兵救援。不过其子李存勖却建议李克用利用这个机会重振军威，因为现在朱全忠已经是一家独大，如果再失去刘仁恭，朱全忠将会继续做大做强。李克用听从了李存勖的建议，派大将周德威领兵五千前去救援，六月间刘仁恭领兵五万抢攻沧州，葛从周在老鸦堤进行阻击，打败刘仁恭，斩杀三万人，刘仁恭被迫退守瓦桥。

刘仁恭在汴州军队的两次重创下，已经元气大伤，无力再出兵中原。于是，朱全忠将兵锋指向了镇州的王镕，借口是镇州与河东素有往来。在朱全忠的指挥下，汴州军队很快攻克临城，并渡过滹沱河，攻打镇州南门。

当时朱全忠也亲临前线，驻扎在元氏，王镕自知抵挡不住汴军，便派判官周式到朱全忠那里请和。以前朱全忠多次向王镕示好，王镕全都置之不理，所以这一次朱全忠拒绝了王镕的请和。不过，周式为朱全忠分析了当下的形势，他认为镇州是兵家必争之地，王镕主动请和，是为百姓着想，而且朱全忠是想要成就齐桓公、晋文公式的霸业，不可以一味地穷兵黩武，况且王镕家族在镇州已经经营了五代人，不仅深得民心，而且人人愿意为其效命，如果朱全忠执意攻打镇州，恐怕不是那么容易。

对于周式的分析，逐渐冷静下来的朱全忠认为十分有道理，于是他决定接受王镕的请和，立即撤军回到本镇。天复元年（901年），朱全忠征服河北后，想要攻取河中之地以制约河东的李克用。为此，他向众将做了个比喻，他认为河中守将占据的太原，就像是一条长蛇，现在自己要斩断长蛇之腰，请众将为他用绳子将其捆住。

为了达到战略意图，朱全忠派大将张存敬领兵三万自汜水渡河，出含山路进攻王珂，朱全忠自己率领中军随后而行。正月二十四日，张存敬大军突然出现在绛州城下，河东军毫无防备，刺史陶建钊出城投降。二十八日，朱全忠又进攻晋州，刺史张行瑜也举城投降。

朱全忠占领晋、绛二州等于扼住了河东救援河中之路，于是开始猛攻河中。面对强大的汴州军队，王珂派往河东向李克用求援的告急使者相望于道，而李克用因为汴州军队已经控制晋、绛二州，而无法出兵救援。

局势危急之下，王珂只得向李茂贞求援，但李茂贞素无远虑，没有答应他的请求。二月六日，汴州军队包围河中城，王珂见大势已去，想要逃往京城长安，不料浮桥断裂，流沙堵塞了河道，船只行进困难，他准备只带家族少数人在夜里乘小船逃跑。

二月九日，王珂在城楼上竖起白旗，向张存敬投降，朱全忠到来后，将王珂一家迁到大梁，但因忌恨他曾经与李克用结盟，便找个借口让王珂入朝奏事，然后在华州秘密将其杀害。

太原失守让李克用感受到了极大压力，因为朱全忠已经陈兵到家门口，眼见从前的盟友不是被朱全忠灭掉，就是投降了朱全忠，而且自己又无力对抗朱全忠，于是便派人为朱全忠送去厚礼请求和好。朱全忠表面上答应了李克用的请求，但他明白一山不容二虎的道理，决定找个机会继续讨伐李克用。

天复元年（901年）三月，朱全忠在大梁开始调兵遣将，派时任宿州刺史的氏叔琮领兵五万出兵太行路；魏博都将张文恭出兵滋州新口；葛从周率领兖郓及成德军队出兵土门；洺州刺史张归厚出兵马岭；义武节度使王处直出兵飞狐；晋州刺史侯言率领慈、晋、绛州军队出兵阴地，同时从六个方向向李克用发起攻击。

汴州军队一路势如破竹，以氏叔琮一路大军进展最为快速，接连攻克沁州、泽州，然后向潞州进兵。昭义节度使孟迁举城投降，然后向着李克用的老巢晋阳进军。其他几路大军进展也较为顺利，侯言收服了李克用的大将盖璋，张归厚攻克了辽州，与氏叔琮遥相呼应。

四月，氏叔琮兵临晋阳，多次出兵挑战，晋阳城内一片恐慌。李克用亲自登城指挥防守，几乎到了废寝忘食的地步。当时正值雨季，由于连日里阴雨绵绵，用土堆起来的城墙被水一泡，很多地方出现了坍塌，要随时指挥士兵加以修补。

可以说，阴雨天气为李克用守城带来了极大的困难，但同时也为汴州军队带来了更大的麻烦。因为他们远道而来，其军需供应要仰仗后方的运输，而当时泥泞的道路使粮草运送极为困难。同时因为天气潮湿，汴州军队中很多士兵染上了风寒，面对如此窘境，朱全忠被迫下令撤兵，而李克用则利用这个机会，出兵收复了很多失地。

朱全忠这次六路大军出兵征讨李克用，声势可谓浩大，准备也是十分充分，但最终却败在了老天爷手里，这让朱全忠心有不甘。于是，在次年的三月，朱全忠命令氏叔琮、朱友宁再次对河东发起进攻，当时汴州军队在绛州与李克用的部将李嗣昭、周德威的人马相遇，不过河东兵力与汴州兵力相差过于悬殊，汴州军队声势浩大，列阵数十里，而河东军队兵力不过数万人，而且是深入敌境孤军奋战。

当时周德威领兵迎战，让李嗣昭先行撤退，自己在后边做掩护。氏叔琮、朱友宁领兵随后追击，河东军队因为兵力过少，被汴州军队打得溃不成军，兵仗辎重丢失殆尽，而且这一仗中李克用之子李廷鸾被朱友宁俘获，李克用闻听绛州失守，立即派李存信领兵前去迎战。

可是，李存信带领人马在清源与氏叔琮、朱友裕相遇，战败逃回晋阳。汴州军队又乘胜攻陷了慈、汾等州，并于三月十五日包围了晋阳城。氏叔琮将帅府设立在晋祠，并领兵攻打晋阳城的西门，城中守军不多，加上氏叔琮的进攻相当猛烈，一向雄心勃勃的李克用此时信心也开始产生动摇。

李克用召集众将商议撤出晋阳退守云州，李嗣昭、李嗣源、周德威等将领坚决反对，他们表示只要他们在，晋阳城就会万无一失。不过，李存信赞成李克用的主张，他认为关东、河北都在朱全忠的控制下，而河东则兵少将寡，如果汴州军队增兵围困，只怕想走也来不及了，不如就此退回北方大漠，伺机东山再起。

针对李存信的主张，李嗣源、周德威等将领与他据理力争，双方争得面红耳赤。李克用为此犹豫不决，最终还是李克用的夫人刘氏为李克用做了深入浅出的分析，她认为李存信曾经不过是北方的一个牧羊儿，没有什么深谋远虑，而且李克用曾经寄居漠北，几乎被鞑靼人所害，要不是朝廷器重，不可能再回到中原地区，现在如果逃回漠北则祸福难料，怎么可以轻易放弃晋阳城呢？

刘夫人的一席话让李克用茅塞顿开，于是他打消了逃跑的念头，决定继续坚守晋阳城。没过多久，李克用重新整编军队，而且李嗣昭时常利用夜色偷袭汴州军队，使汴州士兵防不胜防，此时朱全忠又遇到了阴雨连绵的天气，氏叔琮再一次撤兵而回。

朱全忠接连两次征讨李克用，都因为客观原因而无果，但从当时双方的实力来看，李克用已经无法和朱全忠相比。在此后的几年的时间里，李克用不敢与朱全忠刀兵相见，进而使朱全忠得以全力经营关中。最重要的是，由于朱全忠在当时的藩镇中一家独大，使这个本就野心勃勃的将军，开始有了图谋篡位的想法。

第九章
流亡岁月

宫城之乱

在各路藩镇互相征伐，尤其是晋汴激烈角逐的时候，皇帝李晔的日子并不好过。在他即位之初，可谓雄心勃勃。为了重振唐威，他先后组织了征讨西蜀、讨伐河东两次削藩行动，然而这两次行动非但没有达到预期的目的，反而使形势更加恶化。

征讨西蜀使朝廷劳师伤财，而且一无所获，藩镇之间的势力进行了重新分配，最终导致王建脱颖而出独霸西川。而讨伐河东，皇帝李晔可谓引火烧身，不仅使朝廷招致羞辱，而且李克用更加嚣张跋扈，最重要的是朱全忠从中渔翁得利，进而一家独大，不断兼并其他藩镇。

当然这两次行动虽然效果不佳，但至少皇帝李晔还可以安稳地坐在皇帝宝座上，但他组织的讨伐凤翔的李茂贞之战，则让李晔饱受颠沛流离之苦。

早在景福二年（893 年）正月，凤翔节度使李茂贞便赶走了杨守亮，占据了山南后，便上奏皇帝李晔请求镇守兴元（今陕西南郑）。皇帝李晔因为李茂贞过于嚣张跋扈，早就想将其置于偏远地区，现在李茂贞自己请求镇守兴元，李晔求之不得，立即下诏同意了李茂贞的请求，任命他为山南西道兼武定军节度使，并让中书侍郎、同平章事徐彦若代替李茂贞出任凤翔节度使。

可是李茂贞并不想就此放弃凤翔，他接到诏书后勃然大怒，认为这一切都是宰相的主意，便写信责骂时任宰相的杜让能。皇帝李晔眼见李茂贞公然侮辱宰相，于是发兵征讨李茂贞，可是没想到最终的结果却是一败涂地。李茂贞联合靖难节度使王行瑜带领大军威逼京城长安，而且在李茂贞的逼迫下，皇帝李晔忍痛下诏赐杜让能自尽，这才使李茂贞和王行瑜撤兵。

不过，自此之后，朝廷的政务实际上被凤翔、靖难两个藩镇把持，朝廷事无巨细都得秉承李茂贞和王行瑜的旨意，朝官和宦官们大部分也都依附这两个人。

乾宁二年（895年）五月，李茂贞、王行瑜联合韩建带领兵马入京，威逼皇帝李晔册封自己领地，而且杀害宰相韦昭度、李溪，并发兵攻打河中的王珂，李克用闻讯后，率领大军南下，并上疏朝廷以李茂贞、王行瑜、韩建兴兵犯上、杀害宰相为名，请求兴兵讨伐。同时他也给三镇发出请战表。

当时李茂贞、王行瑜、韩建听说李克用大举南下，自知实力不如河东军，于是各留两千士兵守卫京师长安，急忙领兵退回本镇。不过李克用的沙陀骑兵行动十分迅速，很快就到达了关中地区，并在朝邑击败了正在进攻河中的匡国节度使王行约。王行瑜招架不住沙陀骑兵的进攻，放弃了同州（今陕西大荔）逃到长安避难，而且和他弟弟右军指挥使王行实带领士兵在长安西市大肆劫掠。长安城内乱作一团，百姓们纷纷逃窜，王行实入宫奏称同州、华州均已失陷，李克用的沙陀大军已经逼近京城长安，请皇帝李晔到邠州（今陕西彬县）避难。

李茂贞和王行瑜凭借军事实力以及地缘优势，从景福二年（893年）开始把持朝政，并控制了神策军。随着王行瑜的弟弟王行实担任神策军右军指挥使、李茂贞的义子李继鹏担任左军指挥使后，中晚唐以来专横跋扈、不可一世的宦官集团，已经失去了往日的威风，纷纷投到李茂贞和王行瑜的门下。

当时时任枢密使的宦官骆全欢与李茂贞关系密切，骆全欢见王行实请皇帝李晔到邠州避难，便奏请皇帝李晔去凤翔避难。李晔对王行瑜和李茂贞都十分嫉恨，所以哪也不想去。他回复这些奏请他外出避难的人，说已经接到李克用的奏书，河东军队目前还驻扎在河中，即使沙陀军队真的来到京城长安，自己也会有办法对付他们，现在李茂贞、王行瑜这些人的职责就是安抚好自己的军队，不要使军心产生动摇。

皇帝李晔拒绝外出避难的态度，让李继鹏和骆全欢等人吃了闭门羹。事实上，凤翔和邠宁二镇早就有挟天子以令诸侯之意，当然不会因为李晔的拒绝而就此罢休。李继鹏和骆全欢密谋采取强制措施将皇帝李晔劫持到凤翔，神策军中尉刘景宣和王行实得知消息后，也商议尽快采取行动，两方由此展开了一场劫持皇帝的大戏。

乾宁二年（895年）七月五日，李继鹏准备再次入宫逼请皇帝李晔避难凤翔，而王行实则抢先一步行动，率领神策军左军攻打右军。当时宫城内鼓噪之声惊天动地，皇帝李晔听说军队发生动乱，赶快登上承天楼，想加以劝解平息干戈。当时捧日都头李筠带领军队在承天楼下负责守卫，李继鹏想趁机劫持皇帝李晔，于是带领凤翔军对李筠发起进攻。

一时间承天楼下箭矢飞扬，皇帝李晔差点身中箭矢，幸好左右护卫慌忙将他搀扶至楼下，方才躲过一劫。李筠眼见皇帝陛下形势危急，指挥士兵奋勇抵抗。李继鹏眼见劫持不成，便放火烧毁宫门，皇宫内顿时烟尘滚滚。此时邠宁军在王行实的带领下也来攻打承天楼，皇帝李晔眼见情况万分紧急，忽然想起孙德昭统领的盐州六都兵马还在长安，急忙派人召孙德昭入宫救驾。由于孙德昭人马众多，凤翔、邠宁两军担心抵抗不住，于是慌忙撤回本镇。

宫城内经此动乱后，一些不法之徒也趁火打劫，甚至军队也加入了劫掠之列。皇帝李晔在解了承天楼之围后，和诸王都躲到李筠的军营里避难，不久后护驿都头李居实也赶来救驾，皇帝李晔的心中才稍稍踏实些。

当时动乱之后的宫城之内谣言四起，有人说李茂贞和王行瑜要亲自到长安劫持皇帝陛下。皇帝李晔对此信以为真，担心被他们劫持，于是在次日拂晓，命令李筠和李居实带领人马护卫自己，从长安城东南的启夏门向南山方向逃走。

听说皇帝陛下出逃，京城百姓几万人随后相随。七月的关中地区骄阳似火，当一行人来到南山谷口时，已有三分之一的人因为中暑而倒在路边。夜晚，皇帝李晔和随行人员住进了莎城镇，不承想遭到了强盗的抢劫，当时文武百官多半没有随行，朝臣中只有薛王李知柔在皇帝李晔的身边，李晔便让他暂时负责处理中书省的各项事务。

七月八日，皇帝李晔又从莎城逃到石门镇，等到安顿下来后，他才知道李茂贞和王行瑜并没有出兵长安，于是便让薛王李知柔和宦官刘光裕返回长安，负责宫城的修缮及守卫工作。然后他派人前往李克用的军中，诏令李克用和王珂一起首先讨伐王行瑜。

此时李克用正在指挥军队攻打已经占据华州的韩建，眼看华州城就要被攻下，不过朝廷派人向李克用告急，说李茂贞领兵三万已到周至，王行瑜领兵一万已到兴平，想要劫持皇帝李晔，请李克用火速救援。于是李克用解除华州之围，领兵向渭桥挺进。

皇帝李晔当时在南山一带滞留十多天，随行的人员犹如惊弓之鸟，时常呼喊邠宁、凤翔军已经到来，搞得人们每天都在惶恐中度过。皇帝李晔想尽快返回长安，可又担心被李茂贞等人劫持，于是再次派延王李戒丕催促李克用尽快出兵，并让宦官张承业前去监军。

八月五日，李克用的先锋部队在部将李存贞的率领下进驻渭桥，八月九日，攻占永寿，又派部将史俨带领三千骑兵前往石门镇保卫皇帝李晔。两天后，李克用命令李存信、李存审与保大节度使李思孝联兵攻打王行瑜占领的梨园寨（今陕西泾阳），擒获王行瑜的部将王令陶，将其献到石门镇的李晔行宫。

李茂贞见李克用大兵压境，心中产生畏惧，于是将劫持皇帝的罪名推到李继鹏身上，并将其斩首，上表请求皇帝李晔宽恕罪行，并派人向李克用求和。面对李茂贞态度的转变，皇帝李晔决定改变策略，暂时赦免李茂贞，首先全力讨伐王行瑜，等除掉王行瑜后，再将枪口转向李茂贞。

讨伐靖难

皇帝李晔暂时赦免了李茂贞，并安抚他不要想太多，凤翔镇依旧是他的地盘。在安抚住李茂贞之后，八月十四日，皇帝李晔下诏削去王行瑜的官爵，任命李克用为邠宁四面行营招讨使；保大节度使李思孝为北面招讨使；定难节度使李思谏为东面招讨使；彰义节度使张鐇为西面招讨使，共同讨伐王行瑜。

李克用在做好一切讨伐准备后，首先上表请求皇帝李晔回京。二十七日李晔从石门镇启程回到长安。当时历经战乱之后的长安城，宫室焚毁，满目疮痍，虽然经过李知柔、刘光裕的修缮，情况有所好转，但李晔回京时依旧是一片狼藉。因为宫城损坏严重，李晔不得不暂时住在尚书省，而百官们的情况更加糟糕，很多人上朝时居然连一件像样的衣服都没有。

见京城长安满目疮痍，皇帝李晔十分气愤，再次诏令李克用此次务必要全力剿灭王行瑜。在李晔的催促下，九月初，李克用开始对王行瑜发起猛攻。王行瑜向凤翔的李茂贞求援，李茂贞在看到朝廷出兵征讨王行瑜后，明白下一个目标会是自己，于是发兵屯驻龙泉镇，并亲自带领三万大军在咸阳附近驻扎，准备随时增援王行瑜。

针对李茂贞再次出兵，李克用奏请皇帝李晔下诏让李茂贞回归本镇，并削夺其官职，自己则分兵加以讨伐。但李晔却认为李茂贞已经斩了李继鹏，而且自己已经下诏赦免其罪，如果再剥夺其官职和出兵讨伐似乎有些不妥，因此只是下诏让李茂贞返还本镇，并让李克用与其和解。

李克用无奈之下只得全力攻打王行瑜，部将史俨在云阳（今陕西泾阳）打败邠宁军队，擒获云阳镇使王令诲献给朝廷。到了十月间，天气越来越寒冷，李克用想尽快结束这场战事，于是让李罕之、李存信等将领对王行瑜发起猛攻。

十月三日，李存信在梨园寨北再次打败邠宁军，斩杀千余人，因此，邠宁军在梨园寨中不敢出战。李存信趁势将梨园寨围得水泄不通，梨园寨被围日久后，寨中粮草断绝，无力再进行抵抗，最终选择了弃寨逃跑。李罕之随后追击，俘获了王行瑜之子王知进和大将李元福，李克用随后进驻梨园。

当时驻扎在宁州（今甘肃宁县）的王行约、王行实等人听说梨园寨失守，慌忙之中烧城而逃。随着王行瑜的每况愈下，于是就有了我们前边说过的，李克用奏请朝廷以匡国节度使苏文建为靖难节度使，因为当时尚未攻下邠州，苏文建暂留宁州。

虽然王行瑜连战连败，但他已经下定决心要对抗到底，亲自率领五千精兵驻守龙泉寨。李克用在掌握其动向后，率领大军将其包围，于是，王行瑜再次向李茂贞求援，而李茂贞也很够意思，派兵五千赶来救援，不想在半路上遭到了李罕之的伏击，被迫撤军而走。

十一月五日，河东军攻克龙泉寨，王行瑜逃回邠州城内，遣使向李克用请降，可是李克用根本不理会，带领大军包围邠州。当时王行瑜登上城楼，向李克用哭诉说之所以会迫使皇帝流亡在外，并不是自己的过错，而都是李茂贞和李继鹏所为，请李克用讨伐凤翔，自己愿意到皇帝陛下那里负荆请罪。

王行瑜哭得痛哭流涕，但李克用根本不为所动，反而讽刺王行瑜不用那么谦恭，说自己受诏讨贼，不是只有王行瑜一个人，还会有其他人做伴，王尚父（王行瑜）不会感到寂寞。

李克用这种不阴不阳的态度，让王行瑜彻底绝望，在感觉招架不住李克用的进攻后，王行瑜携带家眷弃城逃跑。李克用率领大军进入邠州，王行瑜逃到庆州时，最终被部将所杀，并传首级进京城。

李克用讨伐靖难大获全胜，在处理完邠州的各项事务后，便率领大军返回渭北。十二月十三日，皇帝李晔为了表彰李克用的救援之功，加封李克用为晋王，并为李罕之加上侍中的头衔，任命李克用的大将盖寓为容管观察使，李克用的其他将佐和子孙全都加官晋爵。

面对皇帝陛下的恩赐，李克用派书记官李袭吉入朝谢恩，并趁机劝皇帝李晔诏令自己讨伐李茂贞，以绝朝廷后患。

此时皇帝李晔的心情很是矛盾，他当然痛恨李茂贞、韩建的嚣张跋扈，恨不能立即将他们清除掉，然而他更担心一旦李克用灭掉李茂贞和韩建，其实力将会更加强大，接下来就会将目标对准自己。可是他又不愿放弃这次除掉李茂贞和韩建的机会，李晔左思右想，始终拿不定主意，便召集大臣商议此事。

大臣们对于出兵讨伐李茂贞和韩建这件事，态度也是不一，有人认为不能让李克用一家独大，那样朝廷会岌岌可危，而也有的人认为李克用忠心可嘉，不会为难朝廷，断然不可放弃这次的机会。

大臣们的意见再一次让皇帝李晔犹豫不决，不过，考虑到李克用毕竟是朝廷无法节制的藩镇，为了避免日后的祸端，李晔下诏表彰李克用的救难之功，却不同意他出兵讨伐李茂贞的请求。李晔给出的理由是这次藩镇作乱，以王行瑜的表现最为显著，而李茂贞和韩建已经认识到错误，而且对朝廷的贡赋没有中断，所以朝廷应该罢兵休战以利民生。

在接到皇帝陛下的诏书后，李克用立即明白皇帝陛下是在戒备自己，但李克用实在找不出反驳的理由，只得取消了攻打李茂贞和韩建计划，但心中对此却是愤愤不平。

按照惯例，立有大功的河东军将领们应该入朝觐见皇帝陛下，但皇帝李晔当时对沙陀军心存疑惧，竟然下诏让李克用可以不用入朝觐见。因此河东军的将领们心中颇为不满，很多人都劝李克用强行入宫，李克用对此犹豫不决，不过他的心腹大将盖寓却有着不一样的看法。

盖寓认为，先前王行瑜等人侵扰京城长安，以致皇帝陛下流亡在外，如今皇帝陛下虽然已经回京，但人心尚未安稳，如果现在强行入宫朝见皇帝，以李克用的实力来看，恐怕又会引起混乱。

盖寓最后为李克用送上了两句话："人臣想要尽忠，看他是否能够勤于王事，不在于是否入朝觐见，请三思而后行。"

盖寓在很早的时候就追随李克用，由于机敏聪慧，善于揣摩人的心理，所以很受李克用的器重，并逐渐成为其心腹，在河东镇内盖寓的权力几乎和李克用相当，就连朝廷和邻近藩镇的使者对其也是恭敬有加。朱全忠曾经多次离间李克用和盖寓的关系，但盖寓始终深受李克用的信任。

现在盖寓劝李克用不要入宫，让李克用顿时豁然开朗，于是他上疏朝廷，说自己因为统率大军，所以不敢入朝觐见，而且担心部下士卒会侵扰百姓，就此领军北归。

不过，李克用刚刚回到河东镇，李茂贞就恢复了往日的骄横之态，立即兴兵扩张地盘，河西很多州县如凉州、瓜州、沙州、肃州等地先后被其攻占，可谓一时间搞得波浪滔天。

李茂贞再次兴兵作乱，让皇帝李晔颇为惊惧，同时他也认识到只是依靠藩镇的力量来对抗藩镇是远远不够的，于是他再次开始组织禁军，希望拥有一支时刻忠于自己的军队。

流亡华州

皇帝李晔饱受流亡之苦，尤其是漂泊莎城之后，深刻地认识到朝廷禁军腐败虚弱的现实，使他渐渐丢掉了先前削藩的幻想，但是为了保持朝廷应有的尊严和地位，他觉得有必要进一步增强禁军的战斗力。

因此，自石门镇回京后，李晔决定在左、右神策军之外，重新建立一支忠于自己的军队，于是便招募了数万人，设置了安圣、振宸、保宁、宣化等军，在一定程度上增强了朝廷军队的战斗力。

不过，皇帝李晔的这个举动，使李茂贞深感不安，在李克用没有撤兵之前，李茂贞对朝廷表现得极为恭顺，但是李克用一撤兵，他便恢复了骄横跋扈的本来面貌，在李茂贞看来，皇帝李晔招募军队，是为了讨伐自己，因此他对朝廷的怨恨不断增加，日夜操练兵马，并扬言要带兵进京申冤。

李茂贞要进京的消息传到长安后，饱经战乱之害的长安军民惶恐不安，很多人选择逃进山中避难，京城一时间为之一空。针对如此现状，皇帝李晔急令通王李滋、覃王李嗣周分别领兵驻守京城周围，又令延王李戒丕屯守三桥以阻挡凤翔军。

针对朝廷的军事部署，李茂贞趁机上疏，诬陷延王李戒丕无缘无故兴兵攻打自己，所以只能领兵入朝请罪。李茂贞强硬的态度让皇帝李晔很是害怕，于是他一方面命令三王做好迎战准备；另一方面火速遣使向李克用求援。

乾宁三年（896 年）六月，李茂贞领兵向京畿地区发起进攻，覃王李嗣周领兵迎战，双方在兴平的娄馆相遇。由于朝廷禁军刚刚重新组建，还没来得及经过正规的军事训练，刚一交锋禁军便全线溃败，凤翔军乘胜追击进逼长安。

李茂贞大兵压境，皇帝李晔唯一的希望就是盼望李克用尽快赶来救援。然而当时李克用正在和朱全忠打得难解难分，自顾不暇，无力出兵相救，形势危急之下，眼见禁军招架不住李茂贞的进攻，皇帝李晔决定再次出逃。

当时蜀中地区已经成为王建的独立王国，关中地区的藩镇没有一个可以依靠，对李晔来讲往哪里逃是个头痛的问题。延王李戒丕建议到太原避难，而且为了避开华州的韩建和同州的李继塘，他又建议从鄜州渡河前往太原。

李晔在无计可施的情况下，认为也只能逃往太原，于是命令延王李戒丕先到太原告知李克用，然后启程前往太原。

七月十二日，李晔君臣仓皇逃离京城长安，一路向鄜州奔去，于次日到达渭北。韩建闻讯后，派其子韩从允前去迎接皇帝陛下，想将皇帝李晔请到华州。不过，李晔因为韩建当初对朝廷贡赋不足，而对他没有什么好感，因此婉拒了他的请求。

李晔虽然不愿意到华州受韩建的钳制，可是又不敢公开得罪韩建，于是任命韩建为京畿都指挥、安抚置及开通四面道路、催促诸道纲运等使。韩建为了达到挟天子以令诸侯的目的，接二连三地遣使奉表请求李晔临幸华州，而且言辞极为恳切。

面对韩建的再三请求，皇帝李晔有些动心，韩建虽然曾经藐视过朝廷，但李晔内心还是不希望远离京城长安，所以当他到达富平后，就派宣徽使元公讯前往华州召韩建到自己的行宫，当面商议去留问题。

韩建得旨后，第二天便赶到富平，见到皇帝李晔立即匍匐在地，哭着对李晔说，现在藩镇个个嚣张跋扈，又岂止李茂贞一人，如果皇帝陛下远离长安的宗庙园陵，到偏远地区避难，一旦渡过黄河，今后就再无回到长安的可能。如今华州虽然兵力微弱，但凭借地形优势，完全能够自守，自己在华州已经经营了十五年，可谓兵强粮足，而且距离长安不远，希望皇帝陛下能够暂时留在华州，以作重新回京的打算。

韩建诚恳的态度让皇帝李晔十分感动，于是他同意了韩建的请求，下令大队人马调转方向前往华州。七月十七日，皇帝李晔到达华州，韩建将自己的镇国军府让给皇帝陛下作为行宫，自己则搬到龙兴寺处理政务。

皇帝李晔留在华州暂时算是安定下来，接下来他开始着手建立流亡政府。虽然明知道朝廷虚弱，已经无力削藩，但他依然对帝国的前途抱有一丝希望，渴望得到一个贤明之臣辅佐自己渡过眼前的难关。

李晔在即位之初所建立的宰相班子，其成员已经所剩无几。曾经备受器重的张浚和孔纬，在征讨河东失败后，迫于李克用的压力，已经被逐出朝廷。而杜让能、韦昭度虽然称得上是良相，但因为各种原因相继被害身亡，剩下的刘崇望已经年老体衰，不堪重任。大顺二年（891 年）以后提拔起来的崔绍玮、徐彦若、李溪、崔胤等人，其中不是平庸之辈就是奸佞小人，唯有李溪还能得到李晔的信任，却又被李茂贞、王行瑜杀害。

值得一提的是，首席宰相崔绍玮在朝廷内结党营私，勾结藩镇残害大臣，乾宁二年（895 年）的时候已被皇帝李晔处斩；崔胤则善于耍弄阴谋，趋炎附势，是崔绍玮的死党。有鉴于此，皇帝李晔决定对中枢机构进行调整，清除奸佞小人，提拔忠实可靠者主持朝廷政务。七月二十六日，皇帝李晔下诏以中书侍郎、同平章事崔胤为武安节度使，就此将其逐出朝廷，次日任命翰林学士承旨、尚书左丞陆扆为宰相。

陆扆，字祥文，浙江吴郡人。光启二年（886 年）考中进士，曾经随僖宗李儇流亡兴元，李晔即位后，担任过蓝田尉、左拾遗、翰林学士、中书舍人等职。文思敏捷，词句优美，对时政的见解也很是中肯，深受皇帝李晔的器重。景福二年（893 年），李晔一怒之下想要兴兵讨伐李茂贞，陆扆就劝阻说，现在时局动荡，不应该再和靠近京城长安的藩镇结怨，如果出兵讨伐凤翔，就会使其他藩镇产生觊觎朝廷之心。

这次皇帝李晔提拔陆扆为宰相，显然是看中了其政治才能，而且他坚信有了陆扆的辅佐，朝廷的局势会一点点地好起来。然而让李晔想不到的是，虽然他依然信心很足，但在当时朝廷受制于藩镇的情况下，皇帝尚且受制于人，无论谁出任宰相都于事无补。事实证明，在不久的将来，李晔还会像从前一样，在藩镇的逼迫下，将宰相逐出朝廷。

李晔初到华州的时候，韩建表面上还算客气，可是随着时间的推移，他开始不把皇帝放在眼里，而且宰相们因畏惧其权势而不敢处理政务，这其中也包括陆扆。

李晔无奈之下，只得下诏让韩建主持朝政。不过，韩建因自己是一介武夫，文化较低，担心在朝堂上闹出笑话，于是上表推辞不受，李晔最终只得收回诏令。事实上在韩建看来，自己是否把持朝政并不重要，重要的是皇帝在自己手中，自己可以利用这个皇帝号令全天下。

当时韩建利用皇帝李晔的名义，向各地方发布文告，命令各地将贡赋运往华州。李克用接到文告后，十分气愤地将文告掷于地上，并怒骂韩建，正所谓枪打出头鸟，早晚有一天会被李茂贞等人灭掉。

李克用当然也只是发发脾气，毕竟皇帝陛下在人家手中，李克用是不能乱来的，但作为当时实力最为强大的朱全忠则表现得和李克用完全不同，虽然接到文告的时候，他正在和朱瑄、朱瑾兄弟作战，无法分身插手其中，但他却利用当时朝廷人事的变动，为自己在朝廷内安插了一个自己的代理人。

前边我们说过，乾宁三年（896 年）七月，宰相崔胤因为曾经依附崔绍玮，在韩建的建议下，被逐出朝廷。崔胤不愿意到地方任职，为了达到这个目的，他向朱全忠求助，劝他在洛阳营建宫殿，将皇帝陛下迎至东都洛阳。

朱全忠认为，虽然目前情况下夺取帝位不太现实，但他可以在朝廷内找个自己的代理人，一点点地将朝政掌控在自己手中，所以他选中了崔胤。他和河南尹张全义一同上表，请求皇帝李晔迁都洛阳，并声称要用一万人马前去迎接。在表文的最后，朱全忠大肆夸奖崔胤，说崔胤是个大忠臣，皇帝陛下不应该听信谗言将其逐出朝廷。

朱全忠的表文虽然是献给皇帝李晔的，但韩建明白这也是在给自己一个下马威。面对强大的朱全忠，韩建自叹不如，于是只得采取折中的办法，上奏请求重新起用崔胤为宰相，同时让皇帝李晔派使臣前往汴州，劝朱全忠不要带兵迎驾。

韩建心生恐惧，朱全忠见目的已经达到，便上奏皇帝李晔，表示同意韩建奏请继续留下崔胤的请求，继续为崔胤增加印象分。崔胤就这样得以继续在朝廷任职，九月十七日，皇帝李晔再次任命崔胤为中书侍郎、同平章事。崔胤对朱全忠感恩戴德，自此之后两个人结交更深。

崔胤复相后，十分痛恨陆扆先前取代自己，于是便在皇帝李晔面前诬陷陆扆是李茂贞的同党，同时让朱全忠也上奏请求罢免陆扆。就这样担任宰相仅仅两个月的陆扆，在朱全忠和崔胤的压力之下被罢相，由中书侍郎、同平章事被贬为硖州刺史。

李晔刚刚任用一个贤明之臣，就在藩镇和佞臣的运作下，被迫远离自己而去，这让流亡华州的李晔心情十分苦闷。他盼望自己能够早日回到京城长安，能够在那里按照自己意志重新整顿朝纲，但究竟什么时候能够回去，恐怕连他自己也无法给出确切的时间。

当时李晔为了排泄内心的烦恼，经常撰写诗歌来抒发郁闷的心绪，其中有两首词最能反映他当时向往回到京城长安以及矛盾的心理状态：

（一）

登楼遥望秦宫殿，茫茫只见双飞燕。渭水一条流，千山与万丘。远烟笼碧树，陌上行人去。安得有英雄，迎归大内中。

（二）

飘飘且在三峰下，秋风往往堪沾洒。肠断忆仙宫，朦胧烟雾中。思梦时时睡，不语长如醉，早晚是归期，苍穹知不知。

从两首词中，我们可以体会到皇帝李晔对京城长安的无限向往，以及对自己身置窘境的无奈与辛酸。可是他一定想不到，流亡华州不仅仅让他犹如傀儡一般，更让他的诸王兄弟惨遭屠戮，其原因在于皇帝李晔制定的亲王典兵制度。

诸王之死

本来大唐帝国的宗室诸王自李隆基天宝年间起，就不再插手军务，基本上算是退出了政治舞台，只有代宗李豫在位时，宗室亲王曾经执掌过军队。由于李茂贞日益嚣张跋扈，皇帝李晔即位后时常想要兴兵讨伐，但因为朝廷中没有可用的武将，而且藩镇的武将很难节制，因此李晔便效仿先祖代宗李豫以宗室亲王典兵。

不过，皇帝李晔实行亲王典兵的制度并不是一帆风顺的。景福二年（893年）五月，李晔以覃王李嗣周执掌禁军，负责征讨李茂贞，但最终征讨失利，李茂贞带领大军威逼京城长安，亲王典兵就此宣告终结。

乾宁二年（895年）随着时局的动荡以及帝国经济的严重破坏，京城长安的治安情况越来越糟糕，盗匪猖獗至极点，就连宫中的物品都是接连被盗，甚至还有盗墓贼偷掘皇室陵寝。针对这一严峻的形势，皇帝李晔再次想起起用宗室亲王执掌军队，一方面负责宫廷守卫；另一方面使其出使四方安抚藩镇。不过李晔的这个想法，遭到了宰相和宦官们的一致反对，他们的理由是给予亲王们兵权会不利于皇帝李晔。由于反对的人众多，李晔只得打消这个念头。

乾宁三年（896年），李晔重新组建禁军，设置了安圣、保宁、捧宸、宣化四军。宦官和藩镇都想拥有四军的指挥权，而李晔创建四军就是为了抑制藩镇和削弱宦官，当然不会将军权交给他们，虽然宰相是李晔可以依托的对象，但唐代又有文臣不典兵的惯例，在李晔无人可用的情况下，只得再次建立亲王典兵制度。

乾宁三年（896年）二月一日，李晔以通王李滋为开府仪同三司，统管诸道军事，覃王李嗣周、延王李戒丕等亲王分别统率禁军。亲王典兵制度的建立，不可否认在当时条件下起到了一定作用，至少皇帝可以掌握一支自己能指挥的军队。

不过，皇帝李晔的这种做法，让藩镇们感到十分不安，尤其是李晔前往华州时，四军随之同行，让韩建尤为惊恐。从李晔到达华州的第一天起，韩建便处心积虑地想要解散李晔组建的四军，进而除掉掌兵的诸王。

为了达到自己的目的，韩建分步骤地采取措施，分化瓦解四军。乾宁四年（897年）正月，他命人上疏皇帝李晔，说城防将张思行等人联名告发睦王、济王、韶王、通王、彭王、韩王、仪王、陈王密谋杀害自己，并要将皇帝李晔劫持到河中。

当时皇帝李晔和诸王的关系非常好，李晔明白这封奏疏背后的指使人就是韩建。虽然他当时没有想到韩建最终的目的是想破坏亲王典兵制度，但他也隐约感觉韩建的动机极其可疑，可是一时间他想不出什么好办法应对，于是只得将韩建召进宫，想从中调解一下。

可是韩建却以身体不适为由拒绝进宫，无奈之下李晔让诸王前往韩建的府邸亲自解释明白，但却被韩建拒之门外。事实上此时的韩建早已经计划好，在拒见诸王的同时，他再次为皇帝李晔送去奏文，在这篇奏文中，韩建终于向皇帝陛下吐露了真实的想法：

“诸王忽然来到我的住处，我事先没有思想准备，担心他们发动叛乱，臣经过认真的思考，觉得还是不与诸王见面为好，诸王应该自避嫌疑，不可轻举妄动。如果陛下具有友爱之心，请依据祖宗旧制，让诸王重新回到十六王宅，为他们选个好老师，教以诗书礼仪，不要让他们典兵干政。另外，也希望陛下能够下令解散那些由乌合之众组成的禁军，以此来光大皇家的威严。”

韩建的奏文显然是在逼宫，但他明白以皇帝李晔的性格，是不会轻易解散禁军、取消亲王典兵制度的。于是在奏文刚刚送上去，还没等皇帝李晔有任何反应，韩建便带领精兵将李晔的行宫团团包围，以武力胁迫李晔同意取消亲王典兵制度。李晔看到一场兵变即将到来，被逼无奈之下只得同意韩建的要求，当天就下令诸王统领的军士全都回归故里，诸王回归十六王宅，其武器装备全部由韩建接管。

剥夺了诸王的兵权后，韩建并未善罢甘休，他知道要彻底解除属于皇帝李晔的军队，解除诸王的兵权只是第一步，解散安圣、捧宸、保宁、宣化四军是他的下一个目的，所以接下来他开始实施第二步措施。

韩建继续上疏皇帝李晔，再次透露自己的想法：

“陛下如果能够选贤任能，就足以澄清天下的祸乱，何必另置四军？这样给人的感觉是陛下对军队有亲疏之分，背离了无偏无党之道，况且四军所招募的都是些市井无赖及奸险刁蛮之徒，太平时期尚且想发动变乱，遇到危难时必不为用，让这些人整天张弓持刀地守在您的身边，臣很不放心，因此臣请求解散四军。”

皇帝李晔至此终于明白了韩建的意图所在，不过，人在屋檐下不得不低头，韩建的奏疏虽然言辞谦和，但李晔明白这是先礼后兵，如果不同意韩建的请求，接下来他定会再次以武力相逼。于是他勉强同意了韩建的请求，将重新组建的四军两万多士兵全部遣归故里。至此，李晔辛苦组建的四军转眼间化为乌有。

值得一提的是，捧日都头李筠在几次动乱中始终保护皇帝李晔，特别是承天门之乱的时候，如果没有李筠的护卫，李晔很可能已成为李茂贞的阶下囚，而且此后一路护送李晔至石门，堪称其功居首。可是韩建认为，李筠如此能干，是自己的心头大患，于是请求皇帝李晔将其处斩。最终李筠在华州大云桥被斩。

韩建只用了两封奏疏就成功剥夺了诸王的兵权以及解散了四军，这让他感觉皇帝陛下已经牢牢被掌控在自己手里。不过，虽然诸王的兵权已经被解除，而且四军也已经不复存在，但诸王只要存在一天，韩建也不得安宁，因为谁能保证他们将来哪一天不会协助皇帝李晔东山再起，因此他下定决心必将诸王置之死地而后快。

事实上韩建并不惧怕已经没有兵权的诸王，他唯一惧怕的是李克用插手此事。因为当时延王李戒丕前往晋阳向李克用求援，如果自己贸然出手，身在晋阳的李戒丕一定会让李克用出手相救，所以韩建没有轻举妄动，等到八月李戒丕回到华州后，韩建知道李克用自顾不暇，无力发兵顾及皇帝李晔，因此决定实施自己的第三步计划。

和先前的两次上疏一样，韩建这次依旧想用上疏的方法来解决问题。他在第三封奏疏中这样写道：

“自陛下即位以来，与邻近的藩镇关系不断恶化，都是因为实行了亲王典兵制度，因此凶暴之徒趁机作乱，致使陛下一再流亡。先前臣奏请革除诸王兵权，其实就是担心发生不测，最近臣又听说延王、覃王等人还想谋反，希望陛下尽快下定决心将他们除掉，臣这是为了大唐社稷着想。”

韩建本以为李晔这次还会像前两次一样，被迫同意自己的请求。但让他想不到的是，皇帝李晔是有自己的底线的，让他亲手除掉自己的兄弟，这样的事情他是不可能答应的，所以他严词拒绝了韩建的请求。

不过皇帝李晔的拒绝，所带来的结果就是韩建采取武力措施解决。

几天后，韩建和枢密使刘季述矫称奉诏令发兵包围十六王宅。当时正值清晨，诸王尚未起床，闻讯后每个人都披头散发，惊慌失措地向四处逃跑，有的人爬到墙头，有的人登上屋顶，并大声呼喊，请求来人救命。不过他们的呼喊声并没有奏效，韩建带着士兵闯进宅邸后，将通王、沂王、睦王、济王、韶王、彭王、韩王、覃王、延王、丹王共计十个亲王一起挟持到城西的石隄谷，将他们冠以谋反的罪名全部杀死。

当皇帝李晔得知消息后，他顿时震惊了，诸王是他的兄弟，如今惨死在自称“臣子”的藩镇手上，这不能不让李晔痛心。但李晔也没有失去理智，他明白现在不是对韩建问罪的时候，此时他必须强忍悲痛，想尽办法尽快摆脱韩建的控制，回到京城长安再作打算。

为此，光化元年（898 年）新年刚过，李晔为了尽快回到京城长安，以及尽早解除关中地区的战乱，下罪己诏反思自己的过错，解散各地前来勤王的军队，恢复李茂贞的官爵。

李茂贞此时正与蜀中的王建交战，在看到皇帝李晔妥协，自己暂时无暇东顾的情况下，也做出了让步，表示愿意改过，与韩建共同拥戴皇帝李晔。当李茂贞听说朱全忠已经吞并徐兖地区，正在加紧营建东都洛阳，准备奉迎皇帝陛下前往洛阳的时候，他们因担心失去皇帝李晔这块招牌，于是急忙上奏皇帝李晔，请求重建京城长安的宫殿，然后护送其回京。

为了达到挟天子以令诸侯的目的，同时也为了对抗强大的朱全忠，李茂贞和韩建结成了联盟。考虑到自己实力尚且弱小，他们又极力拉拢李克用，声称皇帝陛下已经流亡在外很长时间，作为臣子的互相之间应该和睦相处，共同辅佐王室，使皇帝陛下早日回京，并请求李克用派河东的能工巧匠协助修筑宫城，而李克用的头号劲敌便是朱全忠，所以他答应了李茂贞和韩建的请求。

李茂贞和韩建因为朱全忠的存在，而极力促成皇帝李晔回京事宜，这对于李晔来讲无疑是个好消息，所以他立刻诏令韩建为修宫阙使，全面主持重修长安宫城事宜，韩建派其部将蔡敬思负责具体的修缮工作。

当时长安城因为屡遭战火，特别是李茂贞攻占长安后，破坏更为严重，宫城连同市井焚烧殆尽，经过韩建等人将近八个月的紧张维修，皇宫内院修缮完毕，而且韩建亲自主持验收工作。

随着李茂贞的归顺，关中地区总算安定下来。光化元年（898 年）八月，皇帝李晔结束了两年的流亡生活，自华州启程，于八月二十五日回到京城长安。

重新回到京城长安的皇帝李晔无疑是兴奋的，在他看来自己再一次获得了重整朝纲的机会。不过，他一定想不到，前方等待他的将是一片荆棘坎坷之路。

第十章 身陷囹圄

权臣专政

皇帝李晔自华州返回长安后，藩镇们更是不将他放在眼中，朝廷政令不通，威信进一步下降。而且在朝廷内部宦官依然嚣张跋扈，枢密使宋道弼、景务修执掌大权，目无法纪，专权乱政，皇帝李晔时刻想剪除骄横的宦官，可是当时朝中大臣几乎都依附宦官，并无可用之人，李晔选来选去只得选中了崔胤。

李晔之所以选中崔胤，是因为崔胤与宦官素有积怨，而且这种积怨早在他的父辈时代就已经形成。崔胤是宣宗李忱在位时期的宰相崔慎由之子，文宗李昂在位时期，崔慎由担任翰林学士。

有一天崔慎由在宫中值夜班，将近午夜时分，一个宦官将他召进秘书殿。此时宦官仇士良正坐在堂上等待崔慎由的到来，见到崔慎由后，仇士良告诉他皇帝陛下身体长期不好，而且自即位以来政令不行，皇太后有意册立新君，崔慎由身为翰林学士，这个诏书应由他起草。

崔慎由当时听完后大吃一惊，表示自己宗族将近三百人绝不做这种灭族之事，要杀要剐悉听尊便。仇士良见崔慎由严词拒绝，沉默良久后打开后门将其带到小殿，只见文宗李昂身处其中，仇士良当着李昂的面细数其过失，而李昂却低头不语，过了一会儿，仇士良手指李昂对他说，如果不是崔学士拒绝起草诏书，陛下就不能坐在这里了，然后将崔慎由送出殿外，并叮嘱他千万不要泄露此事，否则其宗族都要受到牵连。

崔慎由将此事的详细经过记录下来，始终藏在枕下，从来没对外人说过。后来临终时，将记录本交给了崔胤，才使崔胤了解了宦官们到底有多么嚣张跋扈，自此之后，崔胤十分痛恨宦官。

崔胤虽然外表庄重，但内心却诡计多端，皇帝李晔虽然讨厌其为人，但为了除掉宦官又不能不暂时利用，正所谓敌人的敌人就是朋友。

皇帝李晔和崔胤每天密谋如何除掉宦官。虽然两个人是密谋，但宦官们对此却一清二楚，因此以崔胤为首的南衙和以宦官为首的北司之间矛盾日益加剧。崔胤外有朱全忠作为靠山，在朝廷内始终趾高气扬，而宦官们也是外结藩镇对崔胤针锋相对。

为此，时任司空、门下侍郎、同平章事的王抟担心这样会导致宦官作乱，便上疏皇帝李晔，认为作为人君应该识大体、顾大局，做到无偏无私。宦官专权由来已久，其势力已经形成，想一下子加以剪除是不可能的，应该采取因势利导之策，用正常的手段将其除掉，而不是和宰臣简单地商量去除宦官之事，这样会让宦官们生出祸乱。

应该说，王抟的话很合乎实际情况，也很有针对性，但崔胤一向与王抟不和，而且先前崔胤被罢相，他怀疑是王抟在背后搞鬼，因此记恨在心。这次王抟的上疏让崔胤找到了扳倒王抟的机会，于是他向皇帝李晔进谗，说王抟是奸恶之人，已经被宦官宋道弼等人收买，成了宦官的内应。不过，皇帝李晔虽然抵触王抟的上疏，但他也知道崔胤的为人，所以这件事情也就不了了之。

事实上，崔胤积极协助皇帝李晔铲除宦官，除了他憎恨宦官之外，还因为他想独揽朝廷大权，而且有了朱全忠这个强大的后台做保证，崔胤可谓是有恃无恐。皇帝李晔虽然痛恨宦官专权，可同时又忌惮藩镇的嚣张跋扈，更担心朝政被藩镇把控，因此在看到崔胤和朱全忠走得越来越近时，便决定将其清理出朝廷。

光化三年（900 年）二月，李晔下诏任命崔胤为清海节度使出镇广州。

崔胤明白皇帝陛下这是将自己排挤出朝廷，他实在不想出京，可是作为臣子又不能抗旨，因此他再一次向朱全忠求援。

在离京前崔胤写信给朱全忠，称自己是受到了王抟的排挤才被皇帝陛下逐出朝廷，希望朱全忠能够为他主持公道。朱全忠得知自己在朝廷的代理人遇到了麻烦，于是立即上疏皇帝李晔，公然表态说崔胤绝不能离开京城，而且王抟与宦官相互勾结，将会对大唐的江山社稷产生威胁，要求罢免王抟以及宋道弼、景务修。

朱全忠的奏疏是一封接着一封地送到皇帝李晔的龙书案上，一方面是表明自己态度坚决；另一方面也是为皇帝李晔施加巨大的压力。朱全忠作为当时实力最为强大的藩镇，有着可以征服任何一地的实力，皇帝李晔面对韩建、李茂贞这样实力相对弱小的藩镇尚且忍气吞声，更何况是强大的朱全忠。

因此，李晔思虑再三，为了避免关中地区再生战乱，他决定采取息事宁人的办法，召已经在半路上的崔胤重新回京。

六月十一日，崔胤重新回到京城后，被皇帝李晔再次起用为司空、门下侍郎、同平章事，同时罢免王抟的宰相职务，以宋道弼为荆南监军、景务修为青州监军。次日又下诏将王抟贬为溪州刺史，后来又贬为崖州司户；改诏将宋道弼流放欢州、景务修流放爱州。十三日下诏令三个人自尽，王抟最终死在了蓝田驿，宋、景二人则死在了灞桥驿，崔胤由此实现了独揽朝廷大权的目的。

崔胤仰仗朱全忠，在朝廷中大权独揽，逐渐形成飞扬跋扈之势，宦官们虽然失去权势，但却不敢与之相争。可是崔胤却仍不满足，因为从职位角度来讲，他还不是名义上的首席宰相，当时位于崔胤之上的是时任太保、门下侍郎、同平章事的徐彦若。崔胤为了成为首席宰相，千方百计地想将徐彦若排挤掉。徐彦若也很识时务，主动向皇帝李晔提出要到外地担任节度使的请求。

当时地方藩镇基本上已经不听朝廷诏令，只有薛王李知柔控制的广州地区依然听命于朝廷，所以皇帝李晔下诏以徐彦若为同平章事，出任青海节度使。挤走了徐彦若之后，崔胤并未善罢甘休，不久，在他的运作下，另一位宰相崔远也被罢免职务。

此时的皇帝李晔处境极为艰难，对于强大的藩镇他已经是一筹莫展，且要处处仰人鼻息，而朝廷内宦官专权已使其无计可施，现在崔胤又依靠强大的朱全忠开始独断专行。面对外有强藩、内有权臣的局面，李晔逐渐感觉自己有些无能为力，曾经的雄心壮志开始一点点地泯灭，随着时间的推移，他渐渐地变成一个情绪暴躁之人，难以听进大臣的劝谏。

例如，右拾遗张道古上疏痛陈时弊，说国家现在有五危、二乱之难，从前汉文帝即位不久，就明悉国家事务，可是陛下登基已经十几年了，却还没有掌握驭臣之道。想当年太宗贞观时期，天下安定，四夷顺服，而现在国家的疆域在一点点地缩小，臣真的担心朝廷社稷会被奸臣把持，最终为贼臣所有。

张道古的奏疏虽然说得句句在理，但因为言辞过于激烈，导致皇帝李晔看罢顿时勃然大怒，立即将张道古贬为施州司户。事实上李晔未必不认为张道古说得有道理，只是这封奏疏直接揭开了李晔内心深处的伤疤，让身为九五之尊的李晔颜面尽失，而这也从侧面反映出当时的李晔已经不愿意再直面国家的各种矛盾以及弊政。

张道古的上疏不仅没有带来积极效应，反而因为言辞过于激烈，触痛了李晔灵魂深处的痛楚，让李晔在此后的日子里更加意志消沉。为了排泄心中的苦闷，他整日借酒消愁，性格也变得越来越暴躁，而且喜怒无常，时常因为一些琐碎的小事擅杀宫人，弄得宫中上下人人自危。

李晔心理状态的变化，使朝廷内的不同人有着不同的表现，崔胤因为有着强大的靠山而完全不在乎，更何况朝政还需要他这个首席宰相去处理。而那些地位卑微的宫人只能是看着皇帝陛下的脸色行事，不敢有丝毫的反抗。

但是先前被削弱的宦官势力，内心却是想法多多，在他们看来，皇帝李晔已经将宦官视为眼中钉，而且朝廷大事都与宰相商议，早晚有一天自己会被皇帝除掉。所以他们想以皇帝李晔意志消沉不理朝政为由，逼迫李晔退位为太上皇，让太子李裕即位。

最关键的是，皇帝李晔虽然先前将把持朝廷大权的宋道弼、景务修除掉，但宦官势力中把持左、右神策军军权的人还依然存在，所以军队将是他们实现自己计划的依靠所在。

宫廷政变

皇帝李晔虽然先前打击过宦官，但左、右神策军依旧掌握在宦官手中。当时担任左军中尉的刘季述、右军中尉的王仲先以及枢密使王彦范、薛齐偓等宦官头目，一直密谋逼迫皇帝李晔退位，要将太子李裕扶上皇位，进而达到通过拥立之功重新纵揽朝廷大权的目的。

光化三年（900 年）十一月五日，皇帝李晔带着刘季述、王仲先等人在皇宫北部禁苑打猎。由于当天捕获了很多猎物，所以傍晚时分，李晔命手下人在禁苑里摆上酒席品尝自己捕获的猎物，君臣一直狂饮到午夜，而后李晔醉醺醺地回到后宫。酒后的李晔心情更加烦闷，为了发泄怨气，他挥剑砍杀了几个宫女和宦官，随后便脱衣睡下。此时的李晔一定想不到，就是他的这个冲动之举，为他带来了一场祸事。

次日，已到日上三竿之时，皇帝李晔因为昨日喝得头昏脑涨还未起床，宫门也紧闭未开。刘季述等人见此情形，知道机会已然来临，便前往中书省对崔胤说，鉴于宫门紧闭，担心宫中发生大事，自己作为内臣，有权处理宫内事务，所以想要带兵前往后宫查看。

面对刘季述等人的要求，崔胤也是一时拿不定主意。按照规定，刘季述的做法不妥，但近日来往于宫中的闲杂人员很多，如御医车让、谢筠等人就经常留宿宫中，难免会发生事端。

崔胤想来想去最终同意了刘季述等人的请求。于是，刘季述便带着千余名禁军士兵直闯后宫，并趁机将太子李裕挟持，然后以皇后的名义下令，说昨日皇帝李晔砍杀宫女和宦官，是因为御医车让、谢筠劝皇帝杀人以消灾，实属大逆不道之罪，现在鉴于皇帝昏庸，决定让太子李裕监国。

刘季述将这个决定告诉了崔胤，崔胤当时担心刘季述等人大开杀戒，所以只得违心同意。而后刘季述以崔胤等宰相的名义写好联名状，请求太子李裕监国，并命令禁军士兵分布朝堂之上，然后召集文武百官入朝，让他们在联名状上签字。

百官迫于刘季述掌控禁军的压力，被迫在联名状上签字。刘季述将太子李裕护送到紫廷院，接受君臣的朝贺。从刘季述直闯后宫到百官朝见太子李裕，前后不过两个时辰的光景，皇帝李晔居然被宣告终结了皇帝生涯，实在让人匪夷所思。

当时皇帝李晔住在乞巧楼，对外面发生的事情一概不知。刘季述、王仲先等人在做完拥立太子李裕监国的事情后，立即带兵包围了乞巧楼，刘季述让禁军士兵在宣化门外等候，自己和王仲先等人进到乞巧楼逼迫李晔退位。可是刘季述等人刚刚进去，禁军士兵便大声喊叫着冲进宣化门，见人就砍。皇帝李晔闻听喊叫声不断，立刻从床上栽了下来，就在他刚想爬起来逃走时，刘季述等人已经闯了进来，一把将李晔按在了椅子上。

“坐下！”刘季述对李晔发号施令说道。

李晔惊恐地看着刘季述等人，他不知道这伙宦官直闯自己的寝殿，究竟目的何在。

就在刘季述等人进入乞巧楼的时候，宫女们急忙跑到后宫，将情况报告给了何皇后。何皇后慌忙赶来，见刘季述将皇帝李晔按在椅子上，于是她请求刘季述等人不要伤害皇帝李晔。

“军容不要惊吓了陛下，一切事情全都交付您全权处理。”

刘季述将百官的联名状拿出，对皇帝李晔说道：

“陛下厌倦国事，这是所有人都知道的事情，现在朝野上下都希望太子监国，请您到东宫休养去吧！”

刘季述说完后，将联名状丢在李晔面前，然后直勾勾地看着他。

李晔看着眼前的联名状彻底惊呆了。他没想到只经过了一个晚上，局势会发生如此重大的变化，他更不明白，为何昨日还和他开怀畅饮的刘季述等人，为何今日态度竟如此。

“昨天还和你们一起畅饮，朕只不过是多喝了点，为什么会变成这样？”显然李晔还没意识到问题的关键所在。

“这并非我们所为，乃南衙百官的意思，实在是众意难违啊！还请陛下暂时到东宫避一避，待局势稍稍安定之后，我们会想办法迎接您回来。”

刘季述的话虽然说得很是婉转，但谁都明白其隐含的意思是李晔今天必须要走。

“陛下！您就按军容所说的办吧！”何皇后见势不妙，立即劝李晔说道。

李晔被逼无奈之下，取出传国宝玺交给了刘季述，然后换了衣服与何皇后一起坐上御撵，跟随刘季述等人到达了少阳院。然而，到了少阳院后，刘季述开始凶相毕露，他历数皇帝李晔的多项罪名，然后亲手锁上院门，并用铁水将锁孔熔固，派左军副使李师虔率兵守卫少阳院，随时监视李晔的行踪，李晔就这样被刘季述软禁起来。

十一月七日，刘季述假传圣旨，诏令太子李裕即位，更名为李缜，尊李晔为太上皇，何皇后为太皇太后，更名少阳院为问安宫。

刘季述明白自己的做法是倒行逆施，很是不得人心，为了稳定局势，他一方面假传诏令为相关人员加官晋爵，凡是参加此次软禁皇帝李晔行动的，全都官升一级；另一方面为了显示自己的权威，他开始大开杀戒，凡是得宠于皇帝李晔的左右亲信以及宫人、方士、僧侣等全部杀掉。据史书记载，当时宫内每天都在杀人，为了恐吓心怀不服的人，刘季述命令白天用十辆大车将尸体运出宫外，而每辆车只运一两具尸体，以此震慑朝臣。

当刘季述软禁皇帝李晔，并在宫内大开杀戒时，消息迅速传播出去，在藩镇之内引起了极大的反应。由于藩镇们的目的不同，所以对待此事的态度也是不同。

重登帝位

刘季述等人软禁皇帝李晔的消息迅速传播，在全国各地引起了强烈的反应。例如，退休离朝的左仆射张浚当时闲居长水，闻听此事后义愤填膺，马上到洛阳去见张全义，劝他出兵长安解救皇帝李晔，同时又给各地藩镇写信让他们出兵勤王。

当时无棣有个进士名叫李愚，此时正客居华州，他也上书韩建劝其出兵讨伐刘季述等人，但无论是张全义还是韩建，都认为新君已经即位，皇帝李晔已经失去了利用价值，所以全都不肯发兵相救。

不过，那个时候正在定州和李克用交战的朱全忠，在闻听皇帝陛下居然被一伙宦官软禁后，立即从定州回到大梁，准备插手干预此事。刘季述闻听朱全忠突然返回大梁，准备插手朝中事务，于是立即采取主动，派养子刘希度前往大梁，答应将大唐的江山社稷让给朱全忠。然后以皇帝李晔的名义发布文告，又派供奉官奉本前往大梁，声称皇帝李晔已经同意退位。

朱全忠十分清楚刘季述做这些事情的目的所在，但他当时并无称帝的意图，看完文告后，心中有些犹豫不决，于是召集幕僚商议接下来该如何处理。

当时多数人表示刘季述囚禁皇帝，实属大逆不道，劝朱全忠不要和刘季述等人来往，甚至有人提出，朝廷无论发生什么大事，作为藩镇都不应该参与其中。只有天平节度副使李振认为，现在皇室发生患难，这是为汴州争霸天下提供了千载难逢的机会，他说朱全忠就是唐朝的齐桓公、晋文公，国家的生死存亡都寄托其一身。刘季述不过是个宦官，竟然敢囚禁皇帝，朱全忠应该立即兴兵讨伐，而且一旦新君地位稳固，则朝廷大权会重新落入宦官手中。

李振的话让朱全忠彻底醒悟，于是他立刻下令刘希度和李奉本，并派李振到长安探听虚实。李振回来后向朱全忠汇报，说长安城内人心不稳，人们对刘季述囚禁皇帝陛下一事表现了极大的不满，看来宦官集团难以控制局势，建议朱全忠出兵长安，帮助李晔重登帝位。

不过，就在朱全忠积极准备出兵的时候，朝廷内部已经有人开始积极行动起来。

李晔被软禁事件，为本来就不愿意侍奉朝廷的地方藩镇找到借口。太子李裕虽然即位多时，但藩镇们的供奉却迟迟不到，致使朝廷的财政状况更加拮据，军费及各项开支难以维持。

当时神策军中尉王仲先苛刻明察，早就知道军中积弊甚多，贪污侵吞财物现象十分严重，如今朝廷财政困难，他便清查军中物资，发现贪污侵吞者即施以酷刑，并限期偿还，搞得军中人人自危。

盐州雄毅军使孙德昭时任左神策军指挥使，他曾和部将董从实盗取军库钱五千缗，王仲先查出此事后，当众羞辱他们，并催促他们尽快还钱。孙德昭本就对刘季述、王仲先等人软禁皇帝李晔一事感到愤愤不平，再加上自己被王仲先羞辱一番，更加痛恨宦官集团。后来崔胤打听到了这个消息，于是便派判官石戬主动亲近孙德昭，意图拉拢孙德昭共同迎立李晔复登帝位。

石戬亲近孙德昭的策略，就是主动请他筵饮，而孙德昭每次喝醉后都痛哭流涕，深以皇帝李晔被囚为耻。石戬见孙德昭忠于唐室，便鼓动他杀掉刘季述和王仲先等几个宦官，迎立皇帝李晔复位，并告诉他这其实是宰相崔胤的意思。

面对宰相大人的拉拢，孙德昭毫不犹豫地跟了过去。当石戬将孙德昭愿意效力的消息告诉崔胤时，崔胤大喜过望，立即从衣服上扯下一块布，写上手谕让石戬交给孙德昭，并告诉他联合的人越多越好，事成之后将奏请皇帝陛下给他加官晋爵。

作为左神策军指挥使，孙德昭在禁军中有着良好的人脉，得到宰相大人的手谕后，他立即联合右军清远都将董彦弼、周承诲等人，决定在新年的第一天开展行动。

天复元年（901 年）正月一日清晨之际，王仲先早早入朝，当他来到安福门时，早已埋伏在这里的孙德昭，忽然从角落里冲出，以迅雷不及掩耳之势砍下了王仲先的脑袋。然后他快速赶到问安宫，手敲门环高声呼喊告诉皇帝李晔已经将王仲先砍杀，请皇帝陛下出来犒赏将士。

最先听到喊声的是何皇后，问安宫连日来死一般的寂静，为何今日忽然有人高喊，而且说已经诛杀了王仲先，这不禁让何皇后有些怀疑是谁在搞恶作剧。不过她还是将信将疑对外边说，如果真的已经剪除逆贼，就请将其首级扔进来。

孙德昭立即按照何皇后所说的，返回安福门外割下王仲先的人头，将其带到问安宫扔了进去。皇帝李晔与何皇后见到王仲先的人头后，才相信孙德昭所说的话，于是让孙德昭撬开问安宫的大门，与何皇后一起走了出来。

宰相崔胤得到消息后，立即召集百官到李晔面前道贺，然后发布命令让周承诲与董彦弼领兵急速捉拿刘季述、王彦范等人。安排完一切后，崔胤和文武百官将皇帝李晔与何皇后迎上长乐门楼，等待周、董二人的消息。没过多久，周、董二人就将刘季述和王彦范五花大绑地带到皇帝李晔面前，李晔本想斥责二人几句后，将两个人押往大牢，可是没等他开口，宰相崔胤就让两边的军士手起刀落砍下了两个人的首级。

刘季述和王彦范虽然已死，但皇帝李晔并没有就此事完结，他诏令将参与囚禁自己的刘季述、王彦范、王仲先、薛齐偓四人满门抄斩，又处死其同党二十余人，同时赦免了太子李裕的罪过，让他继续回到东宫当太子。

从正月三日开始，皇帝李晔对营救自己的有功之臣论功行赏，任命立下首席功劳的孙德昭为同平章事，充静海节度使，并赐名“李继昭”。次日又以崔胤为司徒，崔胤坚辞不授，建议加封想要出兵援救的朱全忠，最终李晔加封朱全忠为东平王，同时任命周承诲为岭南西道节度使，赐名“李继诲”；董彦弼为宁远节度使，赐名“李彦弼”，一同加封同平章事，与李继昭一起留京宿卫，时人称之为“三使相”。

李晔经历这场变乱后，想要借此机会解除宦官干政的弊政，于是在论功行赏过后，他首先对典章机要的枢密使权力加以限制。他发布敕文说，近年来宰相在延英殿奏事时，枢密使在两旁侍候，遇到需要讨论的问题，就与宰相们争论不休；事后又利用权力之便假传圣旨，更改诏令，不断扰乱朝政。他规定从现在开始恢复宣宗李忱在位时的制度，待宰相奏事完毕，枢密使才可以进殿受命。

李晔颁布限制枢密使权力的敕文，让宰相崔胤隐约嗅到了皇帝陛下解除宦官干政的决心。在崔胤看来，宦官干政的最大障碍不是枢密使权力最大，而是宦官们掌管着神策军，手中握有兵权。所以他联合诸多文官不失时机地上疏皇帝李晔，请求解除宦官的兵权，将神策军交给宰相们统领。

奏疏中写道：“本次祸乱的根源，都是源于宦官典兵之制，请让崔胤主管神策左军、陆扆主管神策右军，这样一来宦官们就不会再作乱，而且藩镇们也不敢再犯上作乱，国家才会稳定。”

这封奏疏虽然表面看上去很有道理，但奏疏中明确了掌管左、右神策军的人选，这会让皇帝李晔担心刚刚解决宦官典兵的弊政，接下来又要面对宰相典兵的弊端。而且唐朝自建立之日起，就有文臣不典兵的惯例，让李晔就此更改古制，这实在是不可能的。

面对这封奏疏，皇帝李晔虽然觉得颇为不妥，可又找不出更好的理由反驳，一时间拿不定主意。不过，此时李茂贞正在长安奏事，听到崔胤想让宰相掌管神策军的消息后，大骂崔胤是军权尚未到手，便有剪除藩镇之心，于是他上疏李晔坚决反对让宰相掌管神策军。

皇帝李晔十分明白李茂贞的态度其实就是全体藩镇们的态度。不过为了慎重起见，他还是决定多听听意见，于是他又召见“三使相”商议此事。

“三使相”本就是宦官一党，先前只是和刘季述等人有矛盾，所以才解救皇帝李晔脱离险境，事实上其内心并无匡辅王室之心，依旧想遵循旧制。所以三个人一致表示将禁军交给南衙宰相掌管，势必要进行较大调整，不如交给北司的宦官掌管更为便利。李晔见这件事情阻力较大，于是便告诉崔胤，说禁军将士都不愿意受其节制，因此以枢密使韩全诲、凤翔监军使张彦弘为左、右神策军中尉，并提拔宦官袁易简、周敬容担任枢密使。

这次被软禁事件过后，使李晔充分认识到如果想让帝国重归正途，自己首先必须要振作起来，所以他一改先前的颓废状态，重新恢复了往日的雄心壮志。为了稳定民心和恢复经济，他开始注意地方官吏的选拔，并免除了京畿地区贫民的一年赋税，而且在其复位后发布的《改元天复敕文》中，提出了一系列解决时弊的办法，尤其在敕文的最后，李晔表达了“进忠贤以启正途，黜邪佞以惩覆辙”的决心。

但是李晔或许过于乐观，在当时朝廷内部局势不稳，外有藩镇不断作乱的情况下，朝廷的政令可以说是不出宫门，要想使国家重新回归正途已经是不太可能的事情。事实证明，皇帝李晔所颁布的赦文中的改革办法，到最后全都成为一纸空文，一场动乱之后，朝廷内除了赏了几个有功之臣和诛杀了几个作乱的宦官之外，一切还是老样子。

不过对于李晔来讲，虽然朝廷暂时进入平稳状态，但因为他拒绝将禁军兵权交给崔胤等人掌管，因此一场灭顶之灾正在向他悄然袭来。而这场灾难从某种意义上来说，也终结了大唐二百九十年的国运。

再次出逃

在解救皇帝李晔的过程中，虽然“三使相”始终冲锋在前，但谁也不能否认崔胤在其中的联合之功，所以崔胤以除逆之功得到了皇帝李晔的信任与器重。崔胤历来与宦官集团势不两立，并以彻底消灭这个集团为己任，本来计划除掉刘季述等人后，自己掌握禁军，但因为阻力重重而未能如愿，于是便想借助藩镇的力量来对付宦官。

此时李茂贞正要辞别回归本镇，崔胤以朝廷局势未稳为借口，请求他留兵宿卫京城长安。事实上，李茂贞对此求之不得，于是双方一拍即合，李茂贞留其养子李继筠带领三千人马驻守京城长安。

不过当时左谏议大夫韩偓认为这个做法可能会招致新的动乱，多次向崔胤提议请凤翔兵回归本镇，而崔胤拒不接受，他给出的理由是凤翔兵不想返还本镇，自己也是没有办法。崔胤的这种回答立即激起了韩偓的强烈反应，他反问凤翔兵宿卫京城长安，是谁主动请求留下的，崔胤无言以对。

事实证明，崔胤留下凤翔兵，不仅无助于他铲除宦官集团，反而正像韩偓所预料的那样，最终造成了一场祸乱。

崔胤自以为凤翔兵可用，便急于对宦官下手。天复元年（901年）四月，崔胤建议为宦官害死的官员平反昭雪。于是，皇帝李晔下诏为文宗大和九年甘露之变中被仇士良冤杀的王涯等十七家平反。事实上崔胤这是在舆论上为剪除宦官做好准备。

紧接着崔胤又收回宦官手中的曲酒专卖特权。曲酒专卖始于唐德宗李适在位期间，文宗李昂在位时为了限制宦官特权一度解禁，武宗李炎在位的会昌六年九月，又在扬州等八道州府设置官店负责酒类专卖，以代百姓缴纳酒钱，上缴度支以充军用。

杨复恭担任神策军中尉时，向度支借卖曲一年之利以供军需，从此便不肯还给度支。崔胤为了限制宦官特权，允许卖酒者私自造曲贩卖，这样一来左、右神策军先前所造的酒曲，就必须尽快减价卖出，因为崔胤规定过了七月便不准再卖。

崔胤开放曲酒贩卖制度不仅剥夺了宦官的财权，而且也损害了一些藩镇的利益，由于凤翔镇也在禁止之列，而李茂贞不愿意放弃这一聚财之路，所以崔胤在利益上与李茂贞形成矛盾。随着时间的推移，双方关系俨然破裂，甚至成为仇敌，当时李茂贞不断上疏争辩，而其三千兵马此时还在京城长安，这让崔胤感到当初实在是引狼入室。他见势不妙，便暗中通知朱全忠，让他在必要的时候进京援助自己。

有了朱全忠这个强大的靠山，崔胤便不再害怕，于是他加紧了剪除宦官集团的步伐。闰六月，崔胤再次秘密上奏皇帝李晔尽快下诏铲除宦官，宫内事务可以交由宫女们暂时掌管。但正所谓没有不透风的墙，宦官们当时可谓手眼通天，通过设在皇帝陛下身边的耳目，宦官对崔胤的所作所为一清二楚。

当时韩全诲背着崔胤面见皇帝李晔，流着泪哀求饶命，皇帝李晔见宦官已经知晓，于是让崔胤有事走正规程序上疏奏明，不必偷偷摸摸地面见自己。而韩全诲为了彻底摸清情况，又找了几个貌美的女子送进宫中，让她们暗中留意崔胤写给皇帝李晔的奏章，所以崔胤无论怎么做，宦官们对其行踪都是了如指掌，而皇帝李晔对此却全无知晓。当时崔胤密谋除掉宦官，宦官们也在暗中策划反制崔胤，一时间双方剑拔弩张，崔胤当时兼任三司使，韩全诲等人便鼓动禁军在宫中聚众抗议，控诉崔胤减损士兵们的冬装，皇帝李晔无奈之下，解除了崔胤的盐铁使职务。

值得一提的是，皇帝李晔解除崔胤的盐铁使职务，这在崔胤看来是个敏感的信号，他误认为皇帝李晔开始倾向宦官，所以急忙写信向朱全忠求助。

当时朱全忠和李茂贞见到朝廷内部纷争不已，都有挟天子以令诸侯的想法，朱全忠想将皇帝李晔接到洛阳，而李茂贞则想将其接到凤翔。崔胤在信中告诉朱全忠，说已经奉皇帝李晔的密诏，让朱全忠领兵火速赶来京城长安迎接车驾，如果来晚了皇帝就会被李茂贞挟持走了。朱全忠当时正在河中，得到崔胤的书信后，唯恐李茂贞将皇帝掠去，于是急忙赶回大梁，准备发兵京城长安。

事实上，朱全忠当时十分清楚崔胤在朝廷中受到宦官集团威胁的危险处境，所以他这次出兵京城打出了“清君侧”的旗号，目的也是为了剪除宦官。不过此时对宦官束手无策的皇帝李晔虽然盼望朱全忠前来能够剪除宦官，但是他又担心朱全忠会和李茂贞发生冲突。为此，他让韩偓想办法看能不能让朱全忠与李茂贞联合，韩偓给出的回答是，由于利益不同，两个人联合是不可能的。

十月二十日，朱全忠自大梁发兵挺进关中。韩全诲听说朱全忠将要到来，命令李继筠、李彦弼带领禁军，准备劫持皇帝李晔前往凤翔，而且宫内各门增加守卫力量，断绝了皇帝李晔与外界的联系。皇帝李晔得知韩全诲等人想要劫持自己的想法后，秘密派人为崔胤送去书信，告诉他带着文武百官出京城长安，催促朱全忠火速赶到长安解救自己。

十月二十五日，韩全诲逼迫皇帝李晔召见百官，废止了正月颁布的《改元天复赦文》中的改革条令，重新恢复枢密使与百官同殿议事的旧制，而且当天便重开延英殿，韩全诲等人侍立两旁，与朝臣共同议事。在此后的五天内，李继筠带领神策军将内库的财物洗劫一空，又将诸王以及大批宫人秘密送往凤翔，并派兵锁上宫门，禁止人员出入。

当时神策军在京城长安内大肆劫掠，民财被抢劫一空，满街逃窜的百姓不计其数，不过崔胤所在的开化坊因为李继昭不肯与韩全诲等人合作，所以得到了李继昭的派兵保护。十一月四日，韩全诲带领神策军陈列殿前，逼迫皇帝李晔跟随自己前往凤翔，他告诉李晔说朱全忠已经大军逼近长安，想要劫持皇帝陛下前往洛阳，事实上是有篡位之心，现在臣愿意奉送皇帝陛下前往凤翔，是为了保护陛下。

连日来韩全诲等人的所作所为，让皇帝李晔明白了这些人安的是什么心，所以他拒绝了韩全诲的要求。而且他手持宝剑想要登上乞巧楼进行抵抗，但是他四眼望去似乎并没有保护他的卫兵，因此他只得丢下宝剑，与何皇后以及诸嫔妃跟着韩全诲出了宫城。

值得一提的是，皇帝李晔刚刚出城，他背后的长安城内便是一片火光，李晔回身望去泪流满面，他努力抑制自己的悲痛，从心底发誓无论如何一定要重新回来。当天夜里，皇帝李晔一行人到达了长安城南六十里的户县。次日李茂贞亲自从凤翔赶来迎接，就这样李晔在回到长安没多久后，便开始了他的第二次流亡生活。

皇帝李晔跟随李茂贞去了凤翔，而此时的朱全忠依然还在路上。他要想进到长安，必须经过韩建的领地，而韩建是李茂贞的盟友，不会轻易让朱全忠通过。因此朱全忠率领宣武、宣义、天平、护国四镇兵马进驻河中，准备攻打韩建。

十一月一日，当李继筠封锁宫门洗劫内库的时候，朱全忠带领四镇兵马七万余人进攻同州。同州留后司马邺望风投降，朱全忠让司马邺前往华州告诉韩建如果不尽快投降，自己将会立即领兵攻打华州，而且当天朱全忠就从故市领兵南渡渭水进逼华州。韩建自知实力悬殊，只好派部将李巨川请降，并献上三万两白银犒劳汴州军。

韩建的归顺使朱全忠的速度得以加快，两天后他领兵进驻赤水，接着向长安进发。当他赶到昭应县的零口（历史上鸿门宴的所在地）时，听说皇帝李晔已经离京西行，朱全忠担心再这样一路追下去，恐怕会落个挟君的罪名，所以便暂时撤回赤水以观时变。

当时闲居在长水的张浚见朱全忠按兵不动，立即赶到赤水劝朱全忠将韩建除掉，理由是韩建除是李茂贞的盟友之外，还曾经上疏皇帝李晔请求前往凤翔。朱全忠得知这一消息后，立即派兵包围华州，韩建立即出来示好，表示自己是一介武夫，上疏的时候没有考虑态度，希望朱全忠能够原谅自己。

韩建诚恳认错的态度，最终使朱全忠原谅了他。但是朱全忠担心他在华州经营时间太久会生出祸乱，于是将其移往陈州赴任。

同华地区经过韩建多年的治理，在经济上得到了很大的发展，特别是皇帝李晔身在华州时期，随着四方商人的云集，一时间商业极为繁荣，创造了大量的物质财富。而现在这些财富全为朱全忠所得，因此朱全忠在经济上获得了极大的补助，最关键的是同华地区距离京城长安较近，为朱全忠日后出兵京城长安以及征讨凤翔奠定了有力的基础。

皇帝李晔西行之后，文武百官在崔胤的安排下，大多留在了京城长安，出现了“京师无天子，行在无宰相”的局面。崔胤无奈之下只得再次向朱全忠求助，希望他能尽快出兵迎回皇帝陛下。

十一月四日，崔胤让太子太师卢渥、王溥等人前往赤水与朱全忠商议迎接皇帝李晔回京事宜。朱全忠出兵本来就是为了达到挟天子以令诸侯的目的，目前目的还没达到，现在有了崔胤的召唤，所以他不用再担心落个挟君的罪名，可以继续西进。两天后，朱全忠带领大军进入长安，然后在崔胤的建议下，朱全忠派人到凤翔宣布自己进京的消息，同时让韩全诲等人护送皇帝李晔立即回到京城长安，韩全诲当然是拒绝了朱全忠的要求。

所以，接下来朱全忠决定大举讨伐凤翔。

第十一章
遇害身亡

困居凤翔

天复元年（901 年）十一月二十日，朱全忠率领大军到达凤翔，在城东安营扎寨。李茂贞登上城楼向朱全忠解释，说天子到他这里是来避难的，并非被自己劫持来的，朱全忠是受了奸人的蛊惑，所以才兴兵讨伐他。

而朱全忠则全然不理会李茂贞所说的话，要求李茂贞立即奉送皇帝李晔回京，自己会既往不咎。朱全忠的态度等于是要讨伐到底，李茂贞眼见朱全忠不肯退兵，于是和韩全诲连连逼迫皇帝李晔下诏，让朱全忠赶快退兵。朱全忠见凤翔城池坚固难以立即攻下，于是移兵攻打邠州。

邠州在凤翔东北方向的二百里处，当时由李茂贞的养子李继徽镇守，与凤翔遥相呼应。十月二十七日，朱全忠对邠州发起猛攻，李继徽虽然顽强抵抗，但终因寡不敌众在两天后被迫投降。朱全忠攻下邠州后，又立即兴兵攻打盩厔（今陕西周至），两天后又将盩厔攻下。

邠州、盩厔相继失守，让李茂贞感受到了极大的压力，而且当时镇守金州（今陕西安康）的昭信军节度使冯行袭见汴州军队势强，于是将韩全诲派往各地途经金州的使者二十余人全部杀掉后，向朱全忠投降。西川节度使王建也趁火打劫，与朱全忠修好，并派部将王宗佶、王宗涤领兵五万攻打李茂贞的山南诸州。

天复二年（902 年）正月，朱全忠自三元移驻武功，再次进逼凤翔，当时韩全诲让皇帝李晔下诏征李克用前来救援，同时李茂贞也以个人身份写信向李克用求援。李克用得到消息后，派部将李嗣昭领兵五千实施围魏救赵之策，从沁州攻打晋州，以缓解朱全忠对凤翔的压力。皇帝李晔也派人充当岐、汴和协使，对李茂贞和朱全忠加以劝解，并赐朱全忠“李姓”，想让他和李茂贞结为兄弟。

但朱全忠却断然拒绝，他一方面让部队继续包围凤翔；另一方面回军攻打李克用，击败正在攻打晋州的李嗣昭后，乘胜进逼晋阳。面对强大的朱全忠，李克用锐气大减，自此之后很多年不敢和朱全忠交战，就这样李茂贞失去了唯一一个可以救援自己的强援。

朱全忠在凤翔外围不断地攻城略地，皇帝李晔则在凤翔内再次组织起流亡政府。鉴于文武百官都留在长安的现实情况，皇帝李晔对朝廷官员重新进行了整合，不过由于李茂贞极力推荐自己的心腹，很多人不愿意出来担任官职，而皇帝李晔也不愿意任命李茂贞的心腹，所以即便是流亡政府，皇帝李晔也组建不起来。

当时有大批人上疏皇帝李晔，指出李茂贞推荐心腹担任朝官，是徇私舞弊行为。李茂贞得知消息后，鉴于朱全忠压力颇大，而且朝廷内部局势不稳，于是就想将皇帝李晔挟持到蜀中再作打算。

而崔胤等群臣听说李茂贞要将皇帝陛下挟持到蜀中，全都心急如焚却又无能为力，于是崔胤便前往河中，再一次向朱全忠哭诉，希望他赶快解救皇帝陛下。在崔胤的催促下，天复二年（902 年）六月，朱全忠亲自领兵抵达位于凤翔府南边三十五里的虢县。李茂贞闻听朱全忠再次前来，不再采取闭门不战的策略，而是出城主动迎战。

六月十日，李茂贞亲自领兵在虢县北部与汴军交战，结果凤翔兵大败而归，逃回城内。朱全忠乘胜进驻凤翔城下，并分兵五寨将凤翔城围得水泄不通。

当时李茂贞的堂弟保大节度使李茂勋见凤翔被围，于是领兵屯驻三原想要解救堂兄。朱全忠派部将康怀贞、孔勍攻打李茂勋，李茂勋抵挡不住汴州军队的攻势狼狈向东逃窜。李茂贞在城内得知堂弟战败，并不甘心就此坐以待毙，六月十七日，李茂贞领兵夜袭奉天（今陕西乾县），俘虏了汴军将领倪章和邵棠，他看到汴州军队并非不可战胜，于是干脆在二十二日倾巢出动想要与朱全忠一决胜负。这场战役从清晨一直打到中午，交战双方在很长时间内不分胜负，只是因为李茂贞兵力有限，所以在日暮时分才主动收兵回城，结果汴州军队随后追击，几乎攻陷了凤翔西门，自此之后李茂贞不再出城交战。

当时正值阴雨连绵，汴军中很多士卒身染疾病，朱全忠见李茂贞坚守不出，凤翔城一时间难以攻下，如此下去对己十分不利，便想带领军队回归本镇。部将高季昌、刘知俊得知朱全忠的想法后，极力劝阻其不要撤兵，并建议选派得力的间谍混进城内，用诡计引诱李茂贞出战。

骑士马景主动请缨，伪装成凤翔军战败的士卒进入凤翔城内，进城后马景散布消息说朱全忠已经撤兵，只留下些战斗力不强的人马，而且今晚也将撤走。消息很快传到了李茂贞的耳朵里，于是他决定当天利用夜色偷袭汴军营寨。

当夜，李茂贞带领大批人马出城偷袭汴军。朱全忠见李茂贞中计，于是命令中军敲响战鼓，让伏兵四下杀出，又派数百骑精骑兵堵住城门，凤翔兵进退维谷，自相践踏伤亡惨重，李茂贞拼死杀出条血路才得以逃回城内。

李茂贞战败后，朱全忠命令士兵环绕凤翔城广挖战壕，形如蚰蜒爬行之状，而且在营寨四周安置了大量犬狗，如果敌军来群犬齐吠，同时绕营设置木架，用绳挂铃将其连接，敌军来便触动铃响，从此用这种方法切断了凤翔城与外界的联系。

凤翔已经成为一座孤城，粮食以及各种物资越来越匮乏，城内开始出现以人肉充饥的现象。皇帝李晔虽然身为九五之尊，但处境也极为艰难，粮食断绝后李茂贞只能供给其一些猪狗之肉食用，其随从每天都有饿死的。

皇帝李晔虽然知道朱全忠绝非忠臣，但是为了早日解脱困境，他还是要求韩全诲和李茂贞迅速与朱全忠和解。韩全诲和李茂贞对此置之不理，而此时朱全忠却主动示好，原因在于李茂贞的很多部将在看到李茂贞大势已去后，纷纷带着人马出城向朱全忠投降。朱全忠担心李茂贞穷极无路之下会与城俱毁，自己落个挟君的罪名不说，而且挟天子以令诸侯的目的也会化成泡影，因此朱全忠表示愿意和解。

为了表示自己的诚意，朱全忠派部将司马邺进入凤翔，向皇帝李晔奉呈和解的奏书，而且不断派使者入城呈贡食品衣物，甚至允许城中百姓出城打柴。不过，韩全诲和李茂贞并不买账，依旧想以武力对抗朱全忠。

十月二十一日，李茂贞领兵突袭汴州军队西寨，结果大败而归。朱全忠见李茂贞无意和解，于是派部将孔勍、李晖乘虚直捣李茂勋的老巢鄜州和坊州，并于十一月十日攻占了坊州。次日，汴州军队冒着大雪连夜行军，于拂晓抵达鄜州城下，守军来不及迎战，汴州军队攻入城内，与城中八千守军展开巷战，直到午时鄜州守军抵抗不住，于是举城投降，孔勍、李晖安抚李茂勋家属及其部将。李茂勋得知鄜、坊二州已失，而家属部将无恙时，遂投降朱全忠。

失去了堂弟李茂勋的支持，已经内外交困的李茂贞直到此时才想与朱全忠议和。不过李茂贞明白，眼下必须要表示出自己的诚意，而且这个诚意要足够能打动朱全忠，所以他开出的条件是自己可以诛除宦官。

为此，李茂贞亲自修书一封送给朱全忠，他在信中强力为自己辩护，说这场挟持天子的祸乱都是宦官韩全诲一手造成的，并重申自己将天子迎到凤翔，是为了让天子避难。现在朱全忠既然有匡扶社稷之心，自己愿意护送天子回京，并愿意率部为朱全忠效力。

朱全忠面对李茂贞的和解态度，也表示不计前嫌，愿意通力合作。不过这样一来，以韩全诲为首的宦官集团开始坐不住了。

韩全诲得知李茂贞与朱全忠暗通书信之后，自度难免于难，于是互相之间开始推诿指责，而且凤翔城中的人全都将矛头指向宦官，导致李继昭与韩全诲当面互相对骂，可以说从此时开始，宦官集团内部开始出现分裂。

天复三年（903 年）正月，皇帝李晔派遣殿中侍御史崔构、供奉官郭遵海前往朱全忠营寨商议回京事宜，同时李茂贞也派遣心腹与朱全忠签订议和条约。正月六日，李茂贞秘密觐见皇帝李晔，请求诛杀以韩全诲为首的宦官集团，奉迎皇帝陛下返京。

当时皇帝李晔得知李茂贞的态度是一百八十度大转弯时，不禁大喜过望，立即诏令将韩全诲等人斩首，并让李茂贞全权处理此事，同时任命御使第五可范、宣徽南院使仇承坦为左、右军中尉，王知古、杨虔朗为上、下枢密院使，当晚又将李继筠、李继诲、李彦弼等人相继斩首。

次日，李茂贞让人将韩全诲等二十余人的首级装在袋子里，然后让韩偓送到朱全忠的营寨。不过，朱全忠虽然见到了韩全诲等人的首级，却依旧围困凤翔城，李茂贞怀疑是崔胤从中作祟，于是写信央求崔胤劝说朱全忠撤兵，并请求皇帝李晔下诏让崔胤等百官来到凤翔。

虽然宦官集团已经被除，但朱全忠依旧想让李茂贞出城投降，为此他写信让崔胤从中调停。崔胤告诉李茂贞，诛除宦官这一点做得很好，但如果继续顽抗朱全忠，很可能面临灭顶之灾。

天复三年(903年)正月二十二日，李茂贞打开凤翔城门放出了皇帝李晔。当李晔走进朱全忠的营寨时，朱全忠泪流满面地跪倒在地，表示自己救驾来迟，让皇帝陛下受惊。而皇帝李晔对朱全忠救驾有功，表示由衷的赞扬，君臣二人在营寨中稍事休息过后，朱全忠即令部将朱友伦护送皇帝李晔起驾回京，自己则留下负责善后工作。

正月二十七日，皇帝李晔重新回到久违的京城长安。表面看上去李晔又重新恢复了自由之身，而事实上，对比先前诸多挟持他的人，成功解救他的朱全忠才是最可怕的敌人。

儒将风范

朱全忠与李茂贞争夺皇帝李晔的目的，可以说是司马昭之心路人皆知。李晔被困凤翔时，韩全诲曾以皇帝的名义向诸道发布诏令，命令各路藩镇前来勤王，不过各路藩镇对此反应不一。

河东节度使李克用在与朱全忠的长期争战中，逐渐败下阵来，不敢再与其争锋，所以李克用接到诏令后只是象征性地派出了几千人；西川节度使王建则全力经营自己的巴蜀之国，而且企图占有李茂贞的山南之地，朱全忠与李茂贞相争，他正好是坐收渔翁之利，所以不可能出兵；杨行密当时正与钱缪争夺江淮，无心插手关中事务。只有平卢节度使王师范见到诏书后，泪流满面地对众将说道："我们身为朝廷的屏障，岂能眼睁睁地看着皇帝陛下陷入如此困境还在这里拥兵自重。"所以他决定出兵凤翔。

从个人素质角度来看，王师范算是个儒将，平生以"忠义"二字自诩，有别于一般的武夫，很有智慧谋略，并以儒家的伦理道德行为作为准则。天复三年（903 年）正月，朱全忠在全力围困凤翔，而事实上他的汴州后方极为空虚，王师范分遣部将装成前往汴州贡献的使团或做小生意的商贩，藏带兵器潜入朱全忠占据的汴、徐、兖、郓、齐、沂、孟、滑、陕、虢、华等地，约定好在同一天对朱全忠的各地发起攻击。

正月四日，行军司马刘鄩先让人装成贩油者潜入兖州城。在得知泰宁节度使葛从周已经离城前往邢州，城内守备空虚的情况下，刘鄩利用夜色带领五百精兵自水洞潜入城中，兖州守军一时措手不及，被迫举城投降。刘鄩占领州府后，首先拜见葛从周的母亲，每天清晨都去问安，对其家人也是恩礼有加，一切供应如常。

不过，刘鄩虽然成功占领兖州，但派往各地的将士们却多因为走漏风声而兵败被擒，就在同一天，平卢将张居厚带领二百名精兵推着小车，装扮成商人模样进了华州城。华州总管娄思敬见这伙人各个身强体壮，不像是做生意的人，便上前盘查。张居厚等人一声呐喊，从车中抽出刀枪，将娄思敬等人砍翻在地，成功占领了东城，随即向西城发起进攻。

此时崔胤身在华州，得知平卢军来袭后，立即率众进行抵抗。张居厚毕竟人数太少，只好放弃东城撤退。张居厚带着部下逃往商州，结果被汴州军队擒获。当时朱全忠征讨凤翔时，留下节度判官裴迪驻守大梁，王师范为了迷惑汴州军队，派人到大梁表示愿意与朱全忠修好。不过裴迪经过仔细观察，发现送信的人神色不对，于是他询问了淄、青地区的情况。结果一问之下，送信的人回答得很不自然，机敏的裴迪立即觉察出其中必有缘故，于是屏退左右，然后用重金收买送信的人，才得知平卢军的行动计划。

裴迪听后大惊失色，在来不及禀报朱全忠的情况下，立即命令马步都指挥使朱友宁带领一万人马东巡兖、郓之地。朱友宁到达后，又急召葛从周自邢州回师共同攻打王师范。朱全忠当时身在凤翔听到这个消息，心中十分焦急，当时凤翔已经是一座孤城，如果就此放弃进攻，将会前功尽弃，但朱全忠还是分出一部分兵马给朱友宁，让他务必打败王师范。

从实力对比角度来看，王师范不如朱全忠，这一点他心知肚明，所以他采取了偷袭的策略，而现在自己的意图已经被识破，而且自知不是朱全忠的对手，于是便向李克用求援，他派人将自己起兵讨伐朱全忠之事详细告诉了李克用。李克用对王师范的举动大加赞赏，就在李克用正要出兵援救王师范时，听说皇帝李晔已经起驾回京，李克用担心朱全忠腾出手来进攻自己，于是便撤兵回归本镇。

凤翔之战结束后，朱全忠终于能够集中精力对付王师范。为了一举消灭王师范，朱全忠上奏皇帝李晔请求对李克用加以封赏，并告诉李克用是自己的意思，这样一来就可以防止在攻打王师范的过程中，李克用抄自己的后路。

三月十七日，朱全忠在处理完凤翔的善后事宜后回到大梁。此时王师范的弟弟王师鲁正在攻打齐州（今山东历城），朱全忠让朱友宁带领大军援救齐州，就此拉开了全面反击王师范的序幕。

王师范眼见朱全忠展开反击，急忙调遣军队增援兖州的刘鄩，但均被朱友宁击退。兖州城被葛从周团团包围，而朱友宁则引兵攻打青州。二十七日，朱全忠自大梁领兵增援朱、葛二将，王师范向淮南的杨行密求援。杨行密派出两支援军，一支进攻宿州，结果被朱全忠的部将康怀贞击退；另一路由大将王茂章率领七千人援救青州。王茂章是淮南猛将，上阵时携带双枪勇猛无敌，他与王师范之弟时任莱州刺史的王师诲合兵攻下了密州（今山东诸城），随即向青州进发。

五月，朱友宁在进军青州的途中，在博昌（今山东博兴）受阻，博昌城虽小，但守军极为英勇，朱友宁以数万大军围攻了将近一个月也未能攻下。朱全忠闻讯大怒，派部将刘捍前去督战，朱友宁深知朱全忠的脾气，如果再攻不下来，自己可能性命难保，于是命令士兵将附近百姓全部抓起来。当时十多万民丁在汴州军队的威逼下，搬运木材土石，在博昌城南构筑土山。当土山即将接近城墙时，朱友宁下令将民工全部驱赶上山杀死，一时间冤号哭骂之声传至数十里，汴州军队就是踩着这些人的尸体攻进了博昌城。

朱友宁进城后，下令大肆杀戮，城内无一人幸免。在攻下博昌后，他以最快的速度直逼青州城下，然后又派部将进攻登州和莱州。就这样，在汴州军队的强力攻势下，不到一个月的时间，登州和莱州相继失陷，两州败逃的士兵相继逃往青州。王师范将这些人组织起来，在石楼设置两寨，想要以此抵挡朱友宁的进攻。

不过，就在两寨刚刚竣工之时，六月七日，朱友宁利用夜色偷袭登州寨。王师范催促王茂章出兵迎战，而王茂章却按兵不动。朱友宁攻陷登州寨后，又立即进攻莱州寨，此时天色已经放亮，王茂章估计朱友宁人马已经疲惫，于是与王师范合兵出战，大败朱友宁。朱友宁自高岗上驰下迎敌，不料马失前蹄，最终被斩杀于乱军之中，失去主将的汴州军队立即大乱，王师范与王茂章乘胜追击，一直追到米河附近方才收兵。

朱全忠得知朱友宁战败身死的消息后十分震惊，亲自带领二十万大军昼夜兼程奔赴青州。七月十四日，朱全忠到达临朐，命令人马急速向青州城发起进攻。王师范携战胜朱友宁的余威出战，结果大败逃回城内，而王茂章却故意闭营不战，在知道寡不敌众的情况下，于傍晚时分率兵连夜逃走，只留下王师范独守青州。

八月一日，朱全忠见平卢军实力尚强，于是留下曹州刺史杨师厚继续围攻青州，自己则领兵返回大梁。朱全忠走后，杨师厚驻扎在临朐，与王师范继续对决。不过王师范依旧不敢出战，杨师厚为了尽快攻下青州，诈称自己要前往密州，将辎重留在了临朐。

王师范得知杨师厚前往密州的消息后，倾城出兵进攻临朐。杨师厚伏兵奋击，大败平卢军，杀伤万余人，擒获王师范的弟弟王师克。次日有五千名莱州兵前来救援，又被杨师厚拦杀殆尽，杨师厚乘胜在青州城下安营扎寨。八月二十一日，王师范看到对抗不过汴州军队，于是派副使李嗣业及其弟王师悦向杨师厚请降，并请以其弟王师鲁为人质。朱全忠本想杀掉王师范，但他听说李茂贞和杨崇本要联手将皇帝李晔接出京城长安，于是便急于将皇帝李晔接到洛阳，才接受了王师范的投降。

王师范投降后，刘鄩依旧占据兖州。当时葛从周为了解救妻儿老小攻城甚急，刘鄩让士卒用板轿抬着葛从周的母亲登城，让葛母劝葛从周解除对兖州的包围。葛从周见家属无恙，于是暂时撤退二十里，兖州城的形势稍稍得到缓解。

不过，由于长期被围，兖州城里粮食奇缺，刘鄩让老弱病残和妇女儿童出城觅食，城内只留下少壮男丁御敌，他治军有方，虽然城内形势极其危急，但百姓们却能安然度日。葛从周见兖州城不易攻取，于是派人劝降刘鄩，不过刘鄩的答复很干脆，他是奉王师范的命令驻守兖州，如果今日见其失势就出城投降，实在是有违做人的道理。

后来王师范投降后，声明刘鄩的所作所为全是他的意思，请求朱全忠赦免其罪，并派人命令刘鄩投降，刘鄩得到命令后方才举城投降。

刘鄩是个颇具大将风度的人，葛从周很感激他能善待自己的家人，于是替他准备好衣装，准备送他去大梁。不过刘鄩却执意穿囚服前往大梁，而且到了大梁后，刘鄩要求身穿罪服入见。朱全忠十分看重刘鄩，下令免除其罪，并任命他为都押将，后来不断升迁，直至做了汴军名将。

相比于刘鄩的待遇，王师范的结局则十分悲惨，朱全忠在解除了西顾之忧后，便让部将李振取代了王师范，而王师范则举族迁往大梁。朱全忠开始还能对他以礼相待，不过到了后梁开平二年（908 年），朱友宁之妻要为夫报仇，说丈夫之所以会死于乱军之中，全是因为王师范叛逆的原因，如今王师范还活着，这让她感到万分痛心。朱全忠听后下令诛灭王师范全族，而且宣读诏书的使者先在王家住宅边挖了个大坑，然后才宣读了诏书。王师范听完后全无畏惧之色，带领同族二百余人从容赴死。

值得一提的是，王师范是唐末最后一个公开起兵对抗朱全忠的人，此后朱全忠再也没有敌手，他的目标开始瞄向那个高高在上的宝座。

剪除羽翼

天复三年（903 年）正月，皇帝李晔从凤翔回到了京城长安。事实上对于李晔而言如同脱离了牢笼又入虎口，朱全忠在击败一个又一个对手后，野心越来越大，他已经不甘心只是挟天子以令诸侯，而是开始图谋称帝。

朱全忠明白要想达到称帝的目的，必须首先设法剪除皇帝李晔身边的羽翼，他觉得性情偏激的崔胤既痛恨宦官又猜忌大臣，可以加以利用，而崔胤也想借助朱全忠的支持独揽朝廷大权，于是两个人一拍即合，决定联手清洗朝廷。

皇帝李晔回京的第二天，朱全忠和崔胤密谋后一同入朝，崔胤按照朱全忠的意思上奏，说建国之初天下太平，宦官并不领兵和参与朝政，天宝年间以后，宦官势力逐渐强大，到了贞元末年，德宗皇帝为了便于随从护卫，将羽林卫分为左、右神策军，并让宦官统领，遂成为定制。自此之后宦官集团参与国家机密，擅夺百官职权，严重者勾结藩镇危害朝廷，朝政混乱的根源就在于此，如果不将其斩草除根，终会受到其害。

崔胤在奏疏的最后，请求皇帝李晔罢免由宦官担任的诸司使，其事务全都放还有关省、寺掌管，并下诏召回诸道监军。

皇帝李晔一看到奏疏，便知道是朱全忠的主意，很长时间以来他对崔、朱二人可谓既敬且畏，根本不敢说出不同意见，只得按照崔胤所说的，下诏颁布执行。

在李晔刚刚下完诏书的当天，朱全忠等人未经皇帝李晔的同意，便派兵将以宦官第五可范为首的七百多名宦官集中到内侍省杀掉。当时“冤号之声，彻于内外”，这是宦官自天宝年间势力逐渐强大起来后，第一次遭到大规模的屠杀，可谓遭到重创。

不仅如此，当时出使在外的宦官，朱全忠也下令让地方官杀掉，只留下三十个黄衣小宦官打扫宫廷。皇帝李晔虽然痛恨宦官，但当他听说其遭到朱全忠大规模的屠杀后，顿时感到不寒而栗，却也无可奈何。自此之后只能让宫女出入宫廷宣布诏令，崔胤同时夺得了六军十二卫的领导权。

朱全忠清除掉宦官集团后，立即将目标转向朝中的文臣武将，而崔胤则仰仗朱全忠的权势，任凭自己的爱憎赏罚官员，大有顺我者昌，逆我者亡之势。皇帝李晔到达京城长安时，曾经向诸道发布回归诏书，唯独没发给凤翔的李茂贞。当时宰相陆扆认为这样做不妥，上奏说李茂贞虽然罪大恶极，然而朝廷并未与之断绝关系，现在唯独不发给他诏书，似乎不太公平。

崔胤得知陆扆的上疏后，顿时勃然大怒，他要求皇帝李晔将陆扆外贬。而皇帝李晔对崔胤先前的所作所为十分不满，他对韩偓说崔胤虽然有为国尽忠之心，但和韩偓比起来，崔胤的权术实在太多了。

当时皇帝李晔十分器重韩偓，想让韩偓担任宰相，而韩偓则推荐说御史大夫赵崇和兵部侍郎王赞堪当此任。于是李晔想要起用这两个人，而崔胤知道消息后，担心新任宰相会妨碍自己大权独揽，可是自己又无法言明，于是便让朱全忠出面阻止。

朱全忠觐见皇帝李晔，告诉他赵崇为人十分轻薄，王赞则无才学，韩偓推荐这样的人担任宰相，实在是有失身份。李晔眼看朱全忠态度坚决，不得不取消任命赵崇、王赞为宰相的决定，但是朱全忠并未善罢甘休，进一步要求惩处韩偓，李晔无奈之下只得将韩偓贬为濮州司马。韩偓离京前，李晔偷偷与他辞别，韩偓流着眼泪告诉李晔，说朱全忠现在越来越嚣张跋扈，自己即使死在贬所也在所不惜，但如果照此下去，朱全忠很可能会做出篡逆之事。韩偓就这样流着眼泪前往濮州而去。事实证明在不远的将来，韩偓的话一一应验。

不久后，崔胤又接连将政敌工部侍郎、同平章事苏检和吏部侍郎卢光启处死，将中书侍郎、同平章事王溥贬为太子宾客，当时朝臣中曾经跟随皇帝李晔前往凤翔的官员，被贬黜者多达三十多人。

朱全忠为了控制京城事务，在他东征王师范时，留下步、骑兵万余人驻守长安，任命朱友伦为左军宿卫都指挥使；张廷范为宫苑使；王殷为皇城使；蒋玄晖为充街使，等于将亲信遍置于禁卫系统以及京辅地区，进而掌握了京城的所有军队。

二月二十七日，朱全忠想要返回大梁，皇帝李晔在延喜楼摆下酒宴为其送行。临分别时皇帝李晔佯装悲伤之态，并让朱全忠在楼前上马离去以示恩宠，百官则在长乐驿为朱全忠送行，崔胤为了显示对其亲近，又加送了三十里，在灞桥之边与朱全忠饯别。

值得一提的是，随着朱全忠离开长安，崔胤与他的联合也宣告自行解体，其根本原因则在于两个人的目标虽然相同，但理想却不同。

崔胤虽然嫉贤妒能，想要独揽朝廷大权，但从内心深处始终是忠于唐室的。而朱全忠本身就是黄巢的降将，内心并无对李唐皇室的绝对忠心，而且在打败李茂贞、吞并关中后，开始产生篡夺之志。对于朱全忠产生的变化，崔胤全都看在眼里，而且在皇帝李晔重新回到京城长安后，他也曾试图寻找解救办法，无奈他是秀才遇到兵，有理说不清。

在朱全忠刚刚离开京城长安后，崔胤便秘密觐见皇帝李晔，告诉他朱全忠有虎狼之心，如今在朝臣或贬或杀的情况下，只有占据荆襄地区的赵匡凝兄弟对朝廷始终忠心不二，皇帝李晔应该伺机巡幸荆襄地区，进而摆脱朱全忠的控制。现在左右神策军已经解散，如果继续招募士兵重新组建，恐怕会引起朱全忠的怀疑，应该想个万全之策。

于是皇帝李晔将此事全权交由崔胤处理。崔胤在经过慎重的思考后，写信给朱全忠，告诉他京城长安与凤翔的李茂贞相距不远，朝廷不能不做防御的准备，想就此招募士卒予以补充，也使朱全忠免除西顾之忧。

朱全忠对崔胤的真实目的洞若观火，只是觉得崔胤这样做对自己构不成太大威胁，于是表面上答应了他的请求，可是在暗中又派麾下数千名士兵伪装成百姓前去应募。而崔胤对此则全然不知，下令六军诸卫副使、京兆尹郑元规确定招募标准，一共招募到六千六百人，每日修缮兵器，训练士卒。

如果照此下去，崔胤的计划或许就会成功，但接下来发生的一个偶然事件，则不仅让崔胤的计划彻底破产，而且还搭上了身家性命。

天复三年（903 年）十月，留守长安的宿卫都指挥使朱友伦在左军和幕客们打马球的时候，不慎落马毙命。朱全忠闻听爱子身亡悲伤不已，怀疑是崔胤暗中加害，于是下令将与朱友伦击球的十几个人全部杀死，派侄子朱友谅接替朱友伦的职位，并密切关注崔胤的动向。而恰在此时崔胤建议皇帝李晔南巡荆襄地区以摆脱朱全忠的控制，被伪装成百姓混进禁军的朱全忠的士兵探听出来，由此朱全忠决定处死崔胤。

于是，依靠朱全忠实现大权独揽的宰相崔胤，其末日即将来临。

昭宗之死

天祐元年（904 年）正月，朱全忠秘密上疏皇帝李晔，称崔胤专权乱国，离间君臣关系，请求诛杀崔胤及其同党郑元规、陈班等人。李晔见他和崔胤的计划败露，知道崔胤已经是性命难保，只好采取丢车保帅之法，罢免了崔胤的宰相职务，将其贬为太子宾客，郑元规贬为循州司户，陈班贬为溱州司户。次日又按照朱全忠的意图，下诏历数崔胤等人的罪状，任命裴枢、独孤损接替崔胤掌管的事务。

崔胤被罢黜后，朱全忠密令朱友谅乘夜包围其住宅。当时崔宅由新招募的禁军守卫，崔胤闻听有变，下令关门拒战，不料混在禁军中的汴州士兵一声呐喊，调转方向与朱友谅一同攻打守卫崔宅的禁军，战斗整整持续一夜，天亮时分禁军寡不敌众，崔胤死于乱军之中。

攻下崔宅后，朱友谅乘胜领兵攻打京兆府，又杀死郑元规及陈班等数十名朝官。此时，皇帝李晔几次重新组建的禁军再次被打散，其雄心壮志也随之化为泡影。

崔胤死后，继任者裴枢、独孤损都是朱全忠的党羽，朱全忠担心李茂贞再度劫持皇帝李晔，便想将李晔迁往洛阳，于是让东都留守张全义开始修缮宫室。

天祐元年(904年)正月十三日，朱全忠吞并淄青地区后，移兵屯驻河东。二十一日派牙将寇彦卿奉表入京，声称邠、岐兵马已经进逼京城长安，为了保护皇帝陛下的安全，请李晔急速迁往洛阳避难。

次日，在朱全忠的授意下，汴州士兵强迫京城百姓迁到洛阳，而长安百姓则不愿意远离故土，一路上哭号不止，全都破口大骂崔胤勾结朱全忠倾覆国家，老幼妇孺相扶东行，一个多月里路上行人不断。

正月二十六日，皇帝李晔在汴州士兵的催促下自长安启程。朱全忠让部将张廷范为御营使，拆毁长安宫室、百官衙署以及民居，将拆下的木料浮在渭河上顺流东下运到洛阳修建新的宫殿。

值得一提的是，随着长安宫城被拆毁，长安成为一座废墟，而中国文化的重心也从此开始东移。

二月二日，皇帝李晔一行人来到华州，百姓们夹道欢迎，山呼万岁。李晔见此情景不禁潸然泪下，可是自己受制于人让他感觉形同傀儡。

“不要再喊万岁了，我已经不再是你们的天子了！”此刻李晔终于说出了其内心最想说的话，这既是他很长时间以来的感受，更是一种抗议。当晚李晔住在华州兴德宫，再想到国破山河碎，自己犹如木偶一般被人牵线而行，即情吟出了一首《思帝乡》：

纥干山头冻杀雀，
何不飞去生处乐。
况我此行悠悠，
未知落在何所？

在华州停留八天后，李晔一行人于二月十日继续东进，因洛阳宫室尚未完工，李晔只得暂时滞留陕州。朱全忠亲自到陕州朝见李晔，在朱全忠的要挟下，李晔被迫将禁军兵权全部交给了朱全忠，任命他兼任左、右神策军及六军诸卫事。

朱全忠为了尽早将皇帝李晔迁到东都洛阳，决定重回洛阳督促修缮宫室事宜。临行前李晔大宴群臣，酒席散后他将朱全忠和韩建留下来继续饮酒，当时何皇后出来亲自手捧玉盅向朱全忠敬酒。此时晋国夫人可澄在皇帝李晔耳边小声说了几句话，恰被韩建看到，韩建当即暗中踩了朱全忠一脚，朱全忠心领神会，以为酒中有毒，不敢继续饮宴，于是佯装喝醉辞别。也就是从此时开始，朱全忠对皇帝李晔动了杀机。

四月十六日，洛阳宫室修缮完毕，朱全忠奏请皇帝李晔尽快从陕州启程，而皇帝李晔则不愿意动身，打算拖延时间，向王建、李克用、杨行密等藩镇求救，只盼望勤王之师早日到来。不过朱全忠催促李晔启程的表章一封接着一封送到李晔面前，此时司天监出面为皇帝李晔解围，奏称夜观天象，发现星象出现明显变化，现在不利于皇帝陛下出行。

朱全忠根本不理会司天监的话，继续催促李晔赶快启程。李晔又派宫女告诉朱全忠说皇后刚刚生完孩子，不能经历颠沛流离，等到十月之后再前往洛阳。

李晔的再三推脱，让朱全忠十分愤怒，他明白李晔这是在等待勤王之师的到来，于是召来牙将寇彦卿，命令他带领五千士卒赶快到陕州，即日催促皇帝李晔动身。李晔见朱全忠开始以武力相逼，只得起身迁往洛阳，而朱全忠则亲自到新安迎接，为了让皇帝李晔在进入洛阳之前失去全部的羽翼，朱全忠让御医许昭远诬告医官使阎佑之、司天监王墀、内都知韦周、晋国夫人可澄等人联手谋害朱全忠本人，借机将这些人全部处死。

等到李晔行至谷水时，朱全忠又将跟随皇帝李晔同行的击球供奉、内园侍儿共计二百余人全部缢杀，又亲自挑选了二百多个与之相仿者随行护卫。皇帝李晔最初还没感觉到身边已经换了内园侍儿，等到几个月后才发现，自此之后李晔的随侍人员也全部是朱全忠的人了。

李晔到达洛阳后，朱全忠开始更换禁苑的人员，让其心腹蒋玄晖担任宣徽南院使兼枢密使，王殷担任宣徽北院使兼皇城使，张廷范为金吾将军、充街使，韦震为河南尹兼六军诸卫副使，朱友恭为左龙武将军，氏叔琮为右龙武统军。

五月二日，皇帝李晔在崇勋殿宴请朱全忠及文武百官，酒宴过后李晔让朱全忠到自己的内殿继续饮宴，朱全忠担心李晔有诈，于是找个理由离开洛阳返回了大梁。皇帝李晔见朱全忠离开了自己，于是加急向李克用等人求救。

六月，李茂贞、王建、李继徽发布檄文联合讨伐朱全忠。朱全忠利用强大的兵力优势，派镇国节度使朱友裕为行营都统，领兵将勤王之师击溃。此时李茂贞、李克用、刘仁恭、王建、杨行密、赵匡凝等人书信往来，皆以兴复大唐为目标。朱全忠得知消息后想要领兵西征，又担心素有英气的李晔在洛阳发动变乱，于是准备立一幼主，开始图谋弑杀皇帝李晔。为此朱全忠命令部将李振到洛阳与蒋玄晖、朱友恭、氏叔琮等人合办此事。

八月十一日夜晚，皇帝李晔正在何皇后居住的椒殿休息，蒋玄晖带着龙武牙将史太等一百多人急扣宫门，说军前有急事要奏明皇帝陛下，想要进宫面圣。夫人裴贞一前去开门，见门外士兵人头晃动，忙问为什么带这么多士兵来，没等裴贞一说完，史太挥刀将其首级砍下，直闯宫中而去。

当时皇帝李晔因为连日来心绪不佳天天饮酒，此时因为喝醉正在龙床上休息，听说有汴州士兵闯进宫殿，急忙穿衣起身躲避。可是偌大的宫殿竟没有藏身之地，只得绕着柱子躲避史太等人，最终史太将其追上，一刀将李晔杀害在椒殿之内。

李晔，一个聪明而又有才华的年轻人，他充分了解阻碍恢复唐朝力量和权威的形势，并发誓自己要复兴王朝。但是唐朝已经积弱难返，他回天无力，最终死于朱全忠之手，让人为之叹息。

李晔出生在错误的时间，错误的家庭，干了一份不该干的工作（做皇帝），如果是太平年月，李晔或许会是个很好的守成之主，但在唐末动乱的局势下，他纵然有李世民的文韬武略恐怕也是无济于事。

李晔虽然已死，但大唐的历史还没有结束。不过距离其灭亡，已经进入了倒计时。

第十二章
走向灭亡

傀儡皇帝

随着军事实力的日益强大，朱全忠的政治野心也与日俱增。他虽然读书不多，但却深知挟天子以令诸侯的道理，因此不惜兴师动众，出兵凤翔将皇帝李晔从李茂贞手中夺过来。然而无赖出身的朱全忠并不仅仅满足是“垂帘听政”，在看到唐廷衰微之后，他的目标是要面南而坐，在那个高高的宝座上接受文武君臣的膜拜。

朱全忠知道皇帝李晔经历一系列挫折后，虽然意志消沉，无所作为，但也绝不会就此将皇位拱手相让，因此将其杀害，在皇子中找一个过渡性的人物。经过慎重地挑选，终于在诸皇子中选定了一个傀儡皇帝的候选人。

事实上，皇帝李晔自凤翔返回京城长安后，为了讨好朱全忠，任命他为诸道兵马副元帅，而按照惯例兵马元帅之职一般都由太子担当，因此任命兵马元帅实际上就是指定皇位继承人。皇帝李晔一共有十七个儿子，大多年幼无知，只有德王李裕有所作为。前边我们说过乾宁四年（897 年）李裕被立为皇太子，因为刘季述反叛，将其立为皇帝，李晔成功复位后，将太子李裕贬为濮王，但依旧对其十分宠爱，便想让他出任兵马元帅之职。

可是朱全忠为了实现自己的野心，选中了年纪幼小的辉王李祚，而自己又不愿意出面过分干涉，于是便让崔胤承办此事。崔胤在皇帝李晔面前极力反对由濮王李裕担任兵马元帅，皇帝李晔知道这是朱全忠的意思，因为惧怕朱全忠，于是在天复三年（903年）二月，下诏任命辉王李祚为诸道兵马元帅。

李祚是皇帝李晔的第九子，与濮王李裕同为何皇后所生，被任命为兵马元帅时只有十一岁，是一个不折不扣的少年，在担任兵马元帅的两年后，皇帝李晔被朱全忠杀害。朱全忠让蒋玄晖矫宣遗诏，指定李祚为皇太子，并改名李柷。

虽然当时皇位继承人已定，但所有人都知道这是朱全忠的安排，所以心中依旧感到无所依托，恐惧和忧伤时刻笼罩在皇宫内外。悲伤的人们慑于朱全忠的权势，不敢过分地表现痛苦之色，只能是暗自叹息。

就在蒋玄晖宣布遗诏的当天下午，朱全忠又以皇太后的名义，让太子李柷于皇帝李晔的灵柩前即位，于是李柷这个年仅十三岁的少年，就这样在痛失生父后，被仇人扶上了皇帝宝座。

朱全忠一手策划了杀害皇帝李晔的全过程，事后作为对劳苦功高的史太的奖赏，将其任命为棣州刺史。为了掩人耳目，蒋玄晖在士兵退出皇宫后，到处宣扬夜里皇帝李晔与昭仪李渐荣玩赌博游戏，是李昭仪将皇帝灌醉趁机将其杀害，企图将弑杀皇帝的罪名推到宫人身上，进而掩盖他们的罪行。

不过虽然弥天大谎已经撒下，但参加弑杀皇帝李晔行动的有将近百十人，要守住这个秘密又谈何容易。而且参加弑杀皇帝李晔的一些龙武军官兵被裴贞一等人对皇帝李晔的忠心，以及他们遇事不慌张、英勇无畏的精神所感动，更加憎恨朱全忠的为人。这些人拿着朱全忠的赏钱，到酒楼里去宣泄个人心中的愤恨，并将他们所见到的一切添枝加叶地广为传播。

一时间洛阳城内沸沸扬扬，都知道皇帝李晔并非死于宫人之手，而是死于朱全忠之手，而且随着风言风语日渐增多，人们的议论也传进了朱全忠的耳朵里。他对秘密泄露得如此之快感到十分惊讶，进而愤恨朱友恭等人办事不力，对部下掌控不严。

由于秘密泄露，朱全忠一时间也被搞得六神无主，但是他毕竟老奸巨猾，在逐渐稳定情绪后，他采取了弃车保帅之法，将所有的罪过全都推到朱友恭、氏叔琮等人的身上，谎称自己不知道弑杀皇帝李晔之事，而且假装痛苦着怒斥朱、氏二人背着自己做出如此大逆不道之事，然后立刻赶到东都洛阳，伏在皇帝李晔的梓宫上痛哭流涕。

朱全忠此行的目的就是要为自己开脱罪责，在皇帝李晔的梓宫前表演完毕后，他又跑到皇宫面见小皇帝李柷，声称先帝之死与自己无关，并假惺惺地请求查找真正的凶手。

事实上朱全忠也明白，自己虽然卖力表演，但任何人都不是白痴，他这样做并不能减少朝廷上下对他的怨恨，所以为了缓解人们对他的怨恨，朱全忠无奈之下只得忍痛决定除掉朱友恭和氏叔琮。不过朱、氏二人毕竟为自己立下大功一件，如果以弑杀先帝的罪名除掉二人，今后恐怕不会再有人为其卖命，恰巧此时有人告发护驾军士在大街上抢米，这让朱全忠立即找到了借口。

当时朱全忠利用抢米这件事大做文章，立即向小皇帝李柷上疏，说朱友恭、氏叔琮治军无方，不能安抚民众，以致出现侵扰市肆现象，请求将朱友恭贬为崖州司户，恢复其李彦威的本名；贬氏叔琮为白州司户。

对李柷而言，朱全忠的话就是圣旨，于是他立即批准了朱全忠的请求，当即下诏外贬朱友恭和氏叔琮二人，而且李柷似乎还颇能洞悉朱全忠的内心，在诏书的最后没有忘记加上“仍令所在赐自尽”一句话，算是说出了朱全忠想说而又无法说出口的话。

事实上朱全忠之所以如此在意人们对于弑杀先帝李晔的评价，进而被迫除掉朱友恭和氏叔琮，是由于他感到称帝的时机尚未成熟。他清醒地认识到阻碍自己登上皇帝宝座的主要有两股势力，一是朝中忠于皇帝的文臣武将以及诸王宗室；二是地方的藩镇势力。因此朱全忠采取双管齐下的策略，一方面在朝廷中清除异己；另一方面对与自己为敌的藩镇诉诸武力镇压。

天祐二年（905 年）二月，朱全忠首先对宗室诸王大开杀戒，他命令蒋玄晖邀请先帝李晔之子濮王李裕、棣王李祤、虔王李禊、沂州李禋、遂王李祎、祁王李祺、雅王李禛、琼王李祥、景王李祕在洛苑的九曲池旁摆下筵席，将诸王灌醉后用绳子勒死，并将尸体扔到九曲池里，在杀掉李晔的九个儿子后，他便将毒手伸向了朝中大臣。

朱全忠要杀朝臣，除了因为他们忠于皇帝不能为己所用，是自己篡位的绊脚石之外，最关键的原因在于朱全忠是行伍出身。虽然成为拥有大片土地的强大藩镇，但是自中唐以来，社会时尚重文轻武，文士从不把武将放在眼中，朱全忠对此始终耿耿于怀，因此对文人也是恨之入骨。

据说有一年夏天，天气特别炎热，朱全忠和幕僚们及游客在柳树下乘凉闲谈，几个游客正在高谈阔论，朱全忠当时觉得无聊，忽然站起身来指着柳树说道："这种树木适合做车毂。"人们忽然闻听此言，全都哑口无言地愣在原地，不知道朱全忠为何说出如此不着边际的话语。

此时有几个游客为了讨好朱全忠，也跟着站起身来，随声附和说适合做车毂，没想到朱全忠顿时勃然大怒，厉声斥责说："书生就是喜欢阿谀奉承，顺口搭音，车毂需用夹榆才行，柳木怎么能够做车毂呢？"随即命令左右侍卫将随声附和的几个游客杀掉，从中可见他对文士的蔑视和憎恨。

为了扭转当时重文轻武的风气，四月五日，朱全忠让小皇帝李柷发布敕文。朱全忠在敕文中通过论述文武皆重要的道理，想发泄一些对文臣的不满情绪，同时也想以此使文臣们尊敬自己。然而让他想不到的是，此事却事与愿违，没过多久就发生了一件让他更为不快的事情，而这件事也直接导致了朱全忠下定决心对朝臣大开杀戒。

白马驿之祸

和王的师傅张廷范是艺人出身，精通音律，后来趋炎附势投靠了朱全忠，为其进行歌舞演奏，深得朱全忠的宠爱。当时张廷范想担任太常卿，便请求朱全忠推荐自己，朱全忠认为自己办这件事情易如反掌，便让幕僚带着张廷范入朝请求皇帝的任命，没想到却遭到了宰相裴枢的反对。裴枢给出的理由是张廷范是有功之臣，已经得宠于藩镇，何必再仰仗朝廷乐官的职位以示荣耀，张廷范想当太常卿恐怕不是朱全忠的意思。

当时朱全忠的幕僚费尽口舌，可是裴枢就是不答应，张廷范只好悻悻而归。朱全忠见宰相都不给自己面子，顿时心起杀机，他对手下人说自己本来认为裴枢志向高远，不被朝廷俗气沾染，现在看起来不过是装成一副清高态势，因此他决心除掉这些顽固不化的大臣，而此时朝廷内出现的宰相不和的局面，恰好为朱全忠提供了机会。

当时朝中共有四位宰相，除了裴枢之外，还有崔远、独孤损和柳璨。柳璨少年丧父，家境贫寒，但勤奋好学隐居山林之间。光化年间一举中第，因为对汉史尤为精通，被时人称为“柳箧子”。皇帝李晔因为爱才如命，想找一个有文才的人，于是有人就将柳璨推荐给了皇帝李晔，李晔立即召见柳璨，经过面试，李晔对其十分满意，很快便被任命为翰林学士。

崔胤死后，皇帝李晔想让柳璨出任宰相，便征求诸位学士的意见。承旨张文蔚认为选贤任能不必拘于等级限制，不过按照惯例不宜立即提拔柳璨当宰相。于是皇帝李晔就首先提升柳璨为谏议大夫同平章事，但即使是这样也已经是高规格的越级提拔了。

出身寒微的柳璨可以说是一步登天，因此出身高贵的裴枢、独孤损和崔远，对于一下子和自己平起平坐的柳璨十分排斥，言谈中经常流露出对柳璨的鄙夷之情，而柳璨对他们也是怀恨在心。皇帝李晔到达洛阳后，因为内官都是朱全忠的心腹，因此柳璨就极力和他们交好，想攀上朱全忠这棵大树，进而达到对抗裴枢等人的目的。

当时柳璨已经察觉出朱全忠可能要做出不利于朝官的事情，便趁机在朱全忠面前说了裴枢等人的很多坏话，因此天祐二年（905 年）三月，裴枢、独孤损和崔远被同时罢相。五月七日天空中又有彗星出现，占卜者向朱全忠进言，认为君臣即将大祸临头，必须杀一批人才能消解此难，柳璨趁机写出裴枢等三十多个与己不和者的名字，请求朱全忠立即诛杀。

对于一下子诛杀如此多的朝臣，朱全忠一时间也是难以下定决心。不过，部将李振趁机向朱全忠进言，认为朝廷纲纪之所以败坏，全都是因为这些文官表里不一，而且朱全忠是想要成就大事的人，这些文官未来肯定会充当绊脚石，不如趁现在一举除掉。

朱全忠最终采纳了李振的建议，首先于五月十五日利用皇帝李柷的名义下诏贬独孤损为棣州刺史、裴枢为登州刺史、崔远为莱州刺史。两天后贬吏部尚书陆扆为濮州司户，工部尚书王溥为淄州司户。二十二日贬太子太保赵崇为曹州司户、兵部侍郎王赞为淮州司户。除此之外，无论高门望族，还是科举进士，只要位居台阁而不亲近朱全忠的人，全都加以贬黜，一时间朝廷名士为之一空。

六月一日，蒋玄晖再以皇帝李柷的名义下诏，令裴枢、崔远、独孤损、陆扆、王溥、赵崇、王赞等人就地自尽。在诏令下发之时，朱全忠担心这些朝官们会生出变乱，于是将裴枢等被贬的三十多名朝官集中到华州（今河南滑县）白马县的白马驿，命令部将李振在当夜将这些朝官全部杀害。

李振年轻时也是个饱读诗书的才子，希望通过科举考试而飞黄腾达。但咸通年间因为朝廷昏庸腐败，李振屡试不第，因此恨透了主考官及考中的进士。现在李振奉朱全忠之令，一夜之间杀掉三十多名朝官，却依旧感到心中恶气未尽，于是他又向朱全忠进言，说这些朝官平生自视清高，现在应该将他们的尸体扔进黄河，让他们永远与浊流相伴。于是这些昔日以清高自命的文人，死后就这样被抛到了泥沙翻滚的黄河之中。由于这些朝官是在白马驿被害，所以史称这次事件为“白马驿之祸”。

虽然一下子处死了三十多位朝官，但朱全忠并未善罢甘休，六月二日又将已经退休还乡的裴赞贬为青州司户，贬李熙为莱州司户，罪名是他们在为官期间未能恪尽职守有负皇恩。除此之外朱全忠继续大搞株连，即使是一些有名望的地方县令也在劫难逃，例如，卫尉少卿敬诏因为是裴赞的外甥而被贬为徐州县尉，密县县令裴练被贬为登州牟平尉，长水县令崔仁略被贬为淄州高苑尉，福昌主簿陆珣被贬为沂州新泰尉，综观这些被贬的官员，他们都是受裴枢、崔远、陆扆等株连所致。

经过一连串的大清洗，当时朝官和地方官为之一空，取而代之的全是朱全忠的嫡系，因此朝廷上下再也没人与朱全忠为敌。在实现了清除朝臣的目标后，朱全忠开始实施他的第二个计划，那就是清除地方藩镇势力，他选中的第一个打击目标是荆襄节度使赵匡凝。

征讨南方

赵匡凝的父亲赵德諲曾经是秦宗权的部将，秦宗权失败后投靠了朱全忠，被授予忠义军节度使，死后由赵匡凝接任。昭宗李晔在位时任命赵匡凝为山南东道节度使，因此他对唐室感恩不尽，发誓为唐室尽忠。当时藩镇已经断绝了对朝廷的进贡，只有赵匡凝依旧进贡，昭宗李晔自凤翔返回京城长安后，因畏惧朱全忠和李茂贞，曾一度想投奔赵匡凝，而赵匡凝也对朱全忠的专横深为不满，因此以匡复唐室为己任，向东联合杨行密，向西与王建结成儿女亲家，准备对抗朱全忠。

天祐二年（905年）八月，朱全忠派大将杨师厚作为先锋领兵南征荆襄，自己统领大军随后进发。杨师厚一路征战颇为顺利，接连攻下唐、邓、复、郢、随、均、房七州。朱全忠于八月二十一日又以皇帝李柷的名义下诏削夺了赵匡凝的官爵。

九月五日，汴州军队抵达汉水，杨师厚指挥官兵在距离襄州（今湖北襄阳）六十里处的阴谷口伐木造桥，仅用了两天时间就成功搭桥，随后大军立即渡过汉水直扑襄州。赵匡凝没有料到汴州军队会如此之快地渡过汉水，立即率领两万人马出城迎战，在汉水边布阵迎击杨师厚。杨师厚采取四面合围战术，大败赵匡凝，并乘胜追击兵临襄州城下。当时驻守襄州的人马本就不多，赵匡凝带出城迎战杨师厚的两万人马算是精锐部队，如今已经被杨师厚打垮，他见大势已去，于当夜放火烧毁府城，携带家眷及侍从精兵沿着汉水进入长江，一路向东投奔杨行密。而赵匡凝之弟，时任荆南节度使留后的赵匡明则带领残部向西进入蜀中投奔了王建。

至此，荆襄地区也被朱全忠占有，但让赵匡凝跑掉对朱全忠来说的确是个遗憾。朱全忠本来在攻下荆襄后，打算班师返回大梁，但或许先前的一连串胜利以及捉拿赵匡凝心切，朱全忠命令军队乘胜进攻杨行密占据的淮南。

当时敬翔对进攻淮南提出不同意见，他认为出兵不到一个月就攻占了荆襄地区，开辟疆土数千里，远近藩镇无不为之震慑。但是征讨淮南路途遥远，一旦战事陷入僵局，恐怕攻占荆襄的震慑力就会大打折扣，不如暂时班师回大梁，再伺机进攻淮南。

朱全忠向来对敬翔言听计从，但是这一次却固执己见，坚持要攻打淮南，并于十月六日率领大军从襄阳一路向淮南进发。

不过，就在朱全忠出兵的第二天，在到达距离襄阳一百三十里的枣阳时，朱全忠便遇到了麻烦。当时忽然天降大雨，朱全忠勉强带领大军冒雨行进了三百多里，到了光州后，道路逐渐变得狭窄，而且积水成泽，为朱全忠进军造成了极大困难，当时大军不仅人困马乏，而且士兵们尚未换上冬装御寒，饥寒交迫之下多有逃亡者。

朱全忠见大军行进困难，便想通过外交手段迫使杨行密的部将、光州刺史柴再用投降，他为柴再用下了最后通牒，告诉他只要投降便提拔他做蔡州刺史，如果不投降，倘若打进光州就屠城。

不过，柴再用似乎并没有被朱全忠吓到，他命令部下严密做好守城工作。然后自己一身戎装登城面见朱全忠，他毕恭毕敬地行了个礼后，告诉朱全忠光州城小兵弱，不敢劳烦朱全忠动兵，如果朱全忠首先攻下寿州，自己则对其唯命是从。

朱全忠见柴再用如此谦和，光州虽然城小，守备却很森严，于是暂时放弃进攻光州，转向柴再用所说的去进攻寿州。事实上，朱全忠这样做完全犯了兵家大忌。

寿州距离光州有三百五十里的距离，汴州军队对当地地形不太熟悉，结果因为迷路多走了一百多里路。等到了寿州城下，守军早已经得到了汴州军队将要来进攻的消息，全都坚壁清野做好了迎战准备，城外不要说人，就连一棵树也找不到。朱全忠到了寿州城下，见四周无所依靠，只得下令班师回归本镇。

而此时柴再用带领精锐骑兵包抄到汴州军队的必经退路，等到汴州军队经过时突然袭击，结果汴州军队大败，损失不少辎重，朱全忠带领人马仓皇撤归本镇。

征讨淮南失败，使朱全忠异常烦躁，他本想乘攻占荆襄之势，一举剿灭杨行密，壮大自己的声威，为自己登基做好铺垫，没想到会在小小的寿州城下遭遇失败挫折。事实上，这次失败反而使朱全忠当皇帝的心情比以前更加迫切，因为在他看来只有成为九五之尊，才有号令天下的资本。

所以在返回大梁后，朱全忠开始为登基做前期的准备工作。

禅让把戏

禅让是军事民主制时代部落联盟首领更替的制度。相传尧知道舜贤明，便传位于舜；而舜知道禹贤明，又传位于禹。实际上禅让就是将帝位传给贤者。

到了西汉末年，事事效仿古法的王莽在篡汉时，为了既得到政权又不失体面，就使了个借尸还魂之计，将禅让制度搬出来，先封大国，后加九锡，同时还享有佩剑登朝的殊礼，然后名正言顺地取而代之。从此“禅让”便为历代篡权者所沿用，如曹丕、司马昭，就连大唐的开国皇帝李渊也是照此路数办。

现在朱全忠想要篡位，也是想通过“禅让”顺利当上皇帝。事实上在他领兵征讨赵匡凝之前，就已经暗中命令蒋玄晖、张廷范等人密谋策划禅让事宜。蒋玄晖得到命令后，去找柳璨商议，不过柳璨虽然依附朱全忠，但内心却和先前的崔胤一样，是忠于唐室的，并不希望大唐的江山就此断送。

所以柳璨在知道朱全忠想要篡位后，知道大唐的灭亡已经不可挽回，于是只得采取拖延时间的方式，能拖一时是一时。他以古代禅让旧制为借口，告诉蒋玄晖说魏晋以来都是先封大国，再加九锡、殊礼，然后再进行禅让，因此我们不能逾越古制，必须按照次序进行，应该先封朱公为诸道元帅，然后再封王、加九锡、禅让。

对于柳璨的说法，蒋玄晖认为十分有道理，便以皇帝李柷的名义下诏加封朱全忠为诸道元帅，另开元帅府。而且蒋玄晖为了让朱全忠高兴，当天就让刑部尚书裴迪到荆襄前线将这个消息告诉给了朱全忠，并带去加封的官书文告。没想到朱全忠见到文告后却大发雷霆，认为蒋玄晖办事迟缓，当时宣徽副使王殷、赵殷衡嫉妒蒋玄晖位高权重，早就想取而代之，因此趁机向朱全忠进谗，说蒋玄晖和柳璨这样做是为了延续唐祚，所以才拖延禅让事宜，进而等待形势变化，改变时局。也就是因为这件事，朱全忠开始对蒋玄晖产生怀疑。

当朱全忠在荆襄前线大发雷霆时，早有耳目将消息带给了蒋玄晖。蒋玄晖闻讯后大惊失色，他深知朱全忠是多疑好杀的个性，便急忙从洛阳赶到寿春前线行营向朱全忠做解释。但朱全忠却显得十分不耐烦，责备蒋玄晖利用表面文章搪塞自己，而蒋玄晖则认为天下早晚归朱全忠所有，只是现在还有李克用、刘仁恭、李茂贞、王建等劲敌存在，如果立即受禅，恐怕会引起这些人不服，所以得依靠古制循序渐进。

不过，蒋玄晖的解释并没有被朱全忠接受，他怒斥蒋玄晖有反心，吓得蒋玄晖慌忙告辞，忐忑不安地回到洛阳，继续找柳璨商议加封朱全忠九锡之事。

朱全忠南征失利，回到大梁后心情异常烦躁，听说皇帝李柷要按照惯例进行郊祀，百官们正在练习祀天地礼仪，而没有商讨为自己加封九锡一事，顿时勃然大怒，立即命令裴迪回洛阳阻止郊祀。裴迪回到洛阳后向柳璨转达了朱全忠的意思，而且他告诉蒋玄晖，朱全忠认为他和柳璨是想延续唐祚才进行郊祀。柳璨听后极为惶恐，决定将郊祀日期推到转年进行。

柳璨与蒋玄晖商议后，认为朱全忠已经动怒，如果照此发展下去两个人恐怕会性命不保，所以再也不敢拖延下去，上朝后就向皇帝李柷提议加封朱全忠九锡。朝中大臣对此心存愤恨，却又不敢公然违抗，所以全都默不作声，以沉默的方式表达抗议。

天祐二年（905 年）十一月十七日，皇帝李柷下诏加封朱全忠为相国，并以其所辖的宣武、宣义、天平、护国、天雄、武顺、佑国、河阳、义武、昭义、保义、戒昭、武定、泰宁、平卢、忠武、匡国、镇国、武宁、忠义、荆南二十一道为魏国，晋封其为魏王，加九锡，特许“入朝不趋，剑履上殿，赞拜不名”之礼。

王位、殊礼、九锡一日之内都加在朱全忠身上，这不能不让他感到十分兴奋，但他依旧余怒未消，拒绝接受。皇帝李柷为此忧心忡忡，于是在十二月十日的时候，李柷召柳璨、张文蔚、杨涉三位宰相进宫商讨对策。柳璨认为现在人心已经归附朱全忠，皇帝陛下应该让位朱全忠。皇帝李柷也认为唐祚无法再延续，希望能够禅位朱全忠，而且让柳璨亲自前往大梁向朱全忠表达自己的意思，但朱全忠却依旧不予理睬。

柳璨明白禅让势不可免，原本想拖延时间，现在看起来也是不再可能，目前他唯一的希望就是在禅让之后能够保全皇帝李柷的性命，而且他现在能做的就是极力拉拢蒋玄晖、张廷范，以谋求他们的帮助。为此柳璨和蒋、张二人日夜聚会宴饮，深相结纳。

当时一向被朝臣们认为足智多谋的何太后，也已经六神无主，为日后母子性命担忧。于是便派宫女传话给蒋玄晖，希望他能在禅让之后，像从前一样庇护她和李柷二人。可是让她想不到的是，她唯一寄托希望的蒋玄晖最终也是性命难保。

王殷和赵殷衡早就视蒋玄晖为眼中钉，欲除之而后快，为了尽早除掉蒋玄晖，两个人再次向朱全忠进谗言，说蒋玄晖、柳璨、张廷范在积善宫对何太后焚香发誓，共同复兴唐室。朱全忠本就怀疑蒋玄晖对自己不忠，所以对此深信不疑，立即命令河南府逮捕蒋玄晖及其亲信丰德库使应顼、御厨使朱建武，将蒋玄晖在洛阳城门外处斩，并当众烧毁尸身。然后任命王殷代替蒋玄晖为枢密使，赵殷衡掌管宣徽院。

朱全忠既杀蒋玄晖，而封魏王、加九锡又都是蒋玄晖等人提议的，因此朱全忠听从敬翔的建议，接连三次上表请辞魏王、九锡的诏命。王殷则秉承朱全忠之意，以皇帝李柷的名义下诏许可，恢复朱全忠原来的天下兵马元帅之职。

蒋玄晖死后，王殷和赵殷衡并没有善罢甘休，接着又诬陷柳璨与何太后勾结，想对朱全忠图谋不轨。十二月十五日，朱全忠密令王殷和赵殷衡将何太后杀死于积善宫，并追废为庶人。四天后将柳璨贬为登州刺史，太常卿张廷范贬为莱州司户，还没等两个人走出洛阳，朱全忠便将张廷范在洛阳街市车裂，而柳璨则被押至上东门外斩首。

随着柳璨、张廷范的死去，朝廷中再也没有可以阻挡朱全忠称帝的人，所以朱全忠可以甩开臂膀，加紧篡位的步伐。不过，就在他按部就班地进行准备时，河朔地区却又生事端，于是朱全忠只得暂时终止自己的计划，全力解决河朔的问题。

征讨北方

天祐三年（906年）正月，朱全忠的儿女亲家，时任魏博节度使的罗绍威以牙军难以节制为由向朱全忠求助。当初田承嗣担任节度使时，在魏博六州挑选骁勇善战的五千士兵作为亲兵，号称牙军。对于牙军，田承嗣有别于其他军队，可以说是赏赐优厚，倚为心腹。此后牙军子继父任，亲朋党羽勾结甚重，随着时间的推移越发骄横，只要稍不如意便杀死旧帅，另立新帅。史宪诚、乐彦祯、罗弘信等人都是牙军杀死所拥立的。

罗绍威继承父亲的节度使之位后，十分憎恨牙军的骄横不法行为，但是魏博牙军是一支很有战斗力的军队，其强势居于魏博诸军之首，时人称之为“长安天子，魏博牙军”，足见魏博牙军之强悍。

罗绍威鉴于魏博牙军曾经所做的一切，虽然内心时时惧怕牙军再生祸乱，但表面上又要对牙军优容礼遇。万般无奈之下，他便派部将杨利言秘密向朱全忠求助，想要借助其力量铲除牙军。只是那个时候朱全忠正在围困凤翔无暇东顾，但他却答应了罗绍威一定帮忙到底。

天祐二年（905年）魏博牙军小校李公佺作乱，放火烧毁府衙，带领士兵抢劫一番后前往沧州而去。罗绍威心惊之下，决心必须彻底铲除牙军，于是再次向朱全忠求助。这一次朱全忠没有放过染指魏博镇内务的机会，派大将李思安率领十万大军进驻乐寿，扬言要全力攻打沧州，理由是沧州方面收留了作乱的李公佺。

恰在此时朱全忠的女儿，也就是罗绍威的儿子罗廷规的妻子病亡，朱全忠派部将马嗣勋带领骁勇之士千余人诈称送葬，都化装成挑夫的模样，将兵器藏在身上进入魏博镇。随后朱全忠率领大军而来，说是赶往乐寿行营。

朱全忠这些异常举动并没有引起魏博牙军的怀疑。正月十六日罗绍威派人偷偷潜入兵器库，割断弓弦及盔甲的扣子，当天夜里罗绍威带领家奴及幕客百余人会合马嗣勋部众突袭牙军，牙军士兵慌忙到兵器库取铠甲武器御敌，但是却无一能用，结果牙军八千余家男女老幼皆被罗绍威和马嗣勋屠杀。

天亮之后朱全忠带领大军进入城中，牙军被诛虽然解除了对他们的威胁，但当时魏博诸军全都心存畏惧。罗绍威虽然加以抚慰，但是部下们却猜疑日甚，导致天雄牙将史仁遇聚众退守高唐，李重霸屯守宗城，分别占据贝、澶、卫等六州，魏博诸县多有起兵响应反叛之势。

为了尽快平定叛乱，朱全忠集合汴州和魏博联军进攻高唐。高唐毕竟城小人寡，禁不住汴魏联军的猛烈进攻，没几天城池便失陷。城破之日，城内军民不分长幼悉数遭到屠杀，史仁遇最终也死于乱军之中。李重霸闻听高唐失陷遂弃城逃走，不久也被汴州军队追杀斩首，至此魏博叛乱终被平定，但魏博镇也因这场叛乱而实力大减，就此衰弱下去，逐渐成为朱全忠的附属。

朱全忠平定魏博叛乱后，在魏博镇停留了半年，这期间一切费用全都由罗绍威支付，仅供应朱全忠需要宰杀的牛、羊、猪就将近七十万头，贿赂赠送又将近百余万钱。等到朱全忠离去，魏博镇多年的积蓄为之一空，罗绍威对此追悔不已，曾对人作过一个形象的比喻："合六州四十三县铁，不能为此错也。""错"是指错刀，是古代的一种钱币，罗绍威以此比喻自己犯了不可饶恕的错误。

朱全忠借平定魏博之乱而使魏博镇就此臣服，不能不说是去了一块心病。但是河朔地区的幽州和沧州尚未臣服，虽然朱全忠此时正在加紧筹划称帝事宜，但已经出兵魏博，朱全忠决定乘势大举讨伐二州，以此巩固诸镇归附之心。

九月一日，朱全忠带领大军自白马渡过黄河，六天后大军抵达沧州，驻扎在长芦镇。沧州守将刘守文闭城不战，而魏博节度使罗绍威因自己地处战争前沿，惧怕朱全忠再次假道伐虢之计攻占本镇，于是以报答朱全忠清除内患为名，尽心竭力地为朱全忠运送物资，并动用数十万人为汴州军队服务。

当时幽州节度使刘仁恭得知沧州被围，立即带领大军自幽州南下增援，但半路上屡次被汴州军队打败。于是他下令境内男子十五岁以上，七十岁以下，都必须自备武器粮食到军队行营报到，军队向南进发后，如果还有一人留在村子里则格杀勿论。

刘仁恭可以说是扫地为兵，但即使这样才得到几万人。此时汴州军队已经将沧州城围得水泄不通，幽州士兵见汴州军队强盛，龟缩在城中不敢出战。沧州久围被困，城中粮食消耗殆尽，人们或是吃土或是互相蚕食。

朱全忠派人劝说沧州守将刘守文赶快投降，结果遭到刘守文的严厉拒绝。刘仁恭见沧州危在旦夕，而自己又无力对抗朱全忠，因此便厚着脸皮向李克用求救，而李克用憎恨其反复无常，不想出兵相救。不过，其子李存勖却认为现在朱全忠已经占领天下的大片土地，目前能够对抗朱全忠的只有幽州的刘仁恭和河东镇，如果不和刘仁恭联合对抗朱全忠，对河东镇十分不利，倘若利用这个机会打败朱全忠，则是河东镇重新振兴之时。

李克用听完李存勖的分析后，顿时恍然大悟，立即召集众将宣布出兵援救刘仁恭，并派大将周德威、李嗣源会合幽州军队攻打汴州军队占据的潞州，迫使昭义节度使丁会举城投降。

当时正在指挥攻打沧州的朱全忠听说潞州失守，顿时大惊失色，因为潞州当时是重镇，倘若李克用自此大军南下，直抵怀、孟地区，便可一举攻占洛阳。如果李克用大军真的进攻洛阳，朱全忠即将到手的皇位就将化为泡影，因此朱全忠为了稳妥起见，放弃了对沧州的进攻，急令人马烧营撤兵。

攻打沧州无功而返，使朱全忠的威望大减，他唯恐内外离心，想尽快受禅以收人心。天祐四年（907 年）正月十日，朱全忠自长芦回到大梁，途经魏博镇时，感到身体不适，于是便准备暂时留在魏博镇养病。不过罗绍威却担心朱全忠趁机吞并魏博镇，于是便向朱全忠进言，说邠、岐、太原地区始终不臣服汴州，朱全忠应该早登大位，以断绝天下人的贪念，并许诺贡献六州军赋以贺登基大礼。朱全忠虽然表面上一口回绝，但内心十分得意，又想早一点回到大梁，于是在身体尚未痊愈时，便从魏博镇起身，于正月二十五日回到大梁。

皇帝李柷听说朱全忠已经回来，立即派御史大夫薛贻矩前去慰劳。薛贻矩想要用臣子拜见皇帝礼仪来拜见朱全忠，朱全忠表示婉拒，不过薛贻矩却说，朱全忠功德泽被天下，已经是天命所归，皇帝陛下想要效仿舜、禹让位给朱全忠，所以自己不敢再行同僚之礼，说完就拜伏在朱全忠的脚下。朱全忠急忙回避，声称不敢接受。

不过薛贻矩却对朱全忠死缠烂打，朱全忠只得接受，而且薛贻矩回到洛阳后，告诉皇帝李柷，说朱全忠有受禅的意思。于是皇帝李柷下诏，表示在二月要将帝位禅让给朱全忠。

二月三日，朝臣们秉承朱全忠的旨意，共同奏请皇帝李柷逊位，李柷随即下诏让宰相到元帅府劝进，朱全忠假意推辞不受。三月十三日，薛贻矩作为皇帝李柷的特使，再次出使大梁，表达李柷的逊位之意，当时湖南、岭南等一些地方藩镇也相继上表劝进。二十七日李柷降御礼禅位于朱全忠，以摄中书令张文蔚为册礼使，摄侍中杨涉为押传国宝使，御史大夫薛贻矩为押金宝使，率领百官前往大梁完成禅让仪式。

尾声

朱全忠在大梁（今河南开封）已经为自己修好宫殿，并为宫殿正式命名，正殿叫崇元殿，东殿称玄德殿，内殿称金祥殿，万岁堂改为万岁殿。

四月五日，朱全忠端坐在金祥殿，接受百官朝贺，命令官书文告全都去掉大唐年号，十八日举行正式禅位仪式。张文蔚、杨涉等使臣从上源驿手捧册文、传国宝，诸司各备仪卫为前导，文武百官随后而行，来到金祥殿前宣读皇帝李柷的退位诏书。

当时百官匍匐在地向朱全忠道贺，而朱全忠则身披衮冕即皇帝位。仪式完成后，朱全忠在玄德殿设宴款待张文蔚等人。宴会开始后，他手举酒杯对众人宣称自己能有今日，全赖诸位朝臣拥戴之功。张文蔚等大唐遗臣面对此情此景，都感到无地自容，只能默默低头不语。只有薛贻矩、苏循以及刑部尚书张祎盛称赞朱全忠功德无量，宣称即位乃顺应天意之举。

次日，朱全忠诏令有司祭告天地、宗庙、社稷，然后遣使宣谕诸州，同时大赦天下，改元开平，国号“梁”，以汴州为开封府，命名为东都，以洛阳为西都，降李柷为济阴王，囚禁于曹州（今山东菏泽）。

朱全忠虽然继承大统，但他并没有就此放过已经成为囚徒的李柷。在他当上皇帝的次年，他亲手调制一杯毒酒，为李柷送到囚所。随着李柷的一饮而下，大唐帝国彻底灭亡。而在其之后的天下则并不太平，巴蜀王建称帝，钱谬割据吴越，李克用占据河东，高季兴控制荆南等，中国历史由此进入又一个分裂时期，史称五代十国。

唐朝，公元 618 年李渊接受杨侑禅让称帝开国，一直到公元 907 年唐哀帝李柷禅让朱全忠为止，立国二百九十年。

昔日大唐的无限繁华就此逝去，留给世人的是不尽的追思和慨叹！

参考书目

历史文献：

〔后晋〕刘昫等编《旧唐书》，中华书局，1975 年。
〔唐〕郑处诲：《明皇杂录》，中华书局，1994 年。
〔唐〕长孙无忌等编《唐律疏议》，中华书局，1983 年。
〔唐〕张说等编《唐六典》，中华书局，1983 年。
〔唐〕吴兢：《贞观政要》，新华出版社，2006 年。
〔唐〕温大雅：《大唐创业起居注》，上海古籍出版社，1983 年。
〔唐〕魏征等编《隋书》，中华书局，1973 年。
〔唐〕王定保撰《唐摭言》，吉林出版集团，2005 年。
〔唐〕刘餗：《隋唐嘉话》，中华书局，1979 年。
〔唐〕刘肃：《大唐新语》，中华书局，1997 年。
〔唐〕李吉甫：《元和郡县图志》，中华书局，1983 年。
〔唐〕杜佑：《通典》，中华书局，1988 年。
〔五代〕王仁裕：《开元天宝遗事》，中华书局，2006 年。
〔宋〕范祖禹：《唐鉴》，中华书局，2008 年。
〔宋〕薛居正等编《旧五代史》，中华书局，1976 年。
〔宋〕王钦若等编《册府元龟》，中华书局，1960 年。
〔宋〕王溥：《唐会要》，上海古籍出版社，1991 年。
〔宋〕王谠：《唐语林》，中华书局，2007 年。
〔宋〕宋敏求编《唐大诏令集》，中华书局，2008 年。
〔宋〕司马光主编《资治通鉴》，中华书局，1956 年。
〔宋〕欧阳修等编《新唐书》，中华书局，1975 年。
〔宋〕欧阳修：《新五代史》，中华书局，1974 年。
〔宋〕马端临：《文献通考》，浙江古籍出版社，2000 年。
〔宋〕李昉等编《太平御览》，中华书局，1998 年。

〔宋〕李昉等编《太平广记》，中华书局，1981 年。
〔清〕赵翼：《廿二史札记》，中华书局，1984 年。
〔清〕王夫之：《读通鉴论》，中华书局，1974 年。
〔清〕彭定求等编《全唐诗》，中华书局，1960 年。
〔清〕董诰等编《全唐文》，中华书局，1983 年。

专著：

《唐帝列传》，吉林文史出版社，1995 年。
陈尚君辑校《全唐文补编》，中华书局，2005 年。
（英）崔瑞德主编《剑桥中国隋唐史》，中国社会科学出版社，1990 年。
白玉林主编《读史观天下·二十五史解读·唐史解读》，华龄出版社，2006 年。
岑促勉：《隋唐史》，中华书局，1982 年。
陈满麒：《正说唐朝八大疑案》，中国三峡出版社，2006 年。
陈寅恪：《隋唐制度渊源略论稿》，上海古籍出版社，1982 年。
陈寅恪：《唐代政治史述论稿》，上海古籍出版社，1982 年。
范文澜：《中国通史》，人民出版社，1978 年。
韩国磐：《隋唐五代史论集》，生活·读书·新知三联书店，1979 年。
黄永年：《六至九世纪中国政治史》，上海书店出版社，2004 年。
黄永年：《文史存稿》，三秦出版社，2004 年。
雷家骥：《武则天传》，人民出版社，2001 年。
梁方仲：《中国历代户口、田地、田赋统计》，上海人民出版社，1980 年。
刘后滨：《大唐开国》，中华书局，2007 年。
吕思勉：《隋唐五代史》，上海古籍出版社，1984 年。
孟宪实：《孟宪实讲唐史·从玄武门之变到贞观之治》，广西师范大学出版社，2007 年。
孟宪实：《唐高宗的真相》，北京大学出版社，2008 年。
牛致功：《唐代碑石与文化研究》，三秦出版社，2002 年。
欧阳予倩：《唐代舞蹈》，上海文艺出版社，1980 年。

钱穆：《中国历代政治得失》，九州出版社，2012年。

钱文忠：《玄奘西游记》，上海书店出版社，2007年。

汪篯：《汪篯隋唐史论稿》，中国社会科学院出版社，1981年。

吴宗国：《隋唐五代简史》，福建人民出版社，1998年。

吴宗国：《唐代科举制研究》，辽宁大学出版社，1981年。

吴宗国主编《中国封建王朝兴衰·隋唐卷》，广西人民出版社，1996年。

玄奘：《大唐西域记》，陕西人民出版社，2008年。

闫守诚：《唐玄宗的真相》，北京大学出版社，2009年。

张国刚：《唐代藩镇研究》，湖南教育出版社，1987年。

赵文润，王双环：《武则天评传》，三秦出版社，2000年。

赵文润：《武则天》，西安出版社，2007年。

附　录

唐代历史大事年表

566 年	高祖李渊出生
598 年	太宗李世民出生
611 年	瓦岗军起义
617 年	李渊于晋阳公开起兵反隋
618 年	李渊称帝开唐，灭薛仁杲
619 年	灭刘武周、李轨
621 年	灭窦建德、萧铣、王世充
623 年	灭刘黑闼、杜伏威，统一全国
624 年	一代女皇武则天出生；唐初步制定均田制与租庸调制实施办法
626 年	李世民发动玄武门事变，诛杀李建成、李元吉，同年即帝位，与突厥结渭水之盟
627 年	玄奘赴天竺取经，历时 19 年，645 年回归
629 年	灭东突厥
635 年	灭吐谷浑；高祖李渊去世
636 年	武则天进宫，受封才人
640 年	灭高昌
641 年	文成公主入藏和亲
643 年	李世民初征高丽
644 年	灭焉耆
644 年	李世民再征高丽，无功而返
648 年	灭龟兹
649 年	太宗李世民去世，高宗李治即位；武则天被迫出家感业寺，

次年重新回宫

655 年　武则天被立为皇后

657 年　灭西突厥

660 年　平定百济

663 年　白江口之战，中日历史上的首次战争

664 年　武则天垂帘听政

683 年　高宗李治去世，中宗李显即位，同年被武则天废为庐陵王；睿宗李旦即位

684 年　徐敬业起兵造反

690 年　武则天称帝，改国号为“周”，降李旦为皇嗣

705 年　神龙政变，武则天被迫退位，中宗李显复位

710 年　韦皇后毒杀李显，立李重茂为帝；李隆基发动唐隆政变诛灭韦皇后，睿宗李旦复位

713 年　李隆基发动先天政变诛灭太平公主，成功继承帝位；姚崇上疏李隆基“十事要说”，是为开元盛世施政基础

716 年　睿宗李旦去世

737 年　玄宗一日杀三子事件，太子李瑛、鄂王李瑶、光王李琚被杀

745 年　杨玉环被册立为贵妃

749 年　张说实行兵制改革，停止实行府兵制，改行募兵制

750 年　怛罗斯之战，大唐战败

753 年　鉴真东渡，成功到达日本

755 年　安史之乱爆发

756 年　马嵬驿兵变，杨贵妃被赐死，肃宗李亨即位

757 年　平定永王李鳞叛乱

762 年　玄宗李隆基去世，肃宗李亨去世，代宗李豫即位

763 年　平定安史之乱，姑息河朔三镇，藩镇之乱由此开始

779 年　代宗李豫去世，德宗李适即位

780 年　废除“租庸调法”，实行“两税法”

783 年　泾原兵变，李适被迫逃离长安

787 年　与吐蕃结成平凉之盟

805年　德宗李适去世，顺宗李诵即位，开启永贞革新
806年　顺宗李诵去世，宪宗李纯即位；二王八司马事件
807年　平定西川、镇海、宁夏等藩镇
813年　平定魏博、征讨成德
817年　平定淮西吴元济叛乱
818年　平定青淄李师道叛乱
820年　宦官谋杀宪宗李纯，穆宗李恒即位
821年　长庆科考案，开启牛李党争序幕
824年　穆宗李恒去世，敬宗李湛即位
826年　宦官谋杀敬宗李湛，文宗李昂即位
835年　甘露之变，酿成中国历史上一天之内被杀官员最多的政变
840年　文宗李昂去世，武宗李炎即位，北征回鹘
845年　会昌废佛，佛教史上大劫难
846年　武宗李炎去世，宣宗李忱即位
848年　李德裕被贬崖州，牛李党争结束
859年　宣宗李忱去世，懿宗李漼即位；裘甫同年起义
860年　南诏攻陷交趾
868年　桂林兵变导致庞勋起义
873年　懿宗李漼去世，僖宗李儇即位
874年　王仙芝、黄巢起义
880年　黄巢占领长安，僖宗李儇被迫出逃蜀中
884年　黄巢起义失败，战败身死
888年　僖宗李儇去世，昭宗李晔即位
905年　白马驿之祸，朱全忠大肆屠杀唐臣
907年　朱全忠杀死李晔，立李柷为傀儡皇帝，并接受李柷禅让，称帝建立后梁
908年　朱全忠毒杀李柷，唐亡

后记

历时六年，《唐朝那些事儿》终于迎来了大结局，六年前在本文的开头，我曾经说过将近三百年的唐朝历史，希望大家鼓励我将它写完，既然已经开写，就要坚持下去，我相信自己有这个毅力。

如今六年过去了，我兑现了当初的诺言，感谢大家的一路相伴和大力支持，因为有了你们，所以我并不孤单。

或许有人会问，写完三百年的唐朝历史，你是不是特别有成就感?

我的回答是：很有成就感，但仅此而已。

六年来，我的生活发生了很大变化，但唯一不变的是我每天都在坚持写，既是为了给别人看，更是为了自己，因为我知道人总是要实实在在干些事儿的，更何况自己还是个年轻人。

年轻就有资本，但更应该有梦想。

看惯了每个王朝的沧桑巨变，看尽了历史人物的兴衰荣辱，我只想说一切都是过眼云烟，唯一不变和有价值的是你内心真实的自己。

历史的进程虽然有人的作用力，但却不以人的意志为转移，更不是满足人的情感需要而设置。李世民的文治武功，武则天的千锤百炼，李隆基的励精图治，他们呈现给世人的是无比的强大。但安禄山的狼子野心，杜甫的落寞孤寂，李晔的彷徨无助，更让世人明白，这个世界不仅有光明，还有黑暗。

但无论如何，每个人都只能选择一条道路，走上了这条路，就无法再回头，更何况有时候还是身不由己，所以保持内心的纯净，让自己内心变得更加强大，是每个人的必修课。

对于我自己而言，我只想说，过去的已经过去，自己虽然很有成就感，但依旧低调做人，依旧认真工作，依旧埋头读书。

最后借用一首歌词献给大家，我这些年的感受和要说的大致就在其中：

这一路，翻阅了，喜与悲，是与非

一双眼，看过许多变迁

有时候，我也会，觉得有一点累
一瞬间，怀疑身边一切
隐形翅膀，带着我幻想
掠过那绝望，找希望
你的力量，却是我身上真实的飞翔
带着我抵挡曾受过的伤
每一个孤单的晚上
我们是彼此有形的翅膀，学着更坚强

这一路，经历了，爱与恨，错与对
一句话，很难说得完全
有时候，我也会想要掉一些泪
哭完了，再站起来面对
隐形翅膀，带着我幻想
掠过那绝望，找希望
你的力量，却是我身上真实的飞翔
带着我抵挡曾受过的伤
每一个孤单的晚上
我们是彼此有形的翅膀，学着更坚强

我曾害怕，所以我懂得，难免会沮丧的模样
我受过伤，所以更渴望美丽的飞翔
你在我身旁，陪我勇敢唱
像一个保护着我的家
我们是彼此有形的翅膀，飞进了坚强
真实的翅膀，擦去那泪光，还记得梦想

是的，梦想！
每个人都不要轻言放弃。

图书在版编目（CIP）数据
唐朝那些事儿. 柒，大结局 / 冬雪心境著. —北京：中国工人出版社，2015.1
ISBN 978-7-5008-6063-1
Ⅰ. ①唐…　Ⅱ. ①冬…　Ⅲ. ①中国历史—唐代—通俗读物　Ⅳ. ① K242.09
中国版本图书馆CIP数据核字（2015）第017241号

唐朝那些事儿.柒　大结局

出 版 人　李庆堂
责任编辑　李　倩
责任校对　董春娜
责任印制　栾征宇
出版发行　中国工人出版社
地　　址　北京市东城区鼓楼外大街45号　邮编：100120
网　　址　http://www.wp-china.com
电　　话　（010）62350006（总编室）　（010）62005039（出版物流部）
　　　　　（010）82075934（社科文艺分社）
发行热线　（010）62005049（电话）　（010）62005042（传真）
经　　销　各地书店
印　　刷　三河市国英印务有限公司
开　　本　710毫米×1000毫米　1/16
印　　张　15.25
字　　数　236千字
版　　次　2015年3月第1版　2022年8月第23次印刷
定　　价　32.80元